基金信息：国家自然科学基金项目（71502017）“网络社群嵌入性对众包式创新的作用机理研究”

网购平台企业对在线商品的质量诚信管控研究

赵宏霞　杨皎平　荣帅　著

吉林大学出版社
长春

图书在版编目（CIP）数据

网购平台企业对在线商品的质量诚信管控研究 / 赵宏霞，杨皎平，荣帅著 .—长春：吉林大学出版社，2018.12

ISBN 978-7-5692-4028-3

Ⅰ . ①网… Ⅱ . ①赵… ②杨… ③荣… Ⅲ . ①电子商务—企业管理—产品管理 Ⅳ . ① F713.36

中国版本图书馆 CIP 数据核字（2019）第 008295 号

书　　名　网购平台企业对在线商品的质量诚信管控研究
WANGGOU PINGTAI QIYE DUI ZAIXIAN SHANGPIN DE ZHILIANG CHENGXIN GUANKONG YANJIU
作　　者：赵宏霞　杨皎平　荣　帅　著
策划编辑：卢　婵
责任编辑：卢　婵
责任校对：王宁宁
装帧设计：汤　丽
出版发行：吉林大学出版社
社　　址：长春市人民大街 4059 号
邮政编码：130021
发行电话：0431-89580028/29/21
网　　址：http：//www.jlup.com.cn
电子邮箱：jdcbs@jlu.edu.cn
印　　刷：北京市金星印务有限公司
开　　本：787mm × 1092mm　　1/16
印　　张：13.5
字　　数：180 千字
版　　次：2019 年 3 月　第 1 版
印　　次：2019 年 3 月　第 1 次
书　　号：ISBN 978-7-5692-4028-3
定　　价：54.00 元

前 言

近年来，随着网购市场的迅猛发展，加强网购产品的质量诚信管控，已经成为了政府、网购平台和广大消费者共同关心的课题。与很多国家不同的是，我国的网购主要通过第三方网购平台来实现，网购平台企业在网购产品质量管控中将处于非常重要的地位。本研究将以双边市场理论为基础，探索网购平台企业在不同情境下的质量诚信管控力度问题。

当前，学者们对双边市场环境下网购平台企业的决策行为研究主要集中于网购平台企业对双边用户的收费或定价模式；而对网购平台企业如何对在线交易进行质量诚信管控、如何对双边市场环境进行治理，来确保双边市场的健康、繁荣发展尚未引起充分关注。

本书借助博弈论、最优控制理论等方法，在双边市场理论、供应链质量管理等理论的指导下，主要研究内容及相关结论如下。

1）单一网购平台企业垄断环境下，网购平台企业的质量诚信管控。在双边市场环境的假定下，通过非线性规划模型和最优控制模型对该问题建模分析，研究发现：网购平台企业不会完全为消费者把好质量诚信关；

且其质量诚信管控力度随其规模的增大呈现先增加后降低的趋势。

2）网购平台间竞争环境下网购平台企业的质量诚信管控。借鉴豪泰林模型，利用完全信息静态博弈和完全信息动态博弈对该问题进行分析，研究发现：网购平台之间围绕消费者的竞争有助于提高网购平台企业的质量诚信管控力度，同时其管控力度的选择与平台企业的收费模式、跨平台网络外部性等因素有关。

3）双边用户不同归属情景下网购平台间的竞争对网购平台质量诚信管控的影响。借鉴豪泰林模型和动态博弈分析方法，研究发现，网购平台企业之间对在线商家群体的竞争广度越小，或者它们对在线消费者群体的竞争深度越大，网购平台企业对产品的质量诚信管控将越严格。同时，欲通过竞争使得网购平台均提高质量监控力度，必须确保相互竞争的网购平台的规模大体相当，确保它们之间的网络外部性不能相差太大。

4）不同经营模式的网购平台的质量诚信管控力度、平台分化对质量管控力度的影响。研究发现：平台型模式下电商的最优质量努力水平低于自营型模式下电商的质量努力水平，而平台型模式下在线商家的最优质量努力水平高于自营型模式下在线商家的质量努力水平；平台分化导致的跨平台网络效应影响了非独立和独立网购平台竞争时的质量诚信监控力度，该影响具体受不同网购环境参数相机决定。

5）基于供应链质量管理的视角，研究了网购平台企业对在线商家产品质量诚信管控的意愿以及政府参与的必要性。研究认为：仅仅在某些特定的市场条件下，网购平台具有自愿监管的意愿，在线商品市场能够实现有效自治，否则政府就应该通过积极的市场政策来介入网购商品市场的治理。

本研究创新之处主要表现在如下几个方面：（1）首次研究了双边市场下平台企业的质量诚信管控行为，丰富了双边市场的有关理论；（2）从平台间围绕双边用户竞争的视角研究平台企业的质量诚信管控力问题，为寻求网购市场产品质量治理提供了新思路；（3）分析了不同经营模式及其相互竞争后的网购平台的质量诚信管理行为，为网购市场的发展提供了借鉴；（4）研究了网购平台企业和政府在网购市场治理中的优劣势，进而指出平台企业与政府协同治理的有效性。

目　录

第 1 章 绪论

1.1 研究背景与问题提出

1.1.1 研究背景

近年来我国网络购物（以下简称网购）市场取得了爆发式的增长，已经开始呈现出普及化、全球化和移动化的发展趋势，据中国电子商务研究中心监测数据显示，截至 2016 年 12 月，中国网民规模达 7.31 亿，相当于欧洲人口总量，互联网普及率达到 53.2%。其中网购用户规模达到 4.67 亿，占网民比例为 63.8%，较 2015 年底增长 12.9%。

网购使我们进入了一种全新的生活方式，人们可以足不出户，只需敲击键盘、点击鼠标就可以使小到锅碗瓢盆，大到电视冰箱等所需所用尽数送货上门，网购赋予人们更多便利和快捷；但由于交易平台虚拟、在线商家身份隐蔽、交易品种庞杂、管控技术滞后等原因，网购产品的质量问题一直颇受诟病。2016 年全国消费者协会接受到的投诉当中，网购质量问题的投诉最为突出，双 11 抽检商品合格率仅 76.39%。我国网购市场目前的情形正如央视新闻所说，是“网络购物火，产品质量忧”。我国网购市场在迅猛发展的同时，网购产品的质量诚信问题也把网络购物推到了舆论的风口浪尖上。

为此，中消协确定2017年消费维权年的主题为“网络诚信消费无忧”。网购质量问题涉及多个主体，因此提高网购产品质量也需要多个主体协同努力。消费者在网购中要加强自我保护，积极参与质量诚信评价；在线商家要诚信经营，积极营造良好的网购氛围；网购平台企业（以下简称网购平台或平台商）则应加强交易过程的管控，严格把好质量诚信关，杜绝不法卖方混进平台；管控部门应积极作为、赏罚分明，建立和完善网购质量保证制度。我国学者朱道立（2011）将网购涉及的多个主体称为网购供应链，赵宏霞和荣帅（2016）认为网购平台是网购供应链的核心主体，是网购市场的组织者，其应该承担网购产品质量管理的主要责任。

虽然网购产品质量问题的最终责任方为在线商家，但由于在线商家的虚拟性，消费者对质量诚信的需求寄希望于网购平台，通常认为网购平台具有质量中介（潘勇，2004）的功能，但是网购平台会不会、能不能为消费者把好诚信关呢？现实的实践告诉我们，由于网购平台所处的双边市场环境决定了其不可能完全为消费者考虑。李莉（2005）认为平台商也是一个自利的经济人，它实施的质量风险管控必然受到成本约束和自身利益的影响，其研究发现网购平台会在“接受坏交易”和“拒绝好交易”之间进行权衡折中；正如《焦点访谈》节目曝光的淘宝网知假售假行为，杨皎平（2012）认为网购平台也会存在机会主义，特别是由于网购各主体之间存在多重委托代理关系，导致了网购平台不能按照消费者的意愿去管控在线商家。中国质量新闻网的一则报道也指出，为了使网站更有竞争力和活力，避免打假过度使在线商家流向竞争对手，国内的平台商也在打假的同时纵容着制假售假。本书认为网购平台面临在线商家和消费者构成的双边市场时，由于其类似“红娘”的独特地位，往往会兼顾双方利益，而不会只为消费者一方着想。网购平台虽然具有质量中介的功能，但不会完全为消费者把好诚信关，这主要由于网购平台的利己性所决定。

为了约束网购平台，使其加强对在线商家的产品管控，《中华人民共和国消费者权益保护法》第44条规定了平台应该承担连带责任。此条款被视为解决“在线商家跑路、网购平台不管”的良方。但实践当中发现，若不考虑网购平台自身利益，强制让平台真正承担起连带责任，其实很难。因此本书将深入分析网购平台在网购产品质量诚信管控领域的经济行为，以期寻求激励网购平台自觉履行质量诚信管控责任的有效途径。

1.1.2　问题提出

（1）在现有基于双边市场理论对网购平台决策行为的研究中，学者们主要的关注点几乎都集中在了网购平台对双边用户的收费模式和价格制定上，偶有对平台企业投资策略、战略行为的研究，尚未见到网购平台对在线产品质量管控的研究。那么在双边市场环境下，网购平台作为一个质量中介会不会从最大化社会福利角度出发，会不会按照消费者的意愿对在线产品进行质量诚信管控呢？其质量诚信管控力度会受什么因素影响呢？

（2）当前网购市场涉及了多个交易主体，在网络交易这种虚拟性的交易环境中，必然会出现相互之间的信息不对称，进而导致在线商家的产品质量诚信问题和在线消费者的产品质量信任问题。在此情景下，网购平台被赋予了在线产品质量诚信管控者的责任，但是如果质量诚信管控者出现了机会主义，那如何去规制或约束这种机会主义呢？现有的理论告诉我们，市场竞争有利于解决产品价格和质量问题，那么平台商间的竞争是否有利于提高网购平台的质量管控力度呢？在平台商竞争环境下，网购平台质量管控力度又会受到哪些因素影响？

（3）当前网购市场中网购平台的运营模式多样化，有自营型、中介型和综合型，不同的运营模式对在线商家的质量诚信管理力度和意愿有无区别？另外随着网购市场的发展，很多平台商从原有网购平台分化出多种细分的网购平台，这些细分后的网购平台与其他网购平台间的竞争对各自的质量诚信管控有无影响？

（4）在当前的网购市场中，网购平台应该担负什么样的网购市场治理义务？其承担质量诚信管理的意愿如何？其质量管控行为和力度有何优势和劣势？政府是否应该介入到网购市场治理当中？政府的网购市场公共治理有何优劣势？如果政府介入网购市场治理，如何协调平台商和政府的治理机制？

1.2 研究意义

1.2.1 理论意义

网购市场产品质量问题的治理任重而道远，需要网络交易的多方协同与协调。一直以来学者将研究的关注点放到了对在线商家非诚信行为的治理当中，在分析在线商家经济行为的基础上，提出了诸多治理机制，诸如信誉评价机制、第三方担保机制、先交货后付款机制、无理由退货机制等。而相对于对在线商家经济行为的研究，学者们忽视了对网购平台企业经济行为的分析，本研究试图探索网购平台的质量诚信管控行为具有如下的理论意义。

（1）研究网购平台的质量诚信管控行为，有助于拓展现有网购诚信研究的范围，可为进一步完善网购诚信的治理机制提供理论依据。

网购中出现产品质量诚信缺失，涉及多个环节、源头制造商、在线商家、网购平台、消费者、电商物流，甚至包括我国当前的经济社会环境，因此对网购产品质量的治理是一个系统工程。现有研究主要针对信息不对称情景下在线商家的欺诈行为，因此相应的研究成果也多为信息揭示、基于委托代理的第三方治理等；对作为网购交易中的关键主体网购平台的研究比较缺乏，因此本研究可以拓展网购诚信研究的研究领域和范围。由于现有研究认为网购质量问题的主凶为在线商家，其根本原因是买卖双方的信息不对称，因此现有的治理机制均针对在线商家，甚至把网购诚信治理寄希望于网购平台、第三方担保机构等；但网购平台作为一个经济主体，其是否能有效执掌网购诚信之剑值得研究，因此本研究可为完善网购质量诚信治理提供理论依据。

（2）研究双边市场环境下平台企业的质量诚信管控行为，有助于拓展双边市场理论的应用范围，可为对平台企业的规制提供理论借鉴。

近年来，随着平台经济的兴起，学者们对双边市场的研究空前关注，但主要集中在价格结构方面，除此之外，还有少量的研究关注双边市场的投资策略、战略行为，双边市场的竞争和规制，但在质量诚信管控方面尚未检索到相关成果，因此本研究探索双边市场环境下平台企业对在线商家的产品质量诚信管控有助于拓展双边市场。长期以来，学者对双边市场环境下平台企业的垄断和竞争的研究众说纷纭，这些研究主要围绕平台企业网络效应、市场集中度和价格补贴机制等方面，对垄断与竞争环境下平台企业的质量诚信管控行为尚未开始研究，因此现有研究对平台企业垄断或竞争对电子商务市场的影响尚不完善，本研究可以为平台企业的产业规制提供理论借鉴。

1.2.2 实践意义

（1）探讨网购平台的产品质量诚信管控行为，有助于解决当前网购市场上产品质量不高的难题。

由于网购市场的信息高度不对称和不透明，致使一些不法商家在网购平台出售假冒伪劣商品，严重损害了消费者的权益。由于消费者对在线商家声讨权利与追究责任十分困难，政府和消费者都寄希望于网购平台能够为消费者把好质量关，法律甚至规定了平台企业在一定条件下要承担连带责任。但对于网购平台来说，其作为经济主体是否会加大对网购产品质量的管控，现有的案例说明，网购平台纵容一些不法商家出售假冒商品，甚至与在线商家合谋欺诈消费者。本研究探讨网购平台的质量管控行为和管控力度的选择，有助于更加深入地解决网购产品质量不高的难题。

（2）研究不同竞争环境下网购平台的质量诚信管控力度，有助于为产业政策的制定者提供决策借鉴。

在现实当中，除了关于对平台企业垄断和竞争的界定比较困难之外，对于平台市场垄断和竞争哪个更有利于消费者利益、哪个更能提高社会福利也难以判断。现有关于平台企业的规制，主要从平台企业的价格决策、销售行为等方面进行考虑，从提供产品质量方面考虑不足。随着国民消费升级，消费者网购逐渐由以前一味关注价格便宜升级为注重商品品质，追求高性价比，因此必须将产品质量纳入平台市场规制的考虑范围之内。本研究探索了垄断环境、竞争环境、用户不同归属环境下的平台企业质量诚信管控行为，有助于对平台企业规制提供咨询参考。

（3）研究不同运营模式下网购平台的质量诚信管控、平台企业分化对网购平台企业质量诚信管控的影响，平台企业与政府在网购市场治理的协同，有助于为寻求网购市场健康发展之路提供理论依据。

目前网购市场中，网购平台企业的运营模式有中介型、自营型和综合型三种类型。在不同运营模式下，平台商和在线商家对质量诚信的主体地位不同，因此平台商和在线商家如何制定有效的质量诚信策略，赢取市场竞争优势，是目前我国电子商务可持续发展、创品牌发展中急需解决的重大问题。随着网购市场的发展，很多平台商旗下会分化出多个网购平台，那么这种分化的结果对网购市场质量诚信治理有何影响也值得深入研究。最近业界和学术界多数专家学者倾向在网购市场中应该实施平台商和政府相互协调的二元治理模式，那么平台商和政府的治理行为和机制都存在什么优劣势也值得探索，本书对上述这些问题的研究，一方面有助于回答这些问题，另一方面为我国网购市场治理模式的探索提供了决策参考。

1.3　文献综述

1.3.1　双边市场研究现状

双边市场是现代产业组织理论中的研究热点，其研究主要集中在以下几个方面：双边市场特征、双边市场网络外部性对平台企业决策的影响以及双边市场的应用研究。

（1）双边市场特征与分类

当前双边市场已深入到人们的生活中，成为互联网时代一种全新的市场形态，是引领新经济时代的重要经济体（Roson，2004），根据 Rochet 和 Tirole（2004）的观点，双边市场是基于多产品定价理论和网络外部性理论发展起来的一种新型产业经济理论。

关于双边市场的界定，目前仍没有一个定义能够得到学者们的一致认可，且多数是属于描述性的定义。Evans（2003）提出了判别双边市场需要满足的几个主要方面：首先，存在两个或多个不同类型的用户群体在平台上交易；其次，两边用户之间具有交叉网络外部性；最后，平台企业能够内部化这种外部性。虽然这一判断标准经常被用来判定双边市场，然而这种判定方法更多的是基于直觉或经验性的模糊判断；因而会使得对双边市场的判定结果要么包容过度（Hagiu，2015；傅联英，2013），要么包容不足（王小芳，2013）。Luchetta（2014）则提出了在对双边市场进行判别时，不仅要考察网络外部性的作用，而且得保证平台两边用户间的交易唯一，只有同时满足这两个条件才可被界定为是双边市场。

当前学者们比较一致的观点认为，双边市场的特征研究主要包括：交叉网络外部性、需求互补性、价格结构非中立性。其中交叉网络外部性体现了双边市场的本质特征，可以从以下几个方面来解读：①外部性，意味着平台两边的每个市场中都存在着溢出效应；②网络外部性，说明外部性的大小与网络规模正相关；③互补性，表明平台双边用户之间需求互补的特征；④交叉性，表明溢出效应不仅在平台同一边的市场内部用户之间产生，还会通过平台作用于另一边的用户。

通过近年来对双边市场的不断探索，学者们从不同研究角度将双边市场的类型进行了区分：Sonmez（1997）从交叉网络外部性产生的效应，将双边市场分为正网络外部性的双边市场和负网络外部性的双边市场。Armstrong（2006）依据平台所处的市场竞争结构，将双边市场分为两类：一类是垄断平台，即市场上仅有一个可供用户加入并进行交易的平台；另一类是竞争平台，即市场中有两个或多个平台可供用户随意选择加入。Hagiu（2004）依据平台的价格行为将双边市场分为两类：一类是对称双边市场，是指平台向两边或多边用户均收取费用；另一类是非对称双边市场，是指平台对市场一边用户不收任何费用甚至提供补贴，而对另一边用户收取费用获取利润。Evans（2003）从平台为市场提供的价值作用，将双边市场主要分为市场创造型、受众创造型和需求协调型三类。Roehet 和 Tirole（2004）从市场参与者的组成情况，将双边市场分为简单双边市场和复杂双边市场两类。

（2）网络外部性理论

Tirole（1988）将网络外部性定义为随着采用相同或兼容产品的使用者数量的增加，会使得购买该产品的使用者获得更大的价值。Chakravorti 和 Roson（2006）指出，在一定程度上，双边市场就是一种带有特殊类型网络外部性的市场。

早期的研究将网络外部性分为直接网络外部性和间接网络外部性（Katz，1985）。直接外部性是指客户使用某产品的价值会随着使用该产品的用户数量增加而增加；间接外部性则是指客户使用某产品的价值随着互补品种类数量的增加而增加。

有关平台经济的网络外部性通常将网络外部性分为单边网络外部性和交叉网络外部性两种（Armstrong，2006）；对于交叉网络效应与单边网络效应的综合研究，Belleflamme （2009）分析了在平台两侧具备交叉网络外部性的同时，平台单侧内部存在负网络外部性时平台企业的盈利问题；Li 等（2010）分析了在线平台买方与卖方间的交叉网络效应；Bardey 等（2010）采用 Hotelling 模型，综合分析平台单侧内与平台间网络效应，它们认为两组参与人均可获利，只是获利程度不同，获利来自一边参与人（提供者）规模的增加与另一边参与人（消费者）规模的减少。

最近随着平台的升级、平台的分化出现了一个平台企业经营多个网购平台的情形（Chen 等，2014；杨丽，2018）；Musacchio （2009）指出了这种情况的存在，分析垄断厂商网购平台代际竞争，并假定新旧子平台间具有向后兼容，新子平台可以兼容旧子平台，而旧子平台不能兼容新子平台，并认为两个子平台之间存在网络外部性，将其称之为“交叉平台外部性”

（本书称跨平台网络外部性），同时他们认为每个子平台的市场份额是内生的，取决于相关子平台的订购博弈；Kim（2012）基于最优控制理论对于跨平台网络外部性进行研究，在静态分析的基础上进一步做了动态分析；杨丽（2018）认为具有纵向差异的同一平台企业的多子平台间存在跨平台网络效应，该效应影响平台提供商的均衡价格与利润。在子平台后向兼容假设下，跨平台网络效应将提高提供高质量产品的子平台的价格与利润，提高市场集中度。

（3）双边市场理论的应用

双边市场理论的应用主要集中在交易中介与媒体广告等行业当中。

在交易中介领域，国外学者 Gabszewicz （2004）通过构建纵向差异化的博弈模型分析了平台企业向双边用户收取注册费的纳什均衡；Armstrong（2006）认为当平台企业的两边同时存在用户平台单归属和用户多归属的时候，平台企业会对多归属用户实施垄断价格，而对单归属平台用户按边际成本定价。国内学者周正（2010）应用双边市场理论从定价机制、竞争策略、转移成本和互联互通方面研究了网购平台的竞争策略与规制问题；曹俊浩（2010）通过考察双边用户的归属性质、网购平台的所有权结构、平台企业的竞争模式等要素研究了 B2B 网购平台的双边市场竞争策略问题；何维达（2011）应用双边市场理论分析了零售商平台之间基于在线商家多样化和差异化特征的竞争问题。

在媒体广告行业，Anderson（2003）应用双边市场理论，认为电视运营企业需要在广告费和收视率之间取得平衡最优解；Kaiser（2006）认为杂志社会通过向广告商收费而给予读者价格补贴甚至免费这种不对称定价机制，是因为广告商需要读者作为他们的受众，而读者关注杂志内容却对广告不太感兴趣。国内学者胥莉（2008）利用通信市场的数据，通过实证分析研究了广告市场的双边网络效应；张旭（2011）研究了双边市场模式下开放期刊与传统期刊的竞争问题。

1.3.2 平台企业研究现状

（1）平台定价

平台企业定价问题一直是双边市场领域的研究热点，平台企业市场的定价模式通常分为三类：注册费模式、交易费模式以及两者混合的两步制模式。

国外学者 Calliaud（2001）研究发现当双边市场中存在占据主导地位或占竞争优势的在位平台企业时，新进入的平台企业需要对平台一边的用户提供价格补贴以吸引他们加入；Armstrong（2004）的研究认为平台企业对双边用户的不对称定价是因为双边用户之间的网络交叉外部性存在差异；Kaiser（2006）认为杂志社会通过向广告商收费而给予读者价格补贴甚至免费这种不对称定价机制，是因为广告商需要读者作为他们的受众，而读者关注杂志内容却对广告不太感兴趣；Cabral（2011）认为双边平台在定价决策过程中，时间是一个重要的影响因素，其利用动态框架研究双边市场的定价行为发现双边平台最优定价是受两边用户之间的网络外部性强度及吸引平台新成员的动态价值等因素的影响；Genakos （2012）通过实证分析的方法研究了移动电话产业的双边市场价格规制问题。ChenhaoDu等（2016）刻画了网络外部性强度对在线商家定价和销售水平的影响。当网络外部性较弱时，在线商家的最优定价策略是为产品设定相同的价格；当网络外部性较强时，在线商家的最优定价策略是为一个产品设定低价格，其他产品设定高价格。

国内学者岳中刚（2006）通过对比分析发现双边市场和单边市场的价格模式存在较大差异，双边市场平台的价格结构并不反映其成本结构；胥莉（2009）利用双边市场理论，通过构建两阶段博弈模型，研究发现具有规模优势和品牌优势的平台企业更倾向于非对称的定价模式以限制其他竞争对手；曹俊浩（2010）的研究则认为平台双方总体用户规模影响了平台的价格策略；戴菊贵（2015）分析了网络借贷垄断和竞争平台的定价策略问题，结果表明，垄断平台对两边用户的定价策略为谁获益谁付费。

（2）平台竞争

当前关于平台企业的竞争研究主要集中在价格结构策略、双边用户的归属策略和平台兼容性策略三个方面。

在价格结构策略方面，Calliaud（2002）通过研究平台企业间的竞争，发现平台企业可以运用准确的定价费来获得利润，在位平台企业的最优策略是通过收取交易费而不是注册费来遏制竞争者的进入；Chakravorti 和 Roson（2006）的研究认为在平台相互竞争的条件下，平台企业可以通过提高对某一边用户的定价而降低对另一边用户的定价而形成不同的平台竞争局面。

在用户的归属策略方面，Caudeu（2006）通过分析信息中介平台的竞争发现，当平台企业规定用户只能单归属时，平台企业只要在一边设置一个对用户有诱惑力的定价时，就会吸收该边的用户；Doganoglu（2006）通过比较多归属和平台兼容，指出具有双边市场特征的产业中多平台接入现象是普遍存在的，但不能因此而忽略对平台兼容的选择。

在平台兼容策略方面，Goldfainy（2007）通过对垄断企业的多平台兼容问题的研究发现，平台企业采取兼容策略的激励来自新加入的客户，平台企业的兼容选择取决于两边的客户数量；Soltani（2008）的研究发现在纵向兼容程度和价格结构之间存在一种新的因果关系并根据兼容战略确定了不同的商业模式。

（3）平台企业的规制或管制

市场的失灵催生了管制经济学，在双边市场环境下，同样存在平台企业规制和管制的争论与研究。

Albert（2001）认为在规模经济和锁定效应作用下，平台经济中非常容易出现“一家独大”即寡头垄断局面。Justus （2014）将平台企业分为搜索引擎、社交软件和销售网购平台三种类型，并认为搜索引擎和社交软件处于垄断与竞争并存的状况，销售网购平台处于寡头垄断状态。

国外学者 Wright（2004）通过对英国和澳大利亚信用卡市场的规制政

策研究，总结了规制政策中存在的认识误区，并指出可以通过对双边市场的正确理论分析来加以纠正；Caudeu（2005）认为双边市场的管制要比单边市场更复杂，如何界定垄断，要同时监督各方的价格和市场反应，对于市场势力的判断不能完全参考边际成本。

国内学者程贵孙（2007）提出在双边市场环境下，若放松对平台企业的管制，则同样会存在市场失灵，并对双边市场的产业规制提出建议；周正（2010）提出平台互通能够降低市场进入障碍，并恢复到竞争性垄断市场环境，利于技术创新和改善社会福利，并指出网络外部性的竞争环境使得因果相生关系变得更复杂，政府对平台企业间的各类竞争手段的管控存在诸多困难；冯然（2017）认为双边市场作用、网络的外部性效应以及网络定价机制是网购平台寡头垄断形成的主要原因。我国的网购平台不仅拥有市场集中程度高、进入壁垒高、信息不畅通、服务差异程度低等显著的寡头垄断特征，而且采用了强制性低价（高价）和捆绑销售两种典型的约束竞争的手段和形式。

1.3.3 平台型电商研究现状

随着 eBay、阿里巴巴等平台型电商企业的强势崛起以及亚马逊、京东商城等垂直型电商企业的平台化转型，平台型电商已然成为电子商务领域的主流商业模式（Grewal，2010；李小玲等，2014）。平台型电商是平台在线商家和平台买家通过平台企业提供的虚拟空间与互动机制开展交易，进而发展演化形成的特殊组织形态（Grewal，2010；李小玲等，2014；金帆，2014）。

（1）平台型电商的商业模式

国外学者 Bakos（1997）通过对网购平台的功能模式的研究，认为网购平台具有如下四种盈利模式：聚集模式、匹配模式、便利模式、信用模式；Subrammnai（2000）从实证分析的角度研究了网购平台商业模式的特征，重点分析了纯网络型电子商务企业和实体型电子商务企业对于数字产品和实物产品的影响程度；Mahadevan（2003）认为电子商务市场的交易模式主要包括：清单拍卖、在线拍卖、在线反向拍卖三种。

国内学者浮红芬（2013）指出对于个性需求大、差异需求强的商品网购平台应该采用联营模式，而对于标准程度高且单价高的商品应该采用自营模式；李琦（2001）以产品线宽度与深度的差异为标准，划分了水平网站、垂直网站、专门网站和公司网站等网购平台的商业模式，并指出垂直网站和专门网站是有潜力的商业模式。

（2）平台电商的竞争

Byugjoon（2003）研究了网购平台的垄断定价，组内（同边）网络外部性强度越大，垄断平台对卖方的定价越高，对买方的定价越低。Bhargava（2004）把网购平台看作中介平台，为平台两边用户提供中介服务，并构建模型说明网购平台厂商能够依据消费者的不同特征来制定差异化服务与价格结构。程贵孙（2006）等认为传统单边市场的产业组织理论无法解释具有双边市场特征的平台企业行为，他们也提到电子商务是一种中介型的平台行业，市场进入的前期投资低，几乎不存在进入壁垒，但是竞争压力很大，而银行卡行业、电信行业的前期投入很高，具有一定行业技术特征，导致一般企业难进入，往往呈现垄断或寡头市场结构。

Lee（2006）建立了考虑直接网络外部性和版本定价策略的模型，进而分析网购平台的最优定价。曹俊浩（2008）在 Lee（2006）基础上建立了一个电子商务垄断平台模型，该垄断平台同时提供高版本与低版本两种差异化服务，他们假设低版本服务的平台用户也需要支付一定成本成为注册会员，研究发现在不考虑补贴的情况下网络效应并不必然带来利润最大化。夏凡（2014）运用博弈论分析了京东商城、苏宁易购、亚马逊、当当网等自营电子商务网站的价格竞争策略，认为市场结构、市场预期、总体需求、价格弹性决定电子商务网站降价的幅度，网购平台的差异性是影响网购平台厂商定价博弈的重要因素。

1.3.4 网购产品质量研究现状

（1）网络购物中商品质量问题发生机理

李波（2013）认为网络购物中商品质量诚信问题发生的根源在于网络的特性所造成的更为严重的信息不对称和市场不确定性，其直接影响因素是买方的逆向选择和卖方的道德风险。

根据信息经济学理论，不对称信息可分为隐匿信息和隐匿行动。隐匿信息对应逆向选择，而隐匿行动对应道德风险。网络购物中信息不对称现象相对于传统购物环境更为严重：买方担心卖方提供虚假信息或者不能履行承诺，因此更容易采取逆向选择行为来保护自己的利益；卖方则为了获取更多的收益，出现合同违约、欺诈和不守信的行为来变相剥削买方。买方的逆向选择和卖方的道德风险直接导致了网络购物市场中低质量的、假冒伪劣的商品充斥市场。

① 买方逆向选择行为

国外学者 Dewan（2004）通过对在线邮票拍卖市场的分析，认为在 eBay 上存在着严重的逆向选择；Huston（2002）发现，在网络铸币市场中，声称较高质量的铸币不易售出，消费者对卖方所宣称的质量提高会打折扣。国内学者潘勇（2009）以网络茶叶交易市场作为研究对象，认为淘宝上存在“柠檬”现象，因此买方在购买此类商品时最有可能采取消极态度应对可能承受的风险，即选择低价商品而拒绝高价商品。

② 卖方道德风险

国外学者 Bas（2002）认为网络购物中不存在面对面的交易，因而产生了交易方和商品质量的双重不确定性，卖方更易出现“隐藏行动合同违约或欺诈、不守信行为更容易发生；Jin（2006）的研究发现，在质量声明中声称是高质量棒球卡的卖方的价格高出 33% ~ 51%，但经专业检测发现“高”质量卡名不副实，其中存在卖方欺诈行为，买方支付较高的价格却没得到更高的商品质量。Roger（2014）则是从网购平台的角度出发，利用双边市场模型考察平台如何通过设计最优的价格结构（交易费与注册费）解决在线商家的道德风险问题，从而维护自身的声誉；国内学者包金龙（2008）认为由于在网购中卖方拥有产品的质量信息，而消费者相对缺乏这一信息，因此存在在线商家对消费者的欺诈行为。

（2）网络购物中的商品质量管控措施

当前对网络购物中质量管控措施的总结，以及对相关学者研究的归纳，网络购物中常用的质量管控措施主要有如下几种。

① 在线信誉机制

国外学者 Resnick（2000）认为，在线信誉反馈系统是指一种在网络环境下，通过收集、合计、发布用户历史行为反馈信息，激励陌生人之间的合作行为，促进网络信任的信誉管理机制；Benedicktus（2010）的研究结果表明，第三方信誉反馈是增强网络零售商信誉度的一种有效途径；Benedicktus（2011）的研究指出消费者的评分增强了买方形成价值判断、区分良性和欺诈卖方的能力。

国内学者纪淑娴（2009）认为在线信誉反馈系统成为控制商品质量的一种机制，起到了一定的降低质量信息不对称的作用，在很大程度上减弱了网络“柠檬”问题所带来的负面影响；邓斌（2010）也认为，B2C 网站的在线评论有助于消费者了解网站的商品质量和销售服务，能有效地降低消费者的感知风险。

但是由于网络购物网站的在线信誉反馈系统先天设计不够完善，国外学者 Jin（2006）的研究揭示了 eBay 信誉反馈系统中的两个漏洞：全局信誉分级和无成本的匿名身份转换。国内学者赵宏霞（2016）研究发现国内 B2C 网站，如当当、京东商城等为维护自身利益，都曾出现被网民投诉的肆意修改、删除评论信息的事件。为了强化在线商家的信誉机制，淘宝网创新了一种卖方商盟制度，该制度本质上也属于一种在线信誉机制。赵宏霞（2010）认为商盟向买方发出一份明确承诺，即商盟成员提供的商品是高质量的，如其中某个或某些成员违反此承诺，所有的成员都会受到牵连，商盟将对其实施惩罚。

② 信息传递手段

国外学者 Weathers（1981）研究指出具冲击力的图片信息能从一定程度上弥补网络购物消费者所缺乏的触觉信息，从而影响其对产品性能不确定性的感知，减少逆向选择行为的发生；Schlosser（2003）指出计算机辅助手段、虚拟现实技术等技术手段能够在网络购物中增强买方对商品的感知。

国内学者潘勇（2010）指出，在 B2C 网站 AUCNET 的拍卖过程中，清晰的图像以及专用终端的便利性都使拍卖者有身临拍卖现场的感觉；温德成（2008，2009）在研究 B2B 平台的质量问题时，建议 B2B 平台应提供个性化的综合质量搜索服务，来代替目前普遍采用的出钱越多排名越靠前的竞价排名方式，以应对国际买方对商品质量的关注。

③ 质量检验和质量保证

国外学者 Kaplan 和 Nieschwietz（2003）研究证明，如果在线商家有 WebTrust 的检测标签，将会提高其信誉度；Noteberg 等（2003）的研究也发现，第三方机构的保证能够消除买方对于不确定性的感知，进而影响在未知购物网站上的初次购买；Dewan（2007）的研究指出，网购平台作为网络质量中介介入卖方商品的质量检验和质量保证，很大程度上消除了网购市场中的"柠檬"现象。

国内学者潘勇（2010）在研究日本 B2C 平台式购物网站 AUCNET 时发现，AUCNET 公司成功地承担着质量中介的角色，有效地消除了市场上的信息不对称和欺诈行为；赵泉午（2006）研究 Amazon 网站时，指出 Amazon 在美国采用方便快捷的退换货服务作为商品质量的保证措施，有利于降低消费者的感知风险，降低网购产品质量诚信危机。最后，许多研究探讨政府如何利用价格管制、市场准入、产品抽检等监管措施提升商品质量（赵农，2005；龚强等，2013，2015；谢康等，2016），但其讨论的对象是一般性的食品安全问题，并非针对网购中在线商家欺诈行为。王勇（2017）通过引入政府监管部门、网购平台以及入驻平台的在线商家三方的策略互动，分析网络购物中商品质量的监管问题。LiBo 等（2015）构建网络购物的三级产品质量控制模型，建立网购平台的商品质量控制能力指标体系的四个维度。

1.4　主要内容与创新之处

1.4.1　主要内容

在绪论当中，首先，介绍了本书的研究背景。其次，整理了国内外学者有关双边市场、平台企业、网购平台、网购产品质量和产品质量管控的有关研究成果，为本研究奠定了理论基础。最后，介绍了本书的主要研究内容、研究方法和创新之处。

在第 2 章中，本书介绍了当前网购市场商品质量诚信的现状、分析了网购中产品质量诚信缺失的原因。研究指出网购市场中产品质量诚信缺失的原因包括：售价利润高的同时违法成本低，在线商家市场准入门槛低且交易中信息不对称，在线商家价格竞争激烈的同时伴随有消费者的知假买假，平台商的管控不力和政府公共治理的低效率。

在第 3 章中，首先利用法律学的理论探讨了网购平台在网购市场中的法律性质，认为网购平台更接近于“柜台出租人”；然后根据我国相关法律如《网络交易管理办法》，分析了网购平台在网购交易中应该承担的责任。

在第 4 章中，主要研究了网购市场中只有一个网购平台时，网购平台对在线商家产品质量的管控行为和管控力度选择。本章的研究主要从静态和动态角度进行分析，研究认为网购平台受自身利益限制，其决策行为要兼顾双边用户要求，不可能付出令消费者满意的质量管控力度，而且随着网购平台的发展呈现倒 U 形特征。

在第 5 章中，研究了网购市场上存在网购平台间的竞争时，网购平台的质量诚信管控行为和管控力度选择。本章分两节，第一节分别探讨了常见的三种收费模式下，平台间的竞争对其质量诚信管控的影响；第二节分析了广告作为网购平台的主要盈利模式时，两个不同规模平台间的竞争对各自质量诚信管控力度的影响。

在第 6 章中，研究了平台企业双边用户不同归属情景下，网购平台间的竞争与质量诚信管控力度之间的关系。本章共分两节，第一节研究了两个同质性网购平台在面临双边用户不同归属情景下的质量诚信管控行为；第二节研究了一大一小两个存在规模差异的网购平台在面临不同用户归属情景的质量诚信管控行为。

在第 7 章中，研究了不同运营模式下网购平台及其相互之间竞争时的质量诚信管控行为。本章分三节，第一节主要比较了中介型、自营型和综合型网购平台的质量诚信管控行为及其对在线商家质量诚信的激励效果；后两节介绍了网购平台企业的平台分化行为，并分析了独立平台与分化平台间的竞争与质量诚信管控力度的关系。

在第 8 章中，首先从网购供应链的角度研究了网购平台在网购供应链中质量诚信管控的意愿，以及政府介入的效果。然后分别论述了网购平台和政府部门各自在质量诚信管控方面的优劣势，最后提出了平台和政府相互协同的治理模式。

第 9 章为本书的最后一章，在本章中，对本书的研究结论进行了总结，根据本书的研究做结论，并说明了本书的研究不足，对未来的研究提出了设想。

1.4.2 创新之处

本书的创新之处在如下几处。

（1）首次研究了双边市场下平台企业的质量诚信管控行为，丰富了双边市场的有关理论。

现有双边市场理论的研究中，学者们主要的关注点是平台企业价格的制定，偶有对平台企业投资策略、战略行为的研究，但尚未见到平台企业质量管控行为的研究，本研究将在这一空白点上抛砖引玉。

（2）从平台间围绕双边用户竞争的视角研究平台企业的质量诚信管控行为，为寻求网购市场产品质量治理提供了新思路。

当前网购市场涉及了多个交易主体，由于网络交易的虚拟性，相互之间信息出现了不对称，为了克服信息的不对称，需要产品质量的管控者，但是如果管控者出现机会主义，谁来管控管控者。本书认为平台间的竞争有利于激励平台企业加大产品质量的管控力度，在此假定下，本书从多个角度分析了平台间的竞争对质量诚信管控力度的具体影响。

第 2 章　网购产品质量诚信现状及原因分析

2.1　网购中产品质量诚信问题现状[①]

2.1.1　网购中假冒伪劣商品和欺诈行为

（1）网购中的假冒伪劣商品

假冒伪劣商品分假冒商品与伪劣商品两大类，其中假冒商品是指未经授权，对已受知识产权保护的产品进行非法复制、销售，从而使消费者产生误认的产品。伪劣商品是指质量、性能不能达到国家标准、行业标准、地方标准的产品。

假冒商品与伪劣商品既有区别又有联系，从广义上来说，假冒商品假借其他商品的商标、外观，销售的内容与产品的名称并不相符，也是属于伪劣商品的一种。但从狭义上来说，假冒商品是指假冒注册商标、产地、厂名的产品，伪劣商品指的是那些质量不合乎标准、失去使用价值的产品，二者在本质上仍有不同，伪劣商品有时候也会使用其他商品的商标、外观，此时，既是伪劣商品，又是假冒商品。本书研究的对象属于广义上的假冒

① 本节内容参考了周敏雷 2017 年的学位论文《网络交易欺诈行为法律规制研究》。

伪劣商品（统称为假货），既包括伪造、冒用他人商标、名称、包装和厂名厂址的产品，也包括掺杂、掺假，其质量、性能不能达到国家标准、行业标准、地方标准的产品。

中国网购假货问题的第一个主要来源是假货的本土原发性特点，这是由我国经济发展阶段和水平决定的。这种原发性引发的假货问题，主要表现在两个方面，一个是信息不对称引发的市场失灵问题，另一个是低端需求诱发的有效市场问题。这两个方面是我国经济体系的客观存在，充分体现了我国假货治理的复杂性，也决定了我国假货治理的长期性和艰巨性。

（2）网购中在线商家的欺诈行为

在网购中，关于网购欺诈行为（网购非诚信行为）的行为主体是否仅指在线商家，不同的学者有不同的观点。有学者认为网购欺诈行为的行为主体仅仅是指在线商家在网络交易中的不正当经营行为，针对的是在线商家。也有学者认为，网购欺诈行为也包括了以消费者为主体的欺诈行为。由于本书研究针对的主要是在网购中在线商家的行为，故而本书中所指的网购欺诈行为，主要是指在网购中在线商家采取故意捏造虚假情况或者隐瞒真实情况等不正当手段来欺骗、误导消费者，诱使消费者做出错误的消费判断而进行交易的行为。

网购作为消费者的一种新型购物形式，为社会经济活动提供了诸多的便利条件；但是我们在感受网购为我们的生活所带来的便利快捷的同时，也需要注意到不少在线商家为了谋取经济利益而进行欺诈的行为不断呈现增长态势，这不仅损害了消费者的合法权益，损害了其他在线商家的正当利益，也破坏了整个网购市场的健康有序发展。与传统的交易欺诈行为相比，网购中的欺诈行为具有如下特点。

① 隐蔽性高

由于网购的虚拟性，在线商家通过网络所呈现的商品信息资料，都是看得见而摸不着的，消费者不能通过实际接触来感知所交易商品的真实状况，只能凭借自身的经验来进行判断，从而做出是否进行网购的决定，这就容易让一些不法的在线商家利用网络的虚拟性提供假冒伪劣商品，从而达到欺骗消费者的目的。

② 操作成本低

一些不法商家实施网购欺诈行为通常只需要利用网络这个公共平台进行联络交易，一般情况下不需要其他的基础性经济条件支出，节省了大量的人力、物力和财力的投入，只需要连接网络或是通过第三方网购平台进行注册开店，就能在全国各地乃至全球范围内发布交易商品信息，无须其他费用，而且操作也很简单，经济成本非常低。

③ 涉及范围广

网络具有开放性，它突破了时空限制，这就会使得一旦出现网购欺诈行为，其发生的范围将不仅仅局限于某一特定地区，很可能是全国乃至世界范围内。网购欺诈行为中所面向的交易对象是所有在线消费者，因此网购欺诈大大地降低了人们对于网购的信任感，不利于网购市场的健康有序发展，所造成的社会影响也是十分巨大的。

④ 维权困难

一旦发生网购欺诈行为后消费者想要维权，其手中往往仅有消费凭证，而对在线商家除所售商品、价格、网络联系方式以外的其他真实有效信息往往全然不知，这就使得许多在线消费者会因为其证据取得、纠纷解决的程序烦琐或所受损失的不大而选择不了了之。

2.1.2 网购中商家售假现状及特点

（1）网购中商家售假现状

当前，网络购物如火如荼发展的同时面临的挑战也是前所未有的，消费者网购到假冒伪劣商品司空见惯，退换货，难流程烦琐，售后服务态度与质量差等问题困扰广大网购消费者。

2016 年央视第 26 届“3 · 15”晚会披露出各种网购平台欺骗消费者的现象，其中主要投诉问题集中表现在商品质量与描述不符、变相设置价格陷阱、销售数据注水、物流配送成软肋、大量违规广告。

从投诉问题的类型看，商品质量低劣、假冒知名品牌、售后服务态度和质量差、退款速度迟缓、不诚信发货、退换货难、不发货、虚假发货、网络诈骗等问题尤为突出；被投诉维权最频繁的十大网购平台为淘宝网 / 天猫、丰趣海淘、国美在线、当当网、返利网、网易考拉海购、乐视商城、拼多多商城、蘑菇街、优购网，其中淘宝平台名列榜首。

从 2016 年投诉的整体情况来看涉嫌商品真实情况与描述不符类占比高达 44.82%，比 2015 年上升 18.2%，排名第一；在线商家利用各种手段建立虚假订单、伪造商品评价信息、伪造销售数据的失信案例的占比排名第二；此外，劣质倾销、价格欺诈、产品质量、数据注水、售后服务、物流配送等成为 2016 年网购消费者投诉最多的问题。

（2）网购中商家售假特点

① 不受时空限制，数量多，危害大

网购交易由于其虚拟性、开放性的特点，消费者与在线商家在任何时间、任何地点都可以在网购平台上完成交易。同时，由于网购同传统购物模式相比，相关监管弱化，交易规则自由度高，这给网购售假犯罪带来了极大的便利。美国著名的跟踪假冒伪劣产品的公司 NetNames 经过调查分析称：淘宝上号称是其客户产品的商品中 20% ～ 80% 都为假货，淘宝网售假问题亟待解决。

网购假货中最为常见的是服饰、化妆品、奢侈品等，通常具有以下特点：一是冒充国外品牌，二是价格与真品差距较大，三是难以辨别真伪，这给监管和打击工作带来了很大难题。同时一些重点领域如食品、药品领域，一旦发生大规模的网络售假犯罪，不仅损害财产安全，而且会对人身安全产生极大的危害，容易造成非常恶劣的社会影响，在群众中引起恐慌，降低政府公信力，引发信任危机。

② 售假形式多样化

与传统实体店售假相比，网购中出现的售假形式更加多样化，大体分为三类：一是各类网购平台，有以淘宝网为首的 C2C 网购平台，即个人与个人之间通过网购平台完成交易，还有以京东、当当网为首的 B2C 网购平台，企业通过自主经营与个人通过平台完成交易。其中，以淘宝网上的店铺售假行为最为严重。二是以微店为首的移动端网购平台，即店家无须资金成本、无须货源、无须物流、无须客服和售后，通过手机宣传即可赚取佣金的云推广电子商务模式。三是基于微信朋友圈、新浪微博等社交软件而建立起来的移动社交网络销售模式。在线商家在朋友圈、微博等社交网络中分享产品信息，多为化妆品、服饰、保健品、奢侈品等，通过代为购买赚取差价的方式盈利。

③ 参与主体虚拟化，隐蔽性强

对于网购售假而言，由于其主体的虚拟化，参与人员之间只需通过网络便可进行联络，从组织货源、供应销售、收款打款到物流运输的各个环节都可以在网络上进行，无须见面交易。因此，售假网络各个环节参与主体之间的关系松散，往往从未谋面，仅有业务上的联络，对对方的真实信息并不知情，同时由于网购的虚拟化特点，不法商家往往隐瞒其真实身份，使用虚假身份，伪造资质证明通过网购平台审核，在这种情况下，商家真实身份的确定变得更加困难，使得此类售假行为更具隐蔽性，难以侦查。

④ 虚假宣传与信用造假

对于网购售假的在线商家而言，因其产品质量、性能本身没有竞争力，便只能依靠虚假宣传和信用造假来吸引眼球。不法商家在其店铺中冒用或者模仿他人商标进行宣传，宣称其商品为正品，利用假货价格上的优势，吸引消费者进行购买。同时网店的销售量、评价、信用等级也是吸引消费者的一个重要因素。因而不少不法商家利用各种渠道雇人刷评价、积累信用等级，造成一种销量大、评价高的假象，误导消费者进行购买。万维网的调查报告显示，2016 年淘宝网大约有 11 000 家店铺存在不同程度的刷单现象，刷单店铺的评级速度超过普通店铺的 10 倍。

2.2　网购中产品质量诚信缺失的原因分析①

2.2.1　售假利润高、违法成本低

同正品相比，假货虽然质量差，但是造价低、成本小，而且不用缴纳相关税费。同时网购售假同传统实体店售假相比，省去了实体店费用，而且店铺流量更大，销量更多，因而也就能获取更加高额的利润。最后，部分消费者知假买假的心理也给了网络假货巨大的市场空间，一些消费者出于虚荣的心理，青睐于各种高档奢侈品品牌，但由于其经济条件有限无法满足其需求，便只能购买一些所谓的高仿品，从而给了网络假货巨大的消费市场。

对于在网购平台中销售假货的商家，平台商大多对其商品进行降权处罚，所谓降权，就是使商品在一定时间内不能在销量搜索中显示，从而降低商品销量，减少店铺流量。对于售假行为严重的店铺，最为严厉的处罚便是封号。对此，售假店铺只需等待商品降权结束或者另行注册店铺便可继续售假行为。同时较高的维权成本也在一定程度上纵容了网购中的售假行为，当消费者网购到假货想要维权时，由于商品本身往往价值较小，消费者精力有限，面对高额的检验检测费用和复杂的投诉程序往往选择妥协，在现有的监管机制下，并没有一套便捷、高效的投诉渠道让消费者得以维护自己的合法权益。

2.2.2　准入门槛低、信息不对称

在很长一段时间内，我国网购市场对公司销售行为和个人销售行为持开放态度，部分在线商家并未进行工商登记注册，就开展网络交易活动。对比来看，在传统销售模式下，一名销售商在开展经营行为之前，首先必须是具有自己的生产企业或销售门店，至少也要在大卖场租赁一个铺位或商场租赁一个柜台，加上装修、员工工资以及为此支付的时间成本，变相

① 本节内容参考了游海军 2017 年的学位论文《网络交易产品质量监管法律问题研究》。

构建了交易壁垒，这些交易壁垒相对销售者实力进行了一次筛选。而在网购市场中，上述成本特别是门店费用、装修、人工等方面支出大幅减少，销售行为的进入壁垒显著降低，更极端的甚至手持一台电脑或一部手机就可以开展网络交易。

由于网购不能面对面进行，大多数消费者只能凭借在线商家对商品的介绍来鉴别商品质量好坏而不能亲自试用。很多不法商家抓住这一特点，利用网购中交易双方的信息不对称，在网店中对商品图片进行美化，对商品信息进行夸大，或者直接假冒其他知名品牌，进行虚假宣传，误导消费者进行购买。另外，除了图片和文字描述外，产品的销量和评价也是消费者考虑是否购买的一个重要因素，对此，不法商家往往会采取网络刷单的方式，制造大量虚假交易和好评，欺骗消费者实施购买行为。

2.2.3 市场竞争激励，消费者知假买假

在网购市场中，销量成了多数消费者购买的主要考虑因素，为了在大量同质化商品存在的网购平台中占据主动，主打价格战成了在线商家迅速占领市场、提高销量的重要途径。但是由于自身经济条件有限，无法负担正规品牌高额的代理费用，加之网购平台对于店铺资质和其销售的商品并没有严格的监管审查制度，一些商家便可以利用网购的不可见性与隐蔽性，很好地掩盖了商品本身质量上的瑕疵，在这种情况下，有着巨大价格优势的假冒伪劣商品成了一些商家考虑的首选。

当前网购市场上存在一种知假买假型的消费者，这些消费者出于虚荣心理，盲目追求高档奢侈品牌，但由于其自身消费水平有限，无法负担得起昂贵的高档奢侈品，便将目标转向了各类高档品牌的仿冒品，一些高仿品极大地满足了此类消费者爱慕虚荣的心理，这些消费者明知商品是假货也会进行购买。此类知假买假的消费者对于低价位商品特别是高仿名牌商品的需求，滋生了大量的假冒伪劣商品，为网络售假提供了广阔的消费市场。

2.2.4　平台管控不力、政府监管低效

相对而言，网购平台在对入驻商家的管控上具有先天的优势，每个网购平台自身的专业队伍涵盖了技术、法律、管理等各类人才，对自身平台信息的管理相对简单。但是，实际当中各网购平台并未充分运用自身的技术、信息、人才优势建立起对质量违法行为的严格监控。现实的情况是：网购平台在在线商家准入把关、商品信息审查、销售行为管理、社会诚信管理等方面存在缺陷，一方面是对商家的“入口”把关不甚严格，比如一些在线商家私自利用他人企业名称开展经营活动、不按照规定亮明在线商家的身份等信息、对在线商家的资质审查登记流于形式等；另一方面是对商品信息内容审查不到位，平台商对通过网购平台销售产品的交易行为、交易数据监测、违规交易处置不到位。甚至出现在线商家与网购平台工作人员相互勾结，放任自流的情形，导致网购中质量违法行为较为集中。

我国相关部门在围绕网购质量问题的执法实践中，由于各职能部门管辖界定不明确、职能范围有交叉，对于网购消费者的投诉往往相互推诿，没有切实承担起监管、打击的责任，与网购平台之间并没有一个高效、系统的联动机制，对于网购平台发现的售假线索也没有及时地进行跟进。同时，我国法律关于生产销售假冒伪劣商品方面的规定仍有不足，新的网络交易管理办法虽然明确规定了利用网购平台售假案件中网购平台的责任，但在实际的取证和执行方面，仍有很多的困难。

第 3 章　网购平台的法律性质及义务[①]

3.1　网购平台的类型及其法律性质

3.1.1　网购平台的类型

根据网购平台上交易主体的不同，网购平台可分为：B2B 网购平台、B2C 网购平台、C2C 网购平台。根据商业模式的不同，又具体细分为：B2C 网上商厦、B2C 网上商店、B2B 网上交易市场、B2B 网上商务、C2C 网上个人交易市场。例如，聚美优品属于网上商店（B2C）模式；京东商城的自营部分属于网上商店（B2C）模式，非自营部分属于网上商厦（B2C）模式；天猫商城属于网上商厦（B2C）型，淘宝属于网上交易市场（C2C）；ZOL 商城属于网上商厦（B2C）类型。网购产品质量诚信水平和平台的经营模式之间有着十分密切的联系，网购平台介入交易的程度越高，对交易的控制能力就越高，其产品质量诚信率就相对较高。

网购平台参与交易有两种途径：第一种是作为销售中介渠道，个人和企业通过入驻网购平台，网购平台为其提供技术服务支撑；另一种是个人

---

① 本章内容参考了姚烨 2017 的学位论文《网络交易平台在网络售假中的法律问题研究》。

和企业可以直接经营自己的平台，平台作为买卖合同的一方参与交易。因此根据网购平台的业务模式可将网购平台划分为作为交易主体与作为交易渠道两个基本类别，在这两个基本类别下则衍生出更多的经营模式，主要分为：（1）直接参与商品或服务销售的 B2B、B2C 平台服务模式；（2）只提供基础服务的平台服务模式；（3）提供了增值服务的 C2C 平台服务模式。

3.1.2　网购平台的法律性质

对网购平台法律性质的界定关系到对其所应承担民事义务和责任的认定。在学理上，学界对网购平台的法律性质有着不同见解，结合本书研究的网购平台，主要涉及如下学理上的认知。

（1）居间人性质

居间人，又称“经纪人”。是指居间合同中为委托人提供订约机会或充当订约媒介的当事人。居间人在委托人与第三人订立的合同中既非当事人，亦非任何一方的代理人。

网购平台与居间人之间的确具有一定的相似之处，平台商与买卖双方各自签订了服务合同，规定了网购平台与买卖双方各自之间的权利义务，形成了某种与居间合同相类似的法律关系。一方面，平台商为买卖双方提供网络技术服务，其本质上可以看作是为买卖双方提供了媒介服务和订立合同的机会，在事实上构成了居间关系。另一方面，平台商也向在线商家收取服务费等作为相应报酬。

然而网购平台与居间人具有实质上的差异。其一，网购平台仅仅为交易双方提供了一个可供磋商的空间，并没有以居间之意思主动为注册用户寻找交易机会，也不为达成交易积极在当事人之间斡旋。在网购中，消费者在网购平台上购买商品并不需要向平台商支付除货款之外的费用，在线商家在注册成为平台用户接受平台服务时，就已经支付了服务费，买卖双方是否达成交易协议不影响平台商对在线商家服务费用的收取。

因此，对于网购这种新兴的交易方式，不能完全套用《中华人民共和国合同法》中有关居间人的规定来规范网购平台的行为。

（2）柜台出租人性质

该学说认为网购平台相当于虚拟空间中的柜台出租者，平台商与在线商家间是一种网络空间租赁关系。

网购平台与传统柜台出租者之间的相似之处表现在：第一，两者都是为买卖双方提供一个交易空间，柜台出租者为买卖双方提供的是实体的柜台和场所，平台商为买卖双方提供的是一个网上交易平台。第二，两者都有“收取租金”的行为，现实交易中的柜台承租者需要向出租者缴纳“柜台使用费”或者“场地使用费”等相关费用，而在网购中，有些平台商也会向平台上的注册在线商家收取“登录费”。第三，消费者在现实柜台交易和网络交易中的维权途径也十分类似。若消费者在现实柜台买到假货，通常先与经销商进行交涉，在交涉无果的情况下转而向商场管理者或柜台出租者提出诉求；在网购中，消费者往往直接联系在线商家要求更换、退货、赔偿，当其与在线商家不能解决纠纷或者无法联系在线商家时，通常会转向网购平台提出相应诉求。

两者之间的差异主要表现在：首先，以淘宝为例，淘宝平台对所有注册用户开放，不管是消费者或是在线商家，都不需要缴纳服务费即能在淘宝平台上自由交易，而现实交易中柜台出租者有权并且往往要求承租柜台的商家缴纳相应的租金。其次，一些平台除了提供基础交易的技术服务外，还为在线商家提供增值服务，如广告推送、置顶推荐、竞价排序等，网购平台提供的服务显然超出了传统柜台出租者所提供的服务范畴。再次，传统的实体商场所能提供的空间和场地都是有限的，入驻的商家数量和交易规模具有可控制性和可预测性，而由于网络的特殊性，网购平台所面对的注册用户和商品信息的数量十分庞大，并且交易规模很难掌控，要求平台商与传统柜台出租者承担相同的义务和责任实在过于苛求。

（3）网络服务提供者性质

该学说认为网购平台在实质上就是为买卖双方的网络交易提供信息交换

的技术服务，提供一个信息交换与分享的平台。网购平台为买卖双方提供缔结交易合同所必需的技术及媒介服务，如信息发布、合同订立、电子支付等。

（4）实践中平台企业法律性质的界定

在界定网购平台的法律性质时，通常不会采取“一刀切”的态度，而应当根据平台商在交易行为中的参与程度、所起的作用和所处的地位为基本依据，此外还应当考虑平台商的现有技术、网购环境的特殊性等客观条件，真正做到权责统一。

例如，当网购平台只提供基础服务时，它只是为在线商家提供商品信息的发布平台，买卖双方仅仅利用了平台上所提供的交易渠道和技术服务达成交易，其并没有直接参与到交易关系中去，为交易的达成做出任何努力，也没有向网络用户收取除基本服务费用之外的任何报酬，是完全中立的角色，因而其法律性质应属于“网络服务提供者”。

当平台提供增值服务时，在线商家往往需要就平台方提供的增值服务缴纳一定的费用，并且在这种情况下，网购平台对于其提供增值服务的在线商家所发布的商品信息和交易规模都具有一定的掌控力，其对于在线商家发布的商品信息进行整理、编辑，或向平台上的消费者用户进行广告推送，或置于网购平台界面的显著位置，消费者往往会受到这些因素的影响，从而更倾向于购买被交易平台营销推广的商品。但是由于交易是否达成并不影响平台商对在线商家增值服务费用的收取，不论在线商家与消费者之间是否达成买卖合同，在线商家都要为自己在平台上所占据的处于显著位置的“虚拟柜台”向平台商支付相应的费用，因而在法律性质上将其界定为“柜台出租者”更加合适。

3.2　网购平台在网购交易中的义务

3.2.1　对网购售假的事先审查义务

网购售假的实质在于没有经营资质的在线商家为了谋取不正当利益而

销售假冒伪劣商品的行为。为了维护消费者的利益以及网购市场的秩序，平台商作为网购市场的“管理人”，应当负有对其平台上的在线商家进行必要的准入审查的义务。网购平台承担事先审查义务的内容主要包含：审查什么信息以及如何进行审查。

（1）提供基础服务平台的事先审查义务

在仅为注册用户提供基础服务的情形中，平台商通常只需核查用户的身份信息、经营资质和营业执照等基本信息。在实务中，网购平台对进驻平台的在线商家主要通过实名注册、缴纳保证金的方式进行审查和管理。2014 年 3 月 15 日施行的《网络交易管理办法》第 23 条规定了网购平台的事先审查义务：一方面，对于已经进行了工商登记的法人、其他经济组织或个体工商户，平台商应对其经营主体身份进行审查登记，并在其从事经营活动的主页面醒目位置公开营业执照登载的信息或其营业执照的电子链接标志；另一方面，对于尚不具备工商登记注册条件而申请进入平台从事经营活动的自然人，平台商需对其真实身份进行审查登记，核发证明个人身份信息真实合法的标记，并加载在其从事经营活动主页面的醒目位置。此外，平台商还需对所有注册用户建立登记档案并定期核实更新。

（2）提供增值服务平台的事先审查义务

网购平台利用其网络技术对产品及服务进行营销推广的行为被认为是网购平台对技术的非中立性使用，是一种广告盈利行为。这种行为可能直接促使消费者更倾向于购买被宣传推广的商品，因而网购平台方在提供增值服务情况下所负有的事先审查义务应当与提供基础服务情况下有所区别。

向在线商家提供增值服务进行广告营销时，网购平台不仅需要对在线商家的真实身份、经营资质等进行事先审查，而且对于在线商家提供的具体商品信息及广告内容也负有事先审查义务，对于在线商家提交的商品信息，如关键词、图片等都应当逐一进行审核，审核商品合法来源证明、商标权利证明和权利人授权证明等。

3.2.2　对网购售假的监管职责

（1）监管职责的来源

《网络交易管理办法》第 26 条明确了网购平台的该项义务：“第三方交易平台在线商家应当对通过平台销售商品或者提供服务的在线商家及其发布的商品和服务信息建立检查监控制度，发现有违反工商行政管理法律、法规、规章的行为的，应当向平台在线商家所在地工商行政管理部门报告，并及时采取措施制止，必要时可以停止对其提供第三方交易平台服务。”

基于消费者在网购中处于这样一种不利地位，为了最大限度地保护其合法权益，维护网络环境下的交易秩序，有必要对网购平台的监管职责进行更为严谨的规制。一方面，平台商可以根据自身实际情况自由推行适当的监管措施，平台商无论是对在线商家提供基础服务还是提供增值服务，都须不定期审查是否存在假冒伪劣产品；另一方面，一旦有消费者投诉或有证据显示网购平台没有实施适当的监管措施，损害消费者或其他权利主体合法权益的，平台便须承担相应的民事责任。

（2）对于假货的鉴定制度

网购市场的准入门槛低、供应链复杂，成为假货泛滥的主要原因。现如今网购平台对于消费者及其他权利主体的保障主要体现在两个方面：事先审查和事后补救。事先审查是指通过实名注册、缴纳保证金以及制定对假货的处罚规则等方式来规范平台上在线商家的行为。事后补救是指平台所制定的一系列售后服务政策，通常包括正品保证、无条件退换货、先行赔付承诺等网络规范。但是在贯彻这些制度时有一个大前提，那就是何为假货，进一步说就是关于如何鉴定假货的问题。

对于网购商品的鉴定制度，目前实践中虎扑识货平台具有较高的公众认可度，虎扑平台的管理十分严格，它有一个交易区，任何人都可以发布商品信息，而在装备区有很多在运动装备领域具有鉴定能力的专业人士，这些专业人士会根据所发布的商品的情况进行鉴定真假和其他的检查工作，如果发布的产品有问题，会直接封禁这家店铺的商品以及这个发布者的发布权限，这就意味着这家店铺里的任何商品都不会在虎扑识货平台中出现，发布者也不能再在虎扑识货中发布任何商品，而对于可信任的商品则增加“已鉴定”的标签。

3.2.3 平台网规中对网上售假的规范

（1）以京东为例的平台网规

网络交易平台所制定的自身规则，即平台网规中对网上售假的规范也就成为其审查和监管网络售假行为义务的重要来源。

以京东为例，近年来京东在其规则中关于网络售假形成了一套相对完备的规范体系，包括《京东规则》《京东 MJD.COM 开放平台在线商家积分管理规则》《京东开放平台自主售后系统使用规则》《京东开放平台先行赔付判断标准》《京东微店服务管理规则（新）》等在内，制定了各种个性化的网络售假处罚措施，如《京东规则》中规定“出售假冒商品且情节严重，每次扣 100 分。为保护消费者权益，对违反本情形的在线商家，京东视情节严重程度采取市场管控措施（包括但不限于店铺屏蔽、限制发布商品、公示警告、关闭店铺等）”；以及人性化的赔偿机制，如先行垫付、赔偿补偿等。京东自主开发了一套排查系统，通过价格敏感品类，就是通过各种维度自动筛查各种品类其可能出现假货的问题。再者，京东设计了一个线上维权系统，买家可以通过这个系统进行投诉。京东可以通过该系统详细地处理这些投诉建议，京东并根据这些投诉按照相应的部门与商家进行沟通，调查情况。

（2）现有平台网规的不足

网购售假争议中主要涉及四类主体，即平台商、消费者、在线商家以及被侵权的第三人。对于平台商，在网规中虽然规定了平台商对违规销售假冒商品在线商家的处罚、对在线商品进行抽检、保证金执行以及入驻审查的相关条款，但是关于平台商所承担的义务只有先行垫付条款，对平台义务和责任的规定较少。对于在线商家，规定了在线商家的商标质量保证、售假行为后果、投诉中的举证责任、保证金缴纳、处罚的申诉以及鉴定复检申请等，规范较为全面。针对消费者投诉，规定了投诉时间、举证责任、投诉受理条件等，对买卖双方交易争议解决甚至设有专门的条例规定，对消费者投诉、争议的举证、执行、处理等具体环节都做了相对详细的规定，并设有先行赔付规则。但是对于第三人投诉的处理缺乏一套系统的解决方案。也没有规定在第三人投诉后平台应该如何保护第三人权利，防止侵害的扩大，只能引申到对违规商家的处罚措施上面，同时也没有第三人提出侵权投诉的先行赔付规则。

第 4 章　垄断环境下网购平台的质量诚信管控

4.1　网购平台的垄断化趋势[①]

在电子商务市场蓬勃发展的大背景下，网购平台的垄断化趋势也开始显现。2015 年 11 月 11 日，淘宝（天猫）全天交易额达 912.17 亿元，京东网的销售额也过了百亿元，网购平台垄断化的格局正在加速形成，即：阿里系，包括淘宝天猫、苏宁易购等；腾讯京东系，包括京东、微商等，有专家甚至预测，两家网购平台占中国电商 90% 以上市场份额的格局未来 3 到 5 年内不会被改变。

4.1.1　网购平台垄断化趋势原因

网购平台是虚拟网络与交易实体相结合的运营平台，在运作过程中受到传统经济规律和网络经济规律的共同作用，其中双边市场作用、交叉网络外部性效应、锁定效应是网购平台垄断形成的主要原因。

① 本节内容参考了何勇 2016 年发表于《上海经济研究》的论文《电子商务平台“寡头化”趋势的经济学分析》。

(1) 双边市场和交叉网络外部性效应的作用

网购市场垄断的形成主要受到双边市场的作用。网络作为一种新型的、既独立又与传统环境交织在一起的虚拟生态环境，呈现出与传统经济截然不同的特点，这些特点促使网购平台成为典型的双边市场。双边市场拥有大量的消费者和商家，买卖双方通过市场进行交易。在交叉网络外部性效应的作用下，消费者或商家均希望市场汇聚更多的另一方，这样不仅可以更加容易寻找到匹配的对方（曲振涛等，2010），而且能够大大降低双方的搜索成本，因此，在双边市场中，一方的交易数量会直接影响另一方的交易数量，即市场中只有大量消费者存在时，才会吸引大量的商家参与，反之亦然。因此，通常最先进入网络市场的网购平台在双边市场和网络外部效应的共同作用下，会获得先行者优势，即能够在短时间内拥有大量的消费者和商家，占领绝大部分市场份额，形成“一家独大”的局面。

(2) 交叉网络外部性效应和锁定效应的作用

在交叉网络外部性作用下，网购平台中的一方数量增加时，另一方付出的搜索成本将降低，即平台中的用户数量越多，每个用户的边际成本越低，获得的效用就越强（Evans，2007），导致网络中出现了与传统经济中截然不同的边际效应递增现象。在边际效应递增作用下，网购平台上的用户数量达到一定程度时，在效用最大化的驱使下，网络对用户就产生了锁定效应。此外，通常用户不愿在新的网购平台重新填写个人资料，个人资料又无法从原有平台批量转发。在网购平台间不能自由移动信息和共享用户评价的情况下，对于企业和个人，特别是拥有良好社会形象的企业而言，转换交易平台意味着付出高额的代价，因此在个人使用惯性和声誉机制的作用下，用户又将再次被“锁定”在原有网购平台。

究其根源，网购平台垄断成因中的双边市场作用、网络外部性和锁定效应的产生源于用户信息汇聚产生的巨大价值。用户通过平台进行交易，参与交易的人数越多，集聚的个人信息量越大，平台产生的效应就越强。因为网购平台中的买卖双方不仅能够通过汇集的信息，寻求到更合适的交易对象，而且广告商也能够根据用户信息提供更精准的广告推送，通过增加的广告附加价值弥补对消费者实施免费策略带来的利润损失。为继续扩大收益，网络企业都不愿与其他企业共享自身收集到的用户数据和信息。此外，在过去的 20 年间，美国的信息安全法和消费者隐私保护法也不允许用户的个人信息在网购平台和企业间随意共享和流动。虽然欧盟于 1995 年颁布规定（Art.12，Directive95/46/EC，1995）表明用户拥有对个人数据修改、删除和阻止第三方访问的权利，但是当时并没有赋予用户将个人数据自由传输给另一个平台的权利，更不允许任何一个网络企业将用户信息发送给另一个网络企业。可以说在个人隐私保护的庇护下，个人信息的集聚和平台企业的约束信息共享是造成网购平台垄断的根本原因。

4.1.2 网购平台垄断化经济分析

网购平台是一个典型的双边市场，为此，以双边市场研究成果为基础，基于 Armstrong（2006）的单归属双边模型，构建如图 4-1-1 所示的网购平台模型。

双边市场包括通过“平台”交易的主体双边用户，而且一边用户加入平台的收益取决于加入平台的另一边用户规模。在图 4-1-1 的模型中，存在两个相互无差异的竞争网购平台 i 和 j。同时，在模型中还存在双边交易主体 1 和 2，分别是消费者和在线商家，双边用户可以自由地选择加入其中一个网购平台。由于该模型只存在一期，因此，双边用户的选择是一次性完成。

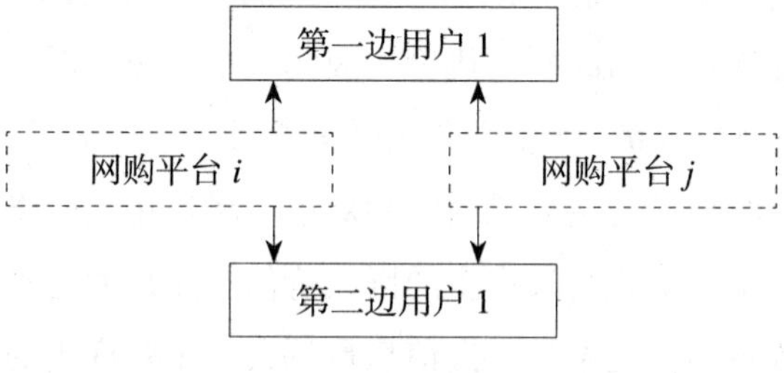

图 4-1-1　存在两个网购平台的模型

如果双边用户加入平台 i，则他们分别获得效用 $\{u_1^i, u_2^i\}$，两者得到的效用由对方在上一期的用户规模所决定，如下所示：

$$u_1^i=a_1n_2^i-p_1^i,\quad u_2^i=a_2n_1^i-p_2^i \tag{4-1}$$

$\{p_1^i, p_2^i\}$ 分别表示平台 i 向两个小组的用户收取的会员费。如果双边用户加入平台 j，则他们分别获得效用 $\{u_1^j, u_2^j\}$，两者得到的效用由对方在上一期的用户规模所决定，如下所示：

$$u_1^j=a_1n_2^j-p_1^j,\quad u_2^j=a_2n_1^j-p_2^j \tag{4-2}$$

由于网络上不存在距离的差别，且两个网购平台不存在差别，因此，在双边用户随机地选择网购平台，它们在两个网购平台上呈现均匀分布。

从平台的差异性、用户选择的期次、平台的数量、用户选择的多样性等方面入手，分步拓展存在两个网购平台的模型（见图 4–1–2），演绎和推导网购平台的发展趋势。

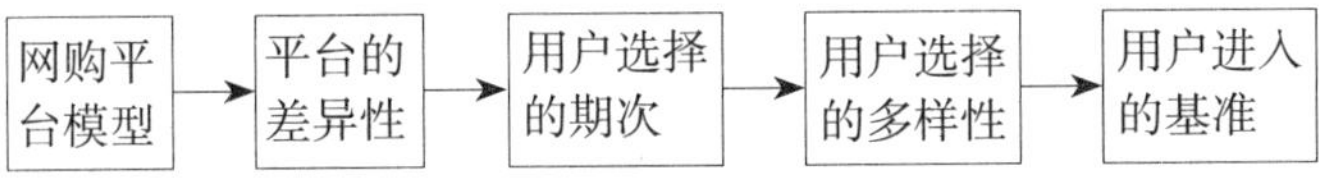

图 4–1–2　网购平台模型的分阶段拓展

平台差异从“无”到“有”，网购平台的主体不同，特色也存在差异，不同的特色将对用户产生有差异的额外效用。以网购平台 j 为基准，网购平台 i 比 j 有特色，这种特色带来的效用存在三种情况：（1）这种特色对第 1 边用户有正效用，对第 2 边用户也有正效用，则双边用户都会理性地根据额外效用的大小选择网购平台 i，得到使用网购平台的效用，以及网购平台特色带来的正效用；（2）这种特色对第 1 边用户有正效用，对第 2 边用户有负效用，则第 1 边用户会选择网购平台 i，第 2 边用户会选择网购平台 j；（3）这种特色对第 1 边用户有负效用，对第 2 边用户有正效用，则第 1 边用户选择网购平台 j，第 2 边用户选择网购平台 i。

由此得出结论：在单期的存在两个有差别网购平台的单归属双边模型中，当双边用户对网购平台的特色有着相似的偏好时，双边用户会向一个具有特色优势的网购平台积聚；当双边用户对网购平台的特色有着相反偏好时，双边用户会分别进入不同的网购平台。

选择期数从“单期”到“多期”，双边用户会因为额外效用不同而选择不同的网购平台，但会根据平台积累的用户群体转换到新的平台。当双边用户对网购平台的特色有着相似偏好的时候，双边用户会选择同一个网购平台，从而获得使用的效用和额外的效用。于是一个具有特色优势的网购平台积聚了所有的双边用户，形成垄断；而另一个网购平台上最终没有一个用户，走向破产。当双边用户对网购平台的特色有着相反偏好的时候，由于在初期网购平台没有用户，双边用户会首先根据网购平台的特色产生的额外效用进行选择，但随着网购平台的用户逐渐增加，用户选择的依据会由额外效用变为额外效用与使用效用之和即总效用，这时，使用效用增加引起两个平台的总效用大小发生转换，引起双边用户同时向一个平台集聚，且这种趋势会保持稳定状态。

由此可见：在多期的存在两个有差别网购平台的单归属双边模型中，当双边用户对网购平台的特色有着相似偏好的时候，双边用户会向同一个具有特色优势的网购平台积聚；当双边用户对网购平台的特色有着相反偏好时，双边用户会首先进入不同的网购平台，随着用户数量的不断增加，其中一边用户会因为总效用的变化而改变选择，朝另一边用户进入的网购平台积聚，从而形成双边用户向一个网购平台积聚的长期稳定趋势。

当平台数量从“两个”到“多个”，两个有差别网购平台的模型拓展成有 M 个有差别网购平台的模型，见图 4-1-3。根据网购平台的特色，用户先选择使自己获得的额外效用最大的那一个网购平台，于是，第一边用户在 M 个网购平台中选择了一个，第二边用户在 M 个网购平台中选择了一个。如果，双边用户选择的网购平台相同，于是双边用户向这个网购平台积聚。如果双边用户初始选择的网购平台不同，则随着用户数量的增加，使用效用不断增加，进而引起其中一边用户向另外一个平台转换，最终双边的用户会朝同一个网购平台稳定地积聚。

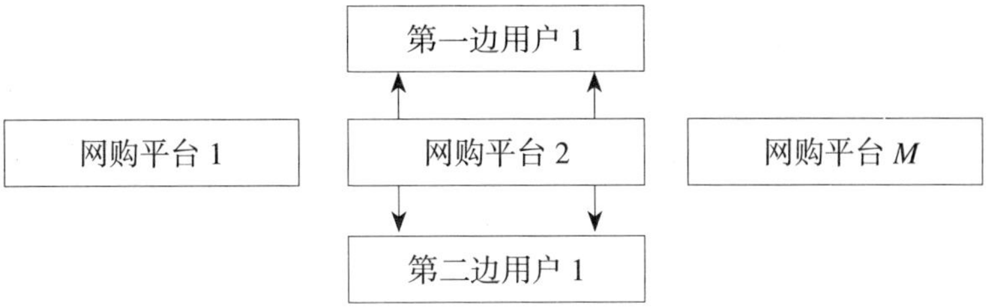

图 4-1-3　存在 M 个网购平台的结构图

由此可以得出结论：在多期的存在多个有差别网购平台的单归属双边模型中，可供用户选择的平台增加了，双边用户在初始阶段会先根据特色选择，再根据网购平台上用户的分布情况调整方向，最终双边用户会朝其中一个网购平台集中。

用户选择从“一个”到“多个”，双边用户有条件同时选择进入两个或更多的网购平台。当某一个网购平台为用户带来的效用大于固定临界效用时，用户则选择进入。用户进入网购平台的情况存在三种可能：（1）第 1 组用户初始进入的网购平台与第 2 组用户进入的网购平台完全重合，此时，双边的用户会持续地进入这些重合的网购平台，而其他的网购平台则失去被选择的机会；（2）第 1 组用户初始进入的网购平台与第 2 组用户进入的网购平台部分重合，这部分重合的网购平台在后期将得到双边用户的持续进入，同时，部分只被一边用户进入的网购平台，也会随着用户数量的增加而增加使用效用，进而超过另一边用户的固定临界效用，得到另一边用户的持续进入；（3）第 1 组用户初始进入的网购平台与第 2 组用户进入的网购平台完全不重合，随着用户数量的增加，这些被一边用户进入的网购平台对另一边用户的使用效用持续增加，超过另一边用户的固定临界效用，从而得到另一边用户的进入。

进入基准从“固定”到“动态增加”，随着选择对象的增加，作为用户选择是否进入的基准的临界效用动态增加。在临界效用不断增加的前提下，陆续有网购平台得不到用户的进入，甚至被用户退出，部分网购平台被逐渐淘汰。而那些为用户带来的总效用大，且长期超过临界效用的网购平台则会得到双边用户的持续积聚。

于是可以得到结论：在多期的存在多个有差别网购平台的多归属双边市场模型中，只有那些总效用大，且一直超过动态临界效用的部分网购平台有条件获得双边用户的长期进入，形成一种积聚的态势。

4.2 网购平台质量诚信管控决策静态分析

关于双边市场的研究成果比较丰富，但主要集中在价格结构方面（Filistrucchi，2013；Angelucci，2013），近年来学者们开始关注双边市场的投资策略、战略行为、双边市场的竞争和规制（李泉，2009；Sun，2009；Bardey，2014），但在质量诚信管控方面很罕见，钱炳（2010）认为平台企业搭建的双边市场提供了网络治理结构，将有效改善网络社区的信用环境。那么具有双边市场特征的网购平台在质量诚信管控方面受哪些因素影响，会不会达到消费者合意的水平，下面将通过建立数学模型进行分析。

4.2.1 基本模型描述

借鉴 Armstrong（2006）和刘启（2009）的双边市场定价模型，同时考虑网购平台在定价和质量诚信管控的双重目标，基本模型描述如下：在线商家和在线消费者在某网购平台进行交易，在线商家分为两类群体，诚信商家 n_2 和非诚信商家 n_3，在线消费者只有一类群体 n_1；网购平台在向买卖双方收取注册费 p_1、p_2 的同时，承担质量诚信管控 q 的义务；诚信管控 q 的增加会增加在线消费者的收益 $A\times q$，进而使得在线消费者群体 n_1 增加，同时也会导致非诚信商家伪装成本上升 $B\times q$，进而使得非诚信商家群体 n_3 减少；向双方收取注册费使得网购平台利润 Π 增加，但质量诚信管控通常会导致成本 K（q）上升；买卖双方存在网络外部性 α_1，α_2，消费者群体对商家群体的外部效应为 $\alpha_1 n_1$，商家群体对消费者群体的外部效应为 α_2（n_2+rn_3）；平台收益建立在 n_1，n_2 和 n_3 的基础上，因此希望买卖双方群体规模越大越好。

假设：（1）网购平台的利润 Π 仅仅受买卖双方群体规模 n_1，n_2 和 n_3，注册费 p_1、p_2 以及质量诚信管控成本 $K(q)$ 的影响；（2）双边市场中一方的规模 n_i 仅仅受平台服务水平 V，外部效应 α_i 和质量诚信管控 q 的影响；（3）由于欺诈成本小于欺诈收益，故而假设诚信管控 q 导致的非诚信商家成本上升效应 $B\times q$ 小于消费者利益上升效应 $A\times q$，即 $0<B<A$；（4）消费者对商家的网络外部效应 α_1（0，1），诚信商家对消费者的网络外部效应 α_2（0，1）；（5）网购平台对在线商家的质量诚信管控 $q\in[q_{\min},\ q_{\max}]$，其中 $q_{\min}<0<q_{\max}$，并满足 $q_{\min}>\arg(n_1=0)$，$q_{\max}\leqslant\arg(n_3=0)$，即最松懈的质量诚信管控也不能使消费者全部退出网购市场，而最严厉的管控可以使得非诚信商家全部退出网购市场。

网购平台的利润函数：$\Pi=n_1p_1+(n_2+n_3)p_2-K(q)$，决策变量为 p_1、p_2 和 q，其中 $K(q)=\frac{1}{2}kq^2$；

诚信商家的群体规模：$n_2=V-p_3+\alpha_1n_1$；

非诚信商家的群体规模：$n_3=V-p_2+\alpha_1n_1-Bq$，其中 $B>0$ 代表因诚信管控而导致伪装成本上升，进而使得群体规模减小的效应；

消费者群体规模：$n_1=V-p_1+\alpha_2(n_2+rn_3)+Aq$，其中 $r\in[-1,\ 1]$ 代表对非诚信商家的容忍或辨别程度，r=1 代表对非诚信商家的零容忍或完全辨别，r=1 代表对非诚信商家的完全容忍或零辨别，$A>0$ 代表因为诚信管控使得消费者利益增加导致的群体规模上升的效应。

4.2.2　模型分析

目前的网购市场主要以 B2C 模式为主，此种情况下对消费者是不收注册费 p_1 的，相关学者的研究（汪旭晖，2015）也为该原因进行了理论证明，即消费者的网络外部效应 α_1 足够大，使得网购平台对消费者免费甚至进行价格补贴，下面不特殊说明均假定 $p_1=0$。

（1）不考虑诚信管控成本的情况

此时假定 $K(q)=0$，则网购平台面临的优化问题为：

$$\max \Pi(p_2, q) = (n_2, n_3)\,p_2$$

$$\text{s.t}\begin{cases} n_1 = V + \alpha_2 n_2 + r\alpha_2 n_3 + Aq \\ n_2 = V - p_2 + \alpha_1 n_1 \\ n_3 = V - p_2 + \alpha_1 n_1 - Bq \end{cases} \qquad (4\text{-}2\text{-}1)$$

情况 1：$r=1$。

假定消费者对非诚信商家的容忍度 $r=1$，对应于网购市场上的“知假买假”，求解式（4–2–1）对应的约束方程组容易求得：

$$n_1 = \frac{(1+\alpha_2)V + (A+B\alpha_2)q - 2\alpha_2 p_2}{1-2\alpha_1\alpha_2}$$

$$n_2 = \frac{(1+\alpha_1)V + (A-B\alpha_2)\alpha_1 q - p_2}{1-2\alpha_1\alpha_2}$$

$$n_3 = \frac{(1+\alpha_2)V + (A\alpha_1 + B\alpha_1\alpha_2 - B)q - p_2}{1-2\alpha_1\alpha_2}$$

为了使得上述三个群体规模 n_1，n_2 和 n_3 有意义，需要假定 $\alpha_1\alpha_2 < \frac{1}{2}$，$A-B\alpha_2 > 0$，$A\alpha_1 - B\alpha_1\alpha_2 - B < 0$，这样规模为正数，且消费者规模随质量诚信管控增加，非诚信商家规模随质量诚信管控减少，此时求得网购平台的利润函数为：

$$\Pi = \frac{[2(1+\alpha_1)V + 2p_2 + (2A\alpha_1 - B)q]\,p_2}{1-2\alpha_1\alpha_2} \qquad (4\text{-}2\text{-}2)$$

容易求得：

$$\frac{\delta\Pi}{\delta q} = \frac{p_2(2A\alpha_1 - B)}{1-2\alpha_1\alpha_2} \qquad (4\text{-}2\text{-}3)$$

当 $\alpha_1 > \frac{B}{2A}$ 时，$\frac{\delta\Pi}{\delta q} > 0$，当 $\alpha_1 \leqslant \frac{B}{2A}$ 时，$\frac{\delta\Pi}{\delta q} \leqslant 0$，由于 $q \in [q_{\min}, q_{\max}]$，因此最优的质量诚信管控为：

$$q^1 = \begin{cases} q_{\min} & \alpha_1 > \frac{B}{2A} \\ q_{\max} & \alpha_1 \leqslant \frac{B}{2A} \end{cases} \qquad (4\text{-}2\text{-}4)$$

结论 4–2–1：在质量诚信管控不增加网购平台的成本，同时消费者对非诚信商家的容忍度最高（或不具有辨别力）的情况下，当消费者的网络外部性 α_1 较小时，网购平台的质量诚信管控水平为最低；当消费者的网络外部性 α_1 较大时，网购平台的质量诚信管控水平为最高。

进而求得网购平台对在线商家的最优注册费为：

$$p_2^1=\frac{(1+\alpha_2)V}{2}+\frac{(2A\alpha_1+B)q^1}{4} \quad (4\text{–}2\text{–}5)$$

令 $H=\left|\frac{(2A\alpha_1+B)}{4}\right|$，当 $\alpha_1>\frac{B}{2A}$时，$\Delta p_2^1=\frac{(2A\alpha_1+B)q^1}{4}=Hq_{\max}>0$；

当 $\alpha_1\leqslant\frac{B}{2A}$时，$\Delta p_2^1=\frac{(2A\alpha_1+B)q^1}{4}=-Hq_{\min}>0$，因此最优注册费结构为：

$$2=\begin{cases}\frac{(1+\alpha_1)V}{2}+Hq_{\max}\ \alpha_1>\frac{B}{2A}(q=q_{max})\\ \frac{(1+\alpha_2)V}{2}+Hq_{\max}\ \alpha_1<\frac{B}{2A}(q=q_{min})\end{cases} \quad (4\text{–}2\text{–}6)$$

由于$\frac{dp_2^1}{d\alpha_1}>0$，所以网购平台对在线商家的注册费 p_2^1 随着外部性 α_1 的增大而增大，即在线商家的规模越依赖在线消费者，对商家的注册费征收得越高；同时可以看出，当网购平台选择最高的质量诚信管控水平时所收取的注册费要严格大于选择最低的质量诚信管控水平时对应的注册费。

情况 2：$r=-1$。

此时网购平台的利润函数为：

$$\Pi=[2(1+\alpha_1)V-2p_2+(2A\alpha_1+2B\alpha_1\alpha_2-B)q]p_2 \quad (4\text{–}2\text{–}7)$$

容易求得：$\frac{\delta\Pi}{\delta q}=p_2(2A\alpha_1-B+2B\alpha_1\alpha_2)$

此时最优的质量诚信管控为：

$$q^2=\begin{cases}q_{\max}\ \alpha_1>\frac{B}{2(A+B\alpha_2)}\\ q_{\min}\ \alpha_1<\frac{B}{2(A+B\alpha_2)}\end{cases} \quad (4\text{–}2\text{–}8)$$

由于$\frac{B}{2(A+B\alpha_2)}<\frac{B}{2A}$，当$\frac{B}{2(A+B\alpha_2)}<\alpha_1<\frac{B}{2A}$时，在情况 1 中网购平台选择了最低的诚信管控水平，而在情况 2 中网购平台选择了最高的诚信管控水平。所以与情况 1 相比，在情况 2 下即便在线消费者的网络外部性 α_1 处于一个较低的水平，网购平台的质量诚信管控水平仍旧可以为最高。但是如果在线消费者的网络外部性 α_1 过低$\left[\alpha_1<\frac{B}{2(A+B\alpha_2)}\right]$，网购平台将选择最低的质量诚信管控水平。

结论 4–2–2：即便是质量诚信管控不增加网购平台的成本且消费者对非诚信商家的容忍度最低 $r=-1$（具有完全辨别力），但若其网络外部性 α_1 过小时，网购平台的质量诚信管控水平仍为最低。

结论 4–2–3：在质量诚信管控不增加网购平台的成本的情况下，当消费者对非诚信商家的容忍度最低（$r=-1$）且其网络外部性 α_1 较大时，网购平台的质量诚信管控水平为最高；并且相对于消费者高容忍度（$r=1$，不具有辨别力）时，所需的网络外部性 α_1 较小。

可以求出此时网购平台对在线商家的最优注册费为：

$$p_2^2=\frac{(1+\alpha_1)V}{2}+\frac{(2A\alpha_1+B)q^2}{4}+\frac{2B\alpha_1\alpha_2q^2}{4} \qquad (4\text{–}2\text{–}9)$$

此时注册费 p_2^2 与情况 1 中式（4–2–6）具有类似的结构，也同样满足网购平台对在线商家的注册费随着外部性 α_1 的增大而增大这一规律，同时还发现 $p_2^2>p_2^1$，即网购平台对在线商家征收的注册费比情况 1 有所增加。

情况 3，$-1<r<1$。

此时网购平台的利润函数为

$$\Pi=\frac{[2(1+\alpha_1)V-2p_2+(2A\alpha_1+(1-r)B\alpha_1\alpha_2-B)q]p_2}{1-(1+r)\alpha_1\alpha_2} \qquad (4\text{–}2\text{–}10)$$

容易求得：$\frac{\delta\Pi}{\delta q}=\frac{[(2A\alpha_1-B)+(1-r)B\alpha_1\alpha_2]p_2}{1-(1+r)\alpha_1\alpha_2}$，此时最优的质量诚信管控水平为

$$q(r)=\begin{cases} q_{\max}\ \alpha_1 > \dfrac{B}{2[A(1-r)B\alpha_2]} \\ q_{\min}\ \alpha_1 < \dfrac{B}{2[A(1-r)B\alpha_2]} \end{cases} \tag{4-2-11}$$

由于当 $-1<r<1$ 时，满足 $\dfrac{B}{2(A+B\alpha_2)}<\dfrac{B}{2[A(1-r)B\alpha_2]}<\dfrac{B}{2A}$，类似上述分析，并结合上述研究结论可以得到如下结论。

结论 4-2-4：在质量诚信管控不增加网购平台的成本的情况下，当 $\alpha_1>\dfrac{B}{2A}$ 时，无论在线消费者的容忍度（辨别能力）如何，网购平台总选择最高的诚信管控水平；$\dfrac{B}{2(A+B\alpha_2)}<\alpha_1\leqslant\dfrac{B}{2A}$ 时，网购平台的质量诚信管控水平随着消费者容忍度 r 的减小（或辨别力 r 的增加），网购平台会选择最高的诚信管控水平；当 $\alpha_1\leqslant\dfrac{B}{2(A+B\alpha_2)}$ 时，网购平台总选择最低的质量诚信管控水平。

结论 4-2-5：随着消费者容忍度 r 的减小（或辨别力 r 的增加），网购平台的质量诚信管控水平选择最高时所需的消费者网络外部性 α_1 阈值越小，即容忍度 r 与 $\dfrac{B}{2(A+B\alpha_2)}<\alpha_1\leqslant\dfrac{B}{2A}$ 条件下的网络外部性 α_1 具有替代效应。

与前面的情况类似，网购平台对在线商家的最优注册费为：

$$p_2(r)=\frac{(1+\alpha_1)V}{2}+\frac{(2A\alpha_1+B)q(r)}{4}+\frac{(1-r)B\alpha_1\alpha_2 q(r)}{4} \tag{4-2-12}$$

容易判断 $\forall\ \alpha_1$，满足 $p_2^1<p_2(r)<p_2^2$，且满足 $\dfrac{\mathrm{d}p_2(r)}{\mathrm{d}\alpha_1}>0,\ \dfrac{\mathrm{d}p_2(r)}{\mathrm{d}r}<0$ 且此时注册费 $p_2(r)$ 与情况 1 中式（4-2-6）具有类似的结构，结合前面的分析具有如下结论。

结论 4-2-6：在质量诚信管控不增加网购平台成本的情况下，网购平台对在线商家征收的注册费会随着消费者的外部性 α_1 的增大而增大；随着消费者对非诚信商家的容忍度 r 的减小（辨别能力 r 的增加）而增大；当网购平台选择最高的质量诚信管控时对在线商家所征收的注册费要高于选择最低质量诚信管控时征收的注册费。

上面的结论充分说明，即便是实施质量诚信管控不会增加网购平台的成本，网购平台也不会总选择严格的质量诚信管控水平，而是存在诸多纵容非诚信商家的欺诈行为。当消费者的网络外部性（可以理解为对在线商家的吸引力）α_1 在某个区间时，若在线消费者的容忍度 r 较大，网购平台会选择低水平的质量诚信管控，若在线消费者的容忍度 r 较小，网购平台会选择高水平的质量诚信管控；当 α_1 小于该区间时，网购平台总选择低水平的质量诚信管控水平，只有当 α_1 大于该区间时，网购平台才会选择高水平的质量诚信管控水平。

国内最大的网购平台运营方淘宝网的创始人马云曾回应说他比谁都恨假货，淘宝网才是假货最大的受害者。但相关学者认为对于网购平台来说打假过度会造成在线商家和买家向竞争对手处流失，甚至网购的不少买家是“知假买假”（对应本书的 r 值过大），部分假货的存在可以使网站更有活力、竞争力和点击量，这些原因综合起来会使得网购平台总是借口强调网购的特殊性，而漠视侵权、放任售假、实施着貌似公允其实向商家倾斜的管控维权机制。这也难怪马云和他的集团虽然花费了巨大的人力财力，还联合了 9 部委一起进行打假，但这些行为并没有起到明显的效果。

（2）考虑诚信管控成本的情况

此时假定 $K(q)=k(q-q_{\min})$，则网购平台面临的优化问题为：

$$\max \Pi(p_2, q)=(n_2+n_3)p_2-k(q-q_{\min})$$

$$\text{s.t}\begin{cases} n_1=V+\alpha_1 n_1+r\alpha_2 n_3+Aq \\ n_2=V-p_2+\alpha_1 n_1 \\ n_3=V+p_2+\alpha_1 n_1+Bq \end{cases}$$

此时网购平台的利润函数为

$$\Pi=\frac{\{2(1+\alpha_1)V-2p_2+[2A\alpha_1+(1-r)B\alpha_1\alpha_2-B]q\}p_2}{1-(1+r)\alpha_1\alpha_2}-k(q-q_{\min})$$

（4–2–13）

容易求得：$\frac{\delta\Pi}{\delta q}=\frac{[2A\alpha_1-B(1-r)B\alpha_1\alpha_2]p_2}{1-(1+r)\alpha_1\alpha_2}-k$，此时欲使$\frac{\delta\Pi}{\delta q}>0$的$\alpha_1$需要满足如下条件：

$$\alpha_1>\alpha_1^k=\frac{B+\frac{k}{p_2}}{2[A+(1-r)B\alpha_2]+\frac{k\alpha_2(1+r)}{p_2}}$$

即当 $\alpha_1>\alpha_1^k$ 时，网购平台的质量诚信管控水平为 $q_{\max}$，否则网购平台的质量诚信管控水平为 $q_{\min}$。

命题 4–2–1：对于$\forall k>0$和$p_2>0$均满足 $\alpha_1^k>\frac{B}{2[A+(1-r)B\alpha_2]}$。

证明：若$\frac{B+\frac{k}{p_2}}{2[A+(1-r)B\alpha_2]+\frac{k\alpha_2(1+r)}{p_2}}>\frac{B}{2[A+(1-r)B\alpha_2]}$，需要$2[A+(1-r)B\alpha_2(B+\frac{k}{p_2})>2B[A+(1-r)B\alpha_2]+B\frac{k\alpha_2(1-r)}{p_2}$，进而$2[A+(1-r)B\alpha_2(B+\frac{k}{p_2})>B\frac{k\alpha_2(1-r)}{p_2}$，当$k>0$且$p_2>0$时，只需要满足$2[A+(1-r)B\alpha_2]>B\alpha_2(1+r)$，根据前面的假设$A-B\alpha_2>0$，这一关系自然满足，证毕。

根据上述命题，因对于$\forall r\in[1,1]$，均有 $\alpha_1^k>\frac{B}{2[A+(1-r)B\alpha_2]}$，特别是：

$$\frac{d\alpha_1^k}{dk}=\frac{2p_2(A-B\alpha_2 r)}{[2Ap_2+\alpha_2 k(1+r)+B\alpha_2 p_2(1-r)]^2}>$$

$$\frac{2p_2(A-B\alpha_2)}{[2Ap_2+\alpha_2 k(1+r)+B\alpha_2 p_2(1-r)]^2}>0 \qquad (4\text{–}2\text{–}14)$$

结合上述分析具有如下结论。

结论 4-2-7：对于任何消费者对非诚信商家的容忍度（辨别能力）r 来说，随着质量诚信管控对网购平台的边际成本的增加，网购平台选择高水平诚信管控水平所需的消费者网络外部性 α_1 阈值也随着增加。

结论 4-2-7 说明，网购平台承担的质量诚信管控成本越高选择严格管控的可能性越小，或者说选择严格管控的条件越严格。

另外，此时网购平台的最优注册费 $p_2(r,k)$ 形式上与式（4-2-11）相同，同样满足结论 4-2-6。

4.2.3 数值仿真

令 A=5，B=4，V=100，$-1 \leqslant r \leqslant 1$，$\alpha_2$=0.2，$0 \leqslant k \leqslant 5$，$q_{min}$=30，$q_{max}$=20，令 p_2=5，通过计算可以得到网购平台关于 q 和 α_1 利润函数 $\Pi(\alpha_1, q)$，如图 4-2-1 和图 4-2-2 所示。

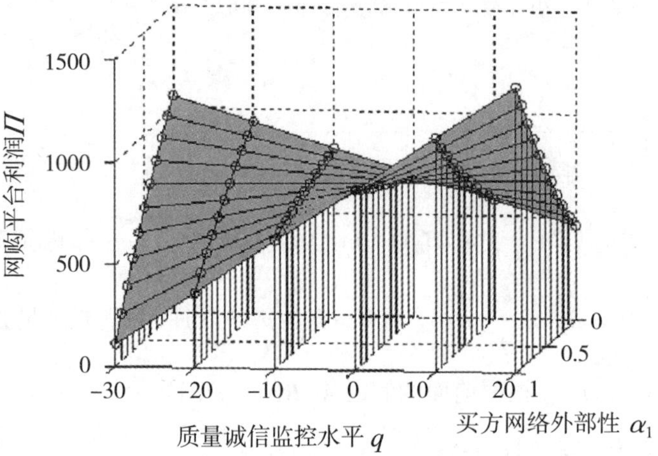

图 4-2-1　网购平台的利润函数 $\Pi(\alpha_1, q)$ 视图 1

网购平台的利润函数形状类似一个马鞍面，当 $\alpha_1 \to 1$ 时，质量诚信管控水平取 q_{max}=20，当 $\alpha_1 \to 0$ 时，质量诚信管控水平取 q_{min}=30。

总体来说，对质量诚信管控水平 q 起决定作用的变量为 α_1，但 α_1 大于某个阈值时，网购平台选择 q_{max}，当 α_1 小于某个阈值时，网购平台选择

q_{min}；但阈值不是固定的，其受到 r、k 以及 A 和 B 的影响。图 4-2-3 和图 4-2-4 分别演示了不同 r、k 取值下变量 α_1 对 q 的影响。

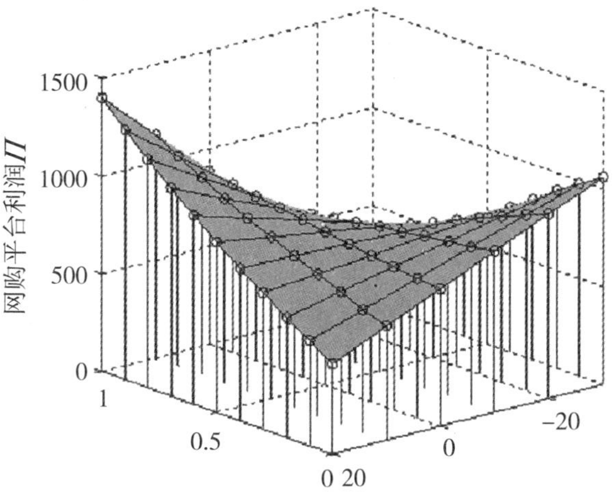

图 4-2-2　网购平台的利润函数 Π（α_1，q）视图 2

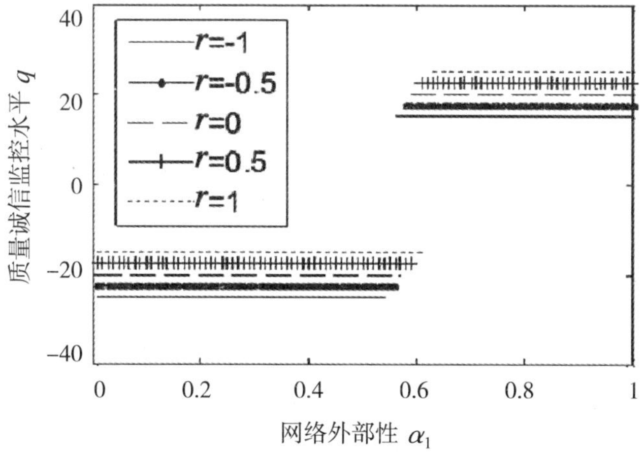

图 4-2-3　不同 r 值下 q 对 α_1 的依赖性

从图 4-2-3 和图 4-2-4 可以看出，当随着 r 以及 k 的增加，阈值越大，网购平台选择 q_{max} 的空间越小，图 4-2-5—图 4-2-8 演示了不同 r、k、A 和 B 的取值下，网购平台选择 q_{max} 所需要的阈值。

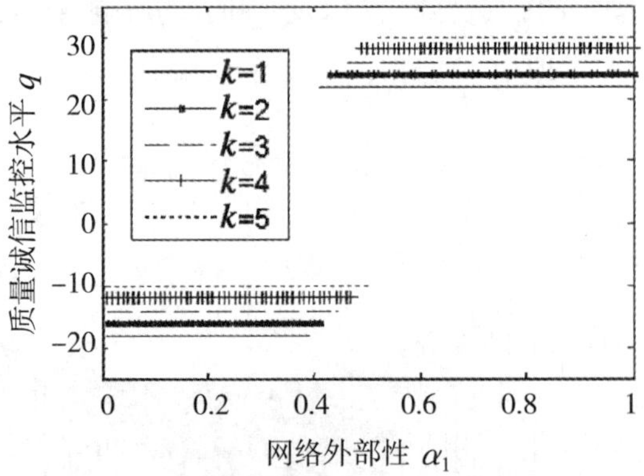

图 4-2-4　不同 k 值下 q 对 α_1 的依赖性

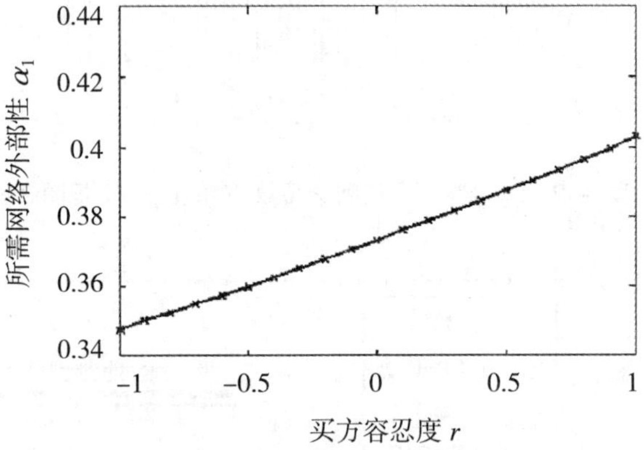

图 4-2-5　阈值与 r 的关系

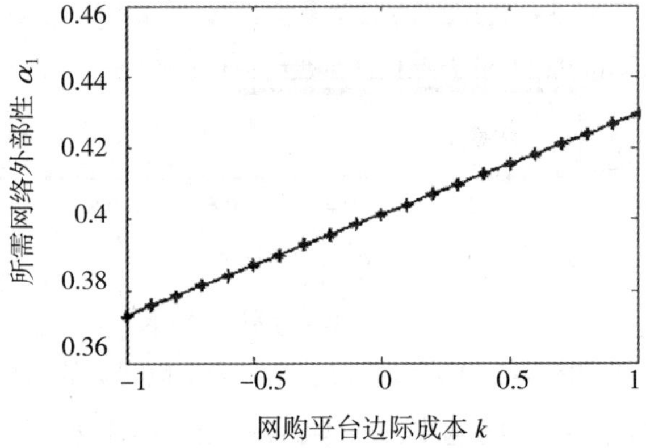

图 4-2-6　阈值与 k 的关系

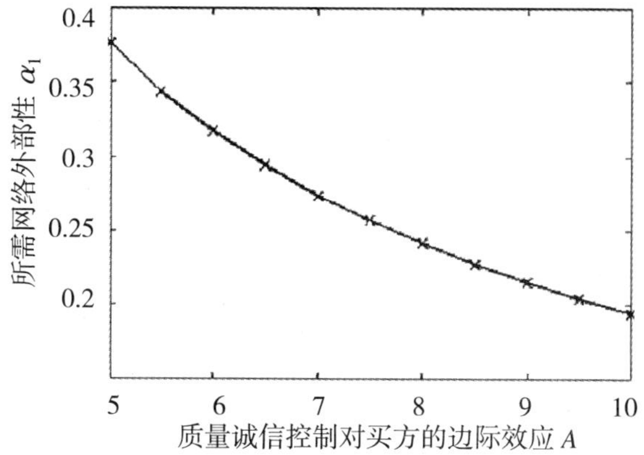

图 4-2-7　阈值与 A 的关系

同时计算了不同参数下网购平台对消费者所征收的注册费和各个群体的规模情况，如表 4-2-1 所示。

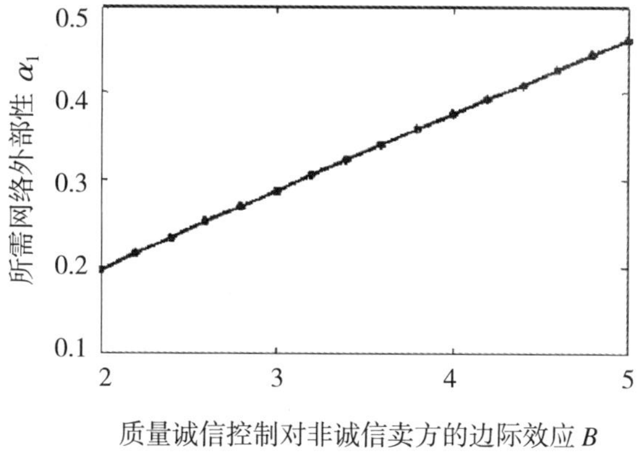

图 4-2-8　阈值与 B 的关系

表 4-2-1　网购平台决策行为及效应

r	K	$\alpha_1=\alpha_1^* \pm 0.1$	n_1	n_2	n_3	p_2	q
r=−1	K=0	α_1=0.34 ± 0.1	216.00	118.04	38.04	78.05	q_{max}
r=−1	K=0	α_1=0.34 ± 0.1	13.00	36.59	96.59	66.59	q_{min}
r=−1	K=5	α_1=0.34 ± 0.1	216.00	107.93	27.93	67.93	q_{max}
r=−1	K=5	α_1=0.34 ± 0.1	13.00	37.28	97.28	67.28	q_{min}
r=1	K=0	α_1=0.4 ± 0.1	240	140.00	60.00	80.00	q_{max}
r=1	K=0	α_1=0.4 ± 0.1	56.25	48.13	108.13	68.75	q_{min}
r=1	K=5	α_1=0.41 ± 0.1	233.71	124.27	44.27	70.59	q_{max}
r=1	K=5	α_1=0.41 ± 0.1	58.46	56.66	113.66	70.07	q_{min}

4.2.4 结果与启示

网购平台虽然具有质量中介的功能，但不会完全为消费者把好诚信关，这主要是因为网购平台的利己性。本节的研究表明：

（1）网购平台是否会选择严格的质量诚信管控水平主要取决于在线消费者的网络外部性（可以理解为对在线商家的吸引力或者对网购市场的贡献）；当在线消费者的网络外部性高于某个阈值时（可以理解为这些消费者群体为优质客户，网购能力与网购欲望强），网购平台会选择严格的质量诚信管控水平；当在线消费者的网络外部性低于某个阈值时（客户群体的网购欲望和能力差进而对商家的吸引力差），网购平台会选择松懈的管控水平，以维持一定的商家群体。

（2）该阈值不是固定的，而是随着在线消费者对非诚信在线商家的容忍度（对在线商家的辨别能力，甚至包括买家的知假买假意愿）、网购平台的质量诚信管控成本、非诚信商家的伪装成本、在线买家的质量效应而变化；消费者对非诚信的低容忍、网购平台质量诚信管控的低成本、非诚信商家的高伪装成本、在线买家的高质量效应（质量认可，质量宣传等）都会降低该阈值，进而使得网购平台实施严格质量诚信管控的可能性增加。

（3）网购平台对在线商家征收的注册费随着消费者的外部性的增大而增加，随着消费者对非诚信的容忍度的减少而增加，随着质量诚信管控水平的增加而增加；可以理解为拥有优质客户群体的网购平台往往对在线商家收取的注册费要高，一方面拥有优质客户群体对在线商家具有吸引力，不用担心商家的流失，故而提高注册费；另一方面为了保持优质客户需要提高质量诚信管控水平，为了补偿管控成本，进而提高注册费。

根据上述研究结论，为了提高整个网购市场的质量诚信水平，可以从如下几个方面出发：

（1）组建消费者网络社群，进而提高网络外部性、提高非诚信商家辨别能力、提高质量诚信的传播效应；

（2）加强商家的质量宣传或质量披露，提高消费者对质量的敏感性；

（3）增强防伪技术、加大对非诚信消费者的打击力度，进而提高其伪装成本；

（4）进行有效的品牌保护，进而降低一些消费者的知假买假行为；

（5）网购平台建立有效的质量诚信管控体系、改善质量诚信管控方法和技术，进而降低质量诚信管控成本。

4.3 网购平台质量诚信管控决策动态分析

由于网络效应的存在，网购平台具有正反馈和赢家通吃的特征，因此如何获取双边用户，达到一定规模阈值是网购平台成功的关键。在网购平台建立初期，为了吸引双边用户加入，网购平台往往将流量和关键资源的获取作为平台战略，在该阶段网购平台会投入较高的沉淀成本，花钱买吆喝，对双边市场两边讨好，以期吸引双边用户的广泛加入，因此在该阶段，网购平台往往会提供物美价廉的商品来吸引消费者。但随着网购平台规模的扩大，由于马太效应的存在，网购市场进入滚雪球模式，此时即便网购平台对在线商家的服务水平不高，对消费者的质量把关不严，但由于网络外部性（同边外部性和交叉外部性）非常大，网购平台对双边用户也具有很大的吸引力，因此网购平台质量诚信管控、网购市场治理的意愿将逐渐降低，消极干预的倾向逐渐增加。现实中多数网购平台的发展路径也证明了这一点。

4.3.1 基本模型描述

基本模型描述如下：在某类商品领域中只存在一个网购平台企业，在任意的网购交易时期 t，网购市场中在线商家分为诚信商家和非诚信商家两类群体，诚信商家的规模为 $n_2(t)$，非诚信商家的规模为 $n_3(t)$，在线消费者只有一类群体，其规模为 $n_1(t)$。网购平台向在线商家收取的注册费为 $p(t)$，即注册费 p 为时间 t 的函数，为了维护网购市场秩序，网购平台企业为在线消费者承担质量诚信监管的义务，其监管力度为 $q(t)$，即质量诚信监管力度 q 为时间 t 的函数。质量诚信监管力度 $q(t)$ 的增大会增加在线消费者的效用 $U_1(t, q)=A\times q(t)$（其中 $A>0$），进而使得在线消费者群体 $n_1(t)$ 增加；同时也会导致非诚信商家伪装成本 $U_3(t, q)=B\times q(t)$（其中 $B>0$）的上升，进而使得非诚信商家群体 $n_3(t)$ 减少。根据当前网购市场的特点，网购平台企业只面向在线商家收取注册费，对在线消费者是免费的，对诚信和非诚信商家收取注册费使得网购平台利润 $\Pi(\mathrm{t})$ 增加，但质量诚信监管通常会导致成本 $K(q, t)$ 上升；买卖双方存在网络交叉外部性 α_1，α_2，消费者群体对商家群体的外部效应为 $\alpha_1\times n_1(t)$，商家群体对消费者群体的外部效应为 $\alpha_2[n_2(t)+rn_3(t)]$。

假设：1）网购市场存续的时间为 $t(0, \infty)$；2）在每个时期内，网购平台的利润 $\Pi(t)$ 仅仅受当期买卖双方群体规模 $n_1(t)$，$n_2(t)$ 和 $n_3(t)$，商家的注册费 $p(t)$ 以及平台企业的质量诚信监管成本 $K(q, t)$ 的影响；3）在每个时期内，双边市场中某一方的规模 $n_i(t)$ 的变化仅仅受平台企业服务水平 V、网络交叉外部效应 α_i、网购平台企业质量诚信监管力度 $q(t)$ 以及其他方规模 $n_j(t)$（$j\neq i$）的影响；4）由于非诚信商家的欺诈成本小于其欺诈收益，故而假设平台企业的诚信监管力度 $q(t)$ 导致的非诚信商家成本上升效应 $U_3(t, q)=B\times q(t)$ 小于在线消费者利益上升效应 $U_1(t, q)=A\times q(t)$，即 $0<B<A$；5）在线消费者对在线商家的网络外部效应 α_1（0，1），诚信在线商家对在线消费者的网络交叉外部效应 α_2(0，1)；6）网购平台对在线商家的质量诚信监管 $q(t)$ $[q_{\min}, q_{\max}]$，其中 $q_{\min}<0<q_{\max}$，$q_{\min}<0$ 可以理解网购平台和非诚信商家存在合谋现象，为了满足现实条件令 $q_{\min}>\arg(n_1=0)$，$q_{\max}\leqslant\arg(n_3=0)$，即最松懈的质量诚信监管或者与非诚信商家合谋也不能使消费者全部退出网购市场，而最严厉的监管可以使得非诚信商家全部退出网购市场。

在平台经营时期 t 时，网购平台企业的效用函数如（4–3–1）式所示。

$$\Pi(t)=[n_2(t)+n_3(t)]p(t)-K(q, t) \tag{4-3-1}$$

其中：决策变量为 $p(t)$ 和 $q(t)$；$K(q, t)=[q(t)]^2/2$。在线消费者群体数量规模的变化率如（4–3–2）式所示。

$$\dot{n}_1(t)=V+\alpha_2 n_2(t)-\alpha_2 n_3(t)+Aq(t) \tag{4-3-2}$$

诚信在线商家的群体数量规模变化率如（4–3–3）式所示。

$$\dot{n}_2(t)=V+\alpha_1 n_1(t)-\lambda p(t) \tag{4-3-3}$$

非诚信在线商家的群体数量规模变化率如（4–3–4）式所示。

$$\dot{n}_3(t)=V+\alpha_1 n_1(t)-\lambda p(t)-Bq(t) \tag{4-3-4}$$

4.3.2　模型分析

（1）情形 I：不考虑诚信监管成本的情况

此时令 $K(q, t)=0$，此种情况对应质量监管成本很低的现实情况，同时这一假设为了分析如下问题：当质量监管没有成本时，网购平台企业有消费者满意的质量监管力度吗？此时网购平台面临的最优控制问题如（4–3–5）式所示。

$$\Pi=\int_0^{\infty}[n_2(t)+n_3(t)]p(t)\,\mathrm{d}t \tag{4-3-5}$$

$$\text{s.t}\begin{cases}\dot{n}_1(t)=V+\alpha_2 n_2(t)-\alpha_2 n_3(t)+Aq(t)\\ \dot{n}_2(t)=V+\alpha_1 n_1(t)-\lambda p(t)\\ \dot{n}_3(t)=V+\alpha_1 n_1(t)-\lambda p(t)-Bq(t)\end{cases}$$

式（4–3–5）中 $p(t)$ 和 $q(t)$ 为关于 t 的函数，令 $n_1(0)$、$n_2(0)$ 和 $n_3(0)$ 均为零，求解（4–3–5）式中 3 个微分方程构成的微分方程组，得到在时期 t 三方在线用户的群体数量规模如（4–3–6）式所示。

$$\begin{cases}n_1(t)=F_1(t)\\ n_2(t)=F_2(t)\\ n_3(t)=F_2(t)-F_0(t)\end{cases} \tag{4-3-6}$$

其中 $F_0(t)=B\int_0^t q(x)\,\mathrm{d}x$，$F_1(t)=\int_0^t[V+Aq(x)+\alpha_2 F_0(x)]\,\mathrm{d}x$，$F_2(t)=\int_0^t[V+\lambda p(x)+\alpha_1 F_1(x)]\mathrm{d}x$。考虑到在实际当中 $p(t)$、$q(t)$ 几乎处处为 t 的常值函数，此时式（4–3–6）可以简化为式（4–3–7）所示。

$$\begin{cases} n_1(t)=[V+Aq(t)]t+\alpha_2 Bq(t)t^2/2 \\ n_2(t)=[V-\lambda p(t)]t+\alpha_1[3V+3Aq(t)+\alpha_2 Bq(t)t]t^2/6 \\ n_3(t)=[V-\lambda p(t)-Bq(t)]t+\alpha_1[3V+3Aq(t)+\alpha_2 Bq(t)t]t^2/6 \end{cases} \tag{4-3-7}$$

为了求解该最优控制问题，首先构造如（4-3-8）式所示的汉密尔顿函数。

$$H=[n_2(t)+n_3(t)]p(t)+\phi_1(t)[V+\alpha_2 n_2(t)-\alpha_2 n_3(t)+Aq(t)] \\ +\phi_2(t)[V-\lambda p(t)+\alpha_1 n_1(t)]+\phi_3(t)[V+\alpha_1 n_1(t)-\lambda p(t) \\ -Bq(t)] \tag{4-3-8}$$

根据庞特里亚金极大值原理，得到如式（4-3-9）所示的方程组，其中 ϕ_i（i=1，2，3）为 $\phi_i(t)$ 的简写；n_i（i=1，2，3）为 $n_i(t)$ 的简写，后续的分析也类似。

$$\begin{cases} \dfrac{d\phi_1}{dt}=\dfrac{dH}{dn_1}=-\alpha_1[\phi_1(t)+\phi_3(t)] \\ \dfrac{d\phi_2}{dt}=\dfrac{dH}{dn_2}=-p(t)-\alpha_2\phi_1(t) \\ \dfrac{d\phi_3}{dt}=\dfrac{dH}{dn_3}=-p(t)-\alpha_2\phi_1(t) \end{cases} \tag{4-3-9}$$

考虑到 $p(t)$、$q(t)$ 为 t 的分段常值函数，求解（4-3-9）式对应的微分方程组，得到 $\phi_i(t)$ 的解如（4-3-10）式所示。

$$\begin{cases} \phi_1(t)=\alpha_1 p(t)t^2 \\ \phi_2(t)=-p(t)t-\alpha_1\alpha_2 p(t)t^3/3 \\ \phi_3(t)=-p(t)t+\alpha_1\alpha_2 p(t)t^3/3 \end{cases} \tag{4-3-10}$$

根据（4-3-8）式，对 H 函数关于决策变量 $p(t)$、$q(t)$ 求导数，得到如（4-3-11）式所示的结果，其中 p、q 为 $p(t)$、$q(t)$ 的简写。

$$\begin{cases} \dfrac{dH}{dp_1}=n_1(t)+n_3(t)-\lambda\phi_2(t)-\lambda\phi_3(t) \\ \dfrac{dH}{dq_2}=A\phi_1(t)-B\phi_3(t) \end{cases} \tag{4-3-11}$$

将式（4-3-7）中的 $n_i(t)$ 和（4-3-10）式的 $\phi_i(t)$（i=1，2，3）

代入（4–3–11）式得到如（4–3–12）式所示的结果。

$$\begin{cases} \dfrac{\mathrm{d}H}{\mathrm{d}p}=\dfrac{t}{3}\left[6V+3V\alpha_1 t+q(t)\,(B\alpha_1\alpha_2 t^2+3A\alpha_1 t-3B)\right] \\ \dfrac{\mathrm{d}H}{\mathrm{d}p}=p(t)\left[\dfrac{B\alpha_1\alpha_2 t^2}{3}+A\alpha_1 t^2+Bt\right] \end{cases} \quad (4\text{–}3\text{–}12)$$

从（4–3–12）式可以看出 $\mathrm{d}H/\mathrm{d}q$ 中不含有 $q(t)$，对于任意给定的 $p(t)$，基于静态分析的角度：当 $\mathrm{d}H/\mathrm{d}q>0$ 时，网购平台的质量诚信监管 $q(t)$ 取值为 q_{max}；当 $\mathrm{d}H/\mathrm{d}q<0$ 时，网购平台的质量诚信监管 $q(t)$ 取值为 q_{min}；当 $\mathrm{d}H/\mathrm{d}q=0$ 时，$q(t)$ 可以取任何值。

在现实的网购市场中，$p(t)$ 在一段时间内通常是保持不变的，并且满足 $p(t)>0$。因此基于动态分析的角度，对于任意给定的 $p(t)$ 值，$\mathrm{d}H/\mathrm{d}q$ 的符号、大小变化受 $\psi(t)$ [如（4–3–13）式所示] 的影响。

$$\psi(t)=t\,(-B\alpha_1\alpha_2 t^2/3+A\alpha_1 t^2+B) \quad (4\text{–}3\text{–}13)$$

令 $\dfrac{\mathrm{d}^2\psi(t)}{\mathrm{d}t^2}=0$，得到 $t^*=\dfrac{A}{A\alpha_2}$，即 $t=t^*$ 时，$\psi(t)$ 取得极大值。容易证明在 $t<t^*$ 的情形下，$\dfrac{\mathrm{d}^2\psi(t)}{\mathrm{d}t^2}>0$，求解得到当 $t^{1e}=\dfrac{3A\alpha_1-\sqrt{3}\sqrt{3A^2\alpha^2{}_1+4B^2\alpha_1\alpha_2}}{2B\alpha_1\alpha_2}$ 或 $t^{2e}=0$ 时，由于 $t^{1e}<0$，所以略去 t^{1e}。结合前面的分析可以得到 $0=t^{2e}<t<t^*$ 时，$\mathrm{d}H/\mathrm{d}q>0$，且 $\mathrm{d}H/\mathrm{d}q$ 随着 t 的增加而增加，即当网购平台的经营时间 t 在 $0<t<t^*$ 范围内时，网购平台的质量诚信监管力度为 q_{max}；并且随着 t 的增加，选择 q_{max} 的倾向越大。

容易证明在 $t>t^*$ 的情形下，$\dfrac{\mathrm{d}^2\psi(t)}{\mathrm{d}t^2}<0$，令 $\psi(t)=0$，可求得 $t^{3e}=\dfrac{3A\alpha_1-\sqrt{3}\sqrt{3A^2\alpha^2{}_1+4B^2\alpha_1\alpha_2}}{2B\alpha_1\alpha_2}$。

因此在 $t^*<t<t^{3e}$ 时，$\mathrm{d}H/\mathrm{d}q>0$，此时网购平台的质量诚信监管力度 $q(t)$ 的取值将为 q_{max}；随着 t 的增加，当 $t>t^{3e}$ 时，$\mathrm{d}H/\mathrm{d}q$ 减小到 $\mathrm{d}H/\mathrm{d}q<0$，网购平台的质量诚信监管力度 $q(t)$ 的取值将为 q_{min}。

通过上述的分析，可以得到如下命题。

命题 4–3–1：在质量诚信监管不增加网购平台成本的情况下，若不考虑注册费的变化，网购平台的质量诚信监管力度变化具有如下规律：在网购平台建立初期，网购平台选择高水平的质量诚信监管力度，随着时间的推移，其选择高水平质量诚信监管力度的倾向越大；当网购平台存续到一定程度时，其选择高水平质量诚信监管力度的倾向降低，随着时间的推移其开始选择低水平的质量诚信监管力度。

从（4–3–2）式容易证明，当 $t > t^*$ 时，在线消费者的数量规模 $n_1(t)$ 随着 t 的增加而增加；结合（4–3–5）式可知诚信商家的数量规模 $n_2(t)$ 随着 $n_1(t)$ 的增加而增加，因此当 $t > t^*$ 时，诚信在线商家的数量规模 $n_2(t)$ 也随着 t 的增加而增加，根据（4–3–6）式可知网购平台的所有双边用户 $N(t)=n_1(t)+n_2(t)+n_3(t)$，规模如（4–3–14）式所示。

$$N(t)=F_1(t)+2F_2(t)-F_0(t) \tag{4-3-14}$$

考虑到当 $t > t^*$ 时，$n_1(t)$、$n_2(t)$ 均随 t 的增加而增加，并结合假设 $A > B$，容易证明当 $t > t^*$ 时，$N(t)$ 也随着 t 的增加而增加，因此推论 4–3–1 也是成立的。

推论 4–3–1 在命题 4–3–1 的假设下，当 $t > t^*$ 时，网购平台企业的质量监管力度 $q(t)$ 首先随着在线消费者用户规模、诚信商家用户规模以及整体的双边用户规模的增加选择高水平的质量监管力度，然后当这些用户的规模达到一定程度时，将选择低水平的质量监管力度。

命题 4–3–1 和推论 4–3–1 说明，在网购平台建立初期，网购平台为了吸引消费者网购，增加商家消费者规模，往往采取较高的质量诚信监管力度；随着消费者规模的扩大，必然吸引更多的在线商家加入网购平台，由于此时消费者规模尚不够大，因此，网购平台会持续增加质量诚信监管力度，以此来吸引消费者的广泛加入，增加消费者市场规模和诚信在线商家规模。当网购平台成熟时，网购平台的质量诚信监管力度达到最大，随着网购平台存续期的增加，双边市场规模的持续扩大，由于网购平台的利润直接来源于在线商家，此时网购平台会放松质量诚信监管，以此获得更多在线商家的注册费，而网购平台不担心质量诚信监管降低造成的消费者规模损失。这是因为此时由于在线商家规模较大，在线商家对消费者的网络正外部性导致的消费者规模增加率将大于放松质量诚信监管导致的消费者规模减小率。

从 $t^{*}=A/B\alpha_2$ 和 t^{3e} 的关系式可知，随着质量诚信监管对消费者正效应 A 的增加，或随着质量诚信监管对非诚信商家负效应 B 的减少，或随着在线商家对消费者的网络外部性 α_2 的减少，$\psi(t)$ 取得极大值的时刻 t 将往后推移，即网购平台降低质量诚信监管力度倾向的时期往后推移，网购平台将在更长的时间内执行严格的质量诚信监管力度。

另外从（4–3–11）式可以看出，dH/dq 的符号与 $p(t)$ 的符号是一致的，虽然对大多数时期 t 来说，满足 $p(t)>0$，但是正如在现实中看到的那样，网购平台在建立之初，会采用“烧钱”的办法，补贴在线商家，使得 $p(t)<0$，因此网购平台在建立之初，往往不是一开始就选择严格的质量诚信监管力度，而是选择了低水平的质量诚信监管力度，当然网购平台为了吸引消费者，往往可以采取其他办法，例如提供比线下低很多价格的产品。

（2）考虑诚信管控成本的情况

考虑到质量监管成本的边际递增规律，此时令 $k(q,t)=kq^2(t)$，则网购平台面临的最优控制问题如（4–3–15）式所示。

$$\Pi=\int_0^{\infty}\{[n_2(t)+n_3(t)]p(t)-kq^2(t)\}dt \tag{4-3-15}$$

$$\text{s.t}\begin{cases}\dot{n}_1(t)=V+\alpha_2 n_2(t)-\alpha_2 n_3(t)+Aq(t)\\ \dot{n}_2(t)=V+\alpha_1 n_1(t)-\lambda p(t)\\ \dot{n}_3(t)=V+\alpha_1 n_1(t)-\lambda p(t)-Bq(t)\end{cases}$$

构造（4–3–15）式对应的哈密尔顿函数如（4–3–16）式所示。

$$H=[n_2(t)+n_3(t)]p(t)-kq^2(t)+\phi_1(t)[V+\alpha_2 n_2(t)-\alpha_2 n_3(t)+Aq(t)]$$
$$+\phi_2(t)[V-\lambda p(t)+\alpha_1 n_1(t)]+\phi_3(t)[V+\alpha_1 n_1(t)-\lambda p(t)$$
$$-Bq(t)] \tag{4-3-16}$$

根据庞特里亚金极大值原理，求得 $\phi_i(t)$（$i=1,2,3$）的解如（4–3–10）

式所示，对 H 函数关于决策变量 $p(t)$、$q(t)$ 求导数，得到如（4–3–17）式所示的结果。

$$\begin{cases} \dfrac{\mathrm{d}H}{\mathrm{d}p}=n_2(t)+n_3(t)-\lambda\phi_2(t)-\lambda\phi_3(t) \\ \dfrac{\mathrm{d}H}{\mathrm{d}q}=A\phi_1(t)-B\phi_3(t)-kq(t) \end{cases} \tag{4-3-17}$$

将 $\phi_i(t)$（$i=1$，2，3）的解代入（4–3–17）式，并令 $\mathrm{d}H/\mathrm{d}p=0$、$\mathrm{d}H/\mathrm{d}q=0$，得到如（4–3–18）式所示的结果。

$$\begin{cases} p(t)=\dfrac{9kV(\alpha_1 t+2)}{2t(3B-B\alpha_1\alpha_2 t^2)^2-(3A\alpha_1 t^2)} \\ q(t)=\dfrac{27tV(\alpha_1 t+2)}{2t(3B-3A\alpha_1 t-B\alpha_1\alpha_2 t^2)^2(3B\alpha_1 t-B\alpha_1\alpha_2 t^2)} \end{cases} \tag{4-3-18}$$

从（4–3–17）式中 $p(t)$ 的表达式可知，在 $t>0$ 时，当 $t=t^{3e}>0$，$t=t^{1d}=-t^{1e}>0$ 时，$p(t)$ 的分母为零。因此 $p(t)$ 在 t^{3e} 和 t^{1d} 取值不连续。当 $0<t<t^{1d}$ 时，$p(t)$ 的分母大于零，进而 $p(t)>0$；当 $t^{1d}<t<t^{3e}$ 时，$p(t)$ 的分母小于零，$p(t)<0$，当 $t>t^{3e}$ 时，进而 $p(t)$ 的分母大于零，$p>0$。

在现实中，由于价格的黏性，网购平台不大可能实时调整 $p(t)$，假定网购平台的价格在不同区间取值为常数。当 $0<t<t^{1d}$ 时，网购平台对在线商家定价为 $p(t)=p_1>0$，当 $t^{1d}<t<t^{3e}$ 时，网购平台对在线商家定价为 $p(t)=p_2<0$，当 $t>t^{3e}$ 时，网购平台对在线商家定价为 $p(t)=p_3>0$。

当 $0<t<t^{1d}$ 时，网购平台的质量诚信监管力度随 $\psi(k,t)$ [如（4–3–18）式所示] 的变化而变化。令 $\dfrac{\mathrm{d}^2\psi(k,t)}{\mathrm{d}t^2}=0$，与前面的情形同样得到 $t^*=\dfrac{A}{B\alpha_2}$，即 $t=t^*$，$\psi(k,t)$ 取得极大值。当 $t=0$，$t=t^{3e}$ 时，$\psi(k,t)=0$，在 $0<t<t^*$ 时，$\dfrac{\mathrm{d}\psi(k,t)}{\mathrm{d}t^2}>0$，当 $t>t^*$ 时 $\dfrac{\mathrm{d}\psi(k,t)}{\mathrm{d}t^2}<0$。

$$\psi(k, t)=t(-B\alpha_1\alpha_2 t^2/3+3A\alpha_1 t+B)/k \qquad (4\text{–}3\text{–}19)$$

因此，在 $0 < t < \min(t^{1d}, t^*)$ 时，网购平台的质量诚信监管力度 $q(t) > 0$，并且随着时期 t 的增加而增加。

当 $t^{1d} < t < t^{3e}$ 时，网购平台的质量诚信监管力度 $q(t)$ 与 $\psi(k, t)$ 符号相反，取值为负，并且 $\psi(k, t)$ 越大，质量诚信监管力度越低。由于 t^{1d} 和 t^* 的相对大小不定，分别进行讨论：若 $t^* < t^{1d}$，虽然网购平台的质量诚信监管力度为负值，但随着 t 的增加而逐渐增加。若 $t^* > t^{1d}$，则网购平台的质量诚信监管力度先减小而后增加。

当 $t > t^{3e}$ 时，网购平台的质量诚信监管力度与 $\psi(k, t)$ 的符号一致，并且随 $\psi(k, t)$ 的变化而变化。此时由于 $\psi(k, t) < 0$，所以网购平台的质量诚信监管力度为负值，且随着 t 的增加，网购平台的质量诚信监管力度不断降低，考虑到网购平台的质量诚信监管力度 $q(t) \in [q_{\min}, q_{\max}]$，因此，网购平台的质量诚信监管力度最终维持在 $q_{\min}$ 上。

综上分析，可以得到如下命题和推论。

命题 4–3–2：在质量诚信监管增加网购平台成本的情况下，网购平台的质量诚信监管具有如下规律：在网购平台建立初期，网购平台的质量诚信监管力度大于零，并且随着时间的推移，其质量诚信监管力度越来越大。但到一定时期之后，网购平台的质量诚信监管力度转为小于零，并且随着时间的推移，其质量诚信监管力度越来越小，最终维持在 $q_{\min}$ 上。

推论 4–3–2：如果网购平台对在线商家制定的价格 $p(t) > 0$，且保持不变时，则在 $0 < t < t^*$ 时，网购平台的质量诚信监管力度大于零，并且随着 t 的增加而增加；在 $t^* < t < t^{3e}$ 时，网购平台的质量诚信监管力度大于零，但随着 t 的增加而减小；当 $t > t^{3e}$ 时，网购平台的质量诚信监管力度小于零，并随着 t 的增加而减小。

类似情形 I，同样可以得到推论 4–3–3。

推论 4–3–3 在推论 4–3–2 的假设下，在当 $t > t^*$ 时网购平台的质量监管力度随着在线消费者用户规模、诚信商家用户规模以及整体的双边用户规模的增加而降低，并且在某一规模之下，网购平台的质量监管力度大于零，当超过一定规模后，质量监管力度将小于零。

上述命题和推论说明，网购平台的质量诚信监管力度的动态变化趋势为“先增加而后减少”，具有倒 U 形趋势。因此在网购市场中，如果只有一个垄断的网购平台，就不应该寄希望于其随着规模的扩大而采取严格的质量诚信监管。为了提高网购平台的质量诚信监管力度，必须寻求有效的治理途径。

需要说明的是，在上文的分析中，由于假定 $q_{min} < 0 < q_{max}$，所以得到的分析结果、命题和推论中存在质量监管力度小于零的情况，实质上这样的假设一方面考虑了合谋情况，另一方面是为了简化模型。因此完全可以替换一个新的变量 $Q(t)$ 表示质量诚信监管力度，令 $q(t)=Q(t)-Q_0$，其中 $Q_0>0$ 代表网购市场中的平均质量监管力度（或者默认的质量监管力度），因此 $q(t)<0$ 代表网购平台的质量监管力度低于一般水平 Q_0。

4.3.3 实证检验与分析

数学模型方法的优点在于可以洞悉经济形象内部的深层次规律，但是由于模型分析预设了较强的假设，使其结果不能完全符合现实情形，因此为了验证上述结论，本书采用了实证分析方法。在上文中网购平台的质量诚信监管力度为网购平台的决策变量，由于获取调研数据比较困难，采用消费者对某网购平台上在线商家机会主义感知来间接衡量某网购平台的质量诚信监管力度 q（即网购平台的质量监管力度大对应于在线消费者的感知机会主义小）。关于某网购平台的规模（双边用户规模）同样由于获取交易用户的具体数量或者资产规模比较困难，故采用随机抽样的样本中在某网购平台购物的消费者数量（根据本研究的前述分析，在线消费规模与双边用户规模具有同样的变化规律）来间接衡量该网购平台的规模。用平台企业的成立年数代表前文中的平台经营或存续时期 t。

用 QM 代表感知在线商家机会主义，借鉴了刘汉民的量表，由 5 个测项构成。用 PA 代表网购平台的成立年数，用 UN 代表调研数据中在某网购平台购物的用户数量。调研共选择了 49 个网购平台企业，其中综合购物网站包括淘宝、天猫、京东等 11 个网购平台企业，团购网站包括美团、糯米等 4 家平台企业，服装饰品网站包括唯品会、上品折扣网等 11 个网购平台企业，美妆护肤网站包括聚美优品、知我网等 5 个网购平台企业，数码电器包括苏宁易购、国美电器等 5 个网购平台企业，医疗保健包括壹药网、八百方等 6 个网购平台企业，其他类包括母婴之家、顺丰优选等 7 个网购平台。

通过问卷星和微信群发放问卷的方式，共收集了 637 份调查问卷，其中 84% 的消费者均在天猫、淘宝、京东、当当网四大网站有购物经历；关注医疗保健类网购平台的消费者最少，仅有 13% 的消费者在这些网购平台有消费经历，所有网购平台均有调研消费者购物经历。

研究中只有一个变量 QM 涉及信度、效度分析，而文献 [12] 对此已经证明，所以不再赘述。下面采用多元非线性回归对相关结论进行检验。为了回归分析方便，将所有数据标准化为 [0，1] 区间的数值，以 QM 为被解释变量，以 PA 和 UN 为解释变量，通过回归分析得到如式（4–3–20）所示的模型。

$$\begin{aligned} QM= & \ 0.094 - 0.724UN - 0.531PA - 0.335UN^2 + 0.240PA^2 \\ & (-0.649)\ (-1.876)\ (-1.136)\ (1.935)\ (0.962) \\ & [0.519]\ \ [0.098]\ \ [0.156]\ \ [0.075]\ \ [0.382] \end{aligned} \qquad (4\text{–}3\text{–}20)$$

该模型的 R^2=0.486，F=15.430，模型中（ ）内的数字为 t 统计量，[ ] 内的数字为伴随概率，根据模型（4–3–20）可以发现 UN 对 QM 存在显著的正 U 形影响，PA 对 QM 的正 U 形影响不显著。即当网购平台的消费者用户数量小于某阈值时，消费者用户规模越大，消费者对该网购平台中在线商家机会主义的感知越小；当网购平台的消费者数量规模大于某阈值时，消费者用户规模越大，消费者对该网购平台中在线商家机会主义的感知越大。

因此模型（4–3–20）在一定程度上验证了前述模型分析的结论，即网购平台的质量诚信监管力度随着其双边用户规模的动态变化趋势为先增加而后减少。

对于网购市场而言，由于网络效应的存在，网购平台具有正反馈和赢家通吃的特征，因此如何获取双边用户，达到一定规模阈值是网购平台企业成功的关键。在网购平台建立初期，为了吸引双边用户加入，网购平台往往将流量和关键资源的获取作为平台企业的战略，在该阶段网购平台企业会投入较高的沉淀成本，花钱买吆喝，对双边市场两边讨好，以吸引双边用户的广泛加入，因此在该阶段，网购平台往往会提供物美价廉的商品来吸引消费者。但随着网购平台规模的扩大，由于马太效应的存在，网购市场进入滚雪球模式，此时即便网购平台对在线商家的服务水平不高，对消费者的质量把关不严，但由于网络外部性（周边外部性和交叉外部性）非常大，网购平台对双边用户也具有很大的吸引力，因此网购平台质量诚信监管、网购市场治理的意愿将逐渐降低，消极干预的倾向逐渐增加，现实中多数网购平台的发展路径也证明了这一点。

4.3.4 结果与启示

本研究通过建立数学模型和实证分析，得到了如下的结论：1）在单一网购平台垄断某类商品时，网购平台对在线商家的产品质量诚信监管力度随着平台运营周期的增加，随着双边市场用户规模的扩大，整体呈现一种先增加而后降低的趋势；2）当从事某类商品经营的网购平台具有垄断地位时，不能完全寄希望于网购平台会随着经营时间的增加、平台用户规模的增加而逐渐增加对在线商家的产品质量诚信监管力度。

上述两个结论主要源于如下原因：在网购平台的建立初期，网购平台为了吸引双边用户加入，往往投入较大的沉淀资本，首先邀请知名品牌企业入驻网购平台，为其提供促销、宣传活动，在此基础上吸引广大消费者加入网购大军，随着消费者规模的扩大，对在线商家的吸引力逐渐增加，此时网购平台为了保证网购市场规模正反馈雪球越滚越大的阈值要求，将对在线商家采取严格的审查机制，进入网购平台的往往是品牌企业、较大规模的企业。

随着消费者规模的扩大，必然吸引更多的在线商家加入网购平台，由于此时消费者规模尚不够大，且良莠不齐的在线商家必然积极加入网购平台，一方面为了继续扩大双边市场规模，一方面质量诚信监管变得困难，因此网购平台会持续增加质量诚信监管力度，以此来吸引消费者的广泛加入，增加消费者市场规模和诚信在线商家规模。因此当网购平台从增长期到成熟期时，网购平台的质量诚信监管力度持续增大。

随着网购平台存续期的增加，双边市场规模的持续扩大，由于网购平台的赢家通吃、马太效应等特征，此时大规模的双边市场产生网络外部性，对双边用户的吸引力越来越大，因而网购平台增加对在线商家的注册费，降低质量诚信监管水平对双边市场带来的负效应远远不及网络外部性所产生的正效应，于是网购平台便会放松对在线商家的审查力度，降低产品质量诚信监管力度。特别是随着网购市场规模的增加，网购平台服务管理和监管变得困难，将滋生平台管理人员的腐败行为，出现类似淘小二与在线商家合谋欺诈消费者的情况。

当前多类商品的网购交易中，由于赢家通吃的网络经济特征，出现了网购平台寡头垄断的趋势，针对这一现状，或者通过一定的市场规制，限制过度的平台垄断，保证每类商品领域有少数的几个平台企业开展竞争，这样可以有效地激励网购平台提升在线产品质量诚信监管力度；或者建立平台和政府部门协同治理的监管体系，变网购平台的一元治理为平台和政府的二元治理。

4.4　网购平台垄断化特征与治理①

长期占有市场支配地位的网购平台可以采取各种反竞争性手段封锁和阻止实际或潜在的竞争对手进行市场进入或市场扩张，通过多种形式让具

① 本节内容参考了冯然 2017 年发表于《改革》的论文《竞争约束、运行范式与网络平台寡头垄断治理》。

有网络效应的市场向自身倾斜，进一步巩固在市场中的支配地位，在损害用户利益的情况下获得超额利润。由于在以基础设施和网络为特征的产业中，价格已经不是垄断企业获取利润的主要方式，排除竞争、独占市场是其主要策略行为。因此，我国网购平台常采取强制性高价（低价）和捆绑销售等形式约束竞争。

4.4.1 网购平台垄断化特征

（1）利用捆绑销售形式提高市场进入难度

传统的捆绑销售是指拥有市场支配地位的企业为获取更多的市场份额，将两种或两种以上的商品捆绑在一起，以总价格低于分别销售价格出售商品的一种方式。对于捆绑销售，《中华人民共和国反不正当竞争法》已有明确规定，“在线商家在销售商品时，不得违背消费者的意愿，捆绑、搭售商品或者附加其他不合理的条件”。显然，在未经用户许可的情况下，捆绑销售是一种违法行为。但是，网络特殊的技术性，使网购平台很容易添加和捆绑新的服务功能，并且更加隐蔽，如淘宝捆绑支付宝功能，微信捆绑微信支付功能等。虽然这些企业通过“捆绑”方式提供给了用户更加便捷的服务，提高了整个“捆绑”的网络外部性效应，但从竞争角度看，占支配地位的企业通过捆绑方式销售商品，会降低被捆绑商品在线商家的可替代性，获得间接阻碍被捆绑商品进入市场的效果。特别当被捆绑商品与原商品互补时，被捆绑商品的市场进入难度将被大幅度提高。此外，当企业对多个捆绑产品拥有市场支配地位时，捆绑中的此类商品越多，反竞争封锁效果越强。这也是余额宝，即支付宝通过淘宝获得绝对的市场支配地位后，又继续被捆绑的新型理财方式位居 2016 年我国理财产品第一位的原因所在。

（2）采用强制性低价（高价）方式扩大市场占有份额

强制性低价是我国网购平台在节假日时经常使用的促销手段。强制性低价（高价）是寡头垄断企业为谋求利益最大化，凭借其市场支配地位制定的强制性低价（高价）行为。淘宝规定交易平台上的商家必须参加“双十一”活动，“双十一”当天的折扣必须低于五折。因为淘宝对旗下电商中小型企业具有绝对的控制权，对于它的强制价格行为，企业只能选择被动接受。强制性低价（高价）一般是规模经济的需要，企业凭借其市场支配地位低价倾销，使竞争对手在该市场无利可图，从而达到排挤竞争对手的目的；或者是企业拥有不可复制的、受保护的独享专利或某种特殊的自然资源，使其他企业无法与之相抗衡，从而能够自由地操纵价格。显然，我国的网络垄断企业属于后者，其凭借独占用户信息的竞争优势和市场支配地位，在网络效应的作用下，能够自由地实施强制性低价（高价）策略。

4.4.2　网购平台垄断化治理对策

网购平台垄断的根源在于对大量用户数据的独占。利用用户数据，搜索引擎可以改进算法，提高搜索精准度；销售平台可以了解用户爱好，在更加恰当的位置放置广告，利用双边市场定价策略吸引更多消费者和商家进入市场，从而产生规模经济和范围经济效应。由于先进入市场的网络寡头企业的独占行为和网络锁定效应，使后来者难以获得和复制用户数据，约束了网络中的自由竞争。因此，打破我国网络垄断现状的根本在于对寡头平台拥有数据的“共享”处理。即基于基础设施原则，在用户自愿的前提条件下，使市场中的网购平台均获得拥有用户信息的机会。

（1）以立法形式确立匿名数据的“基础设施”身份

纵观国际，从 20 世纪七八十年代技术革命浪潮兴起，通信、计算机和互联网技术的发展促使“基础设施”从实体设施抽象为技术标准，基础设施原则从自然垄断领域延伸到非自然垄断领域，甚至是知识产权领域，时至今日欧盟已明确立法，树立用户数据的合法地位，利用基础设施原则进行反垄断立法的国际进程非常迅速。在我国，网购平台中的用户匿名数据也是完全符合我国适用基础设施条款的依据，即基础设施被寡头垄断企业控制；竞争对手难以或无法合理地重新建设该基础设施；垄断者拒绝竞争对手使用该设施；垄断者提供该设施是可行的。因此，我国应确定基础设施原则在反垄断法中的地位，明确用户匿名数据作为构成网络基础设施的必要元素，要求垄断者提供收集的用户匿名信息，或者根据美国学者Robert主张，“如果竞争者不具有复制该设施的现实可能性，则占有者必须以公平的方式与竞争者共享该设施”。

（2）提供修改、删除以及“移植”身份数据和匿名数据的路径

实现共享数据的目标，要求网购平台企业必须在收集数据前公开信息操作细节，包括身份数据的收集、收集方式（主动/被动）、使用状况、访问数据人员的情况，以及需要向用户提供查看个人信息的路径，并赋予用户修改、冻结、删除个人身份数据，以及“移植”个人匿名数据的权力，即用户可以自由地从一家网络企业的数据库中导出个人数据，并将其导入另一家网络企业的权力。通过共享用户的匿名数据，打破企业独占信息的局面。同时，网购平台企业也应允许平台中的商家批量转移已被设定为不能随意删改的客户评价数据，通过“移植”冻结数据的方式消除声誉机制在锁定效应中发挥的作用。

（3）注重差异引导，积极培育一批具有特色的网购平台

网购平台的垄断化趋势并非意味着建设网购平台毫无机会。电子商务市场蓬勃发展，正在一些细分行业、特色领域催生出一些商业机会。比如，专业市场具备打造电子商务网站的先天优势，可以依托实体市场的影响力打造独特的网购平台。一般而言，商品标准化程度越高，物流运输越便利，市场规模越大，市场影响力越强，辐射面越广的专业市场，越有条件依托实体市场打造网购平台。为此，可制订特色网购平台扶持计划，积极培育专业性、垂直型特色网购平台，支持行业性电子商务网站向纵深发展，扶持中小企业创新网购平台的交易模式，鼓励电商企业都能进行更多的增量创新，打造一批富有特色的网购平台，成为网购市场的重要补充。企业则须密切关注网购市场发展动态，以用户需求为导向，积极利用大数据、物联网等最新的信息技术，积极争取对现有商业模式的创新和挖掘，细分行业的商业价值，在繁荣的网购市场获得经济效益，推动网购市场创新发展、升级发展。

第5章 竞争环境下网购平台的质量诚信管控

5.1 不同收费模式下网购平台的质量诚信管控

在传统市场中，有关企业间竞争与企业产品（或服务）质量之间关系的研究成果比较丰富，杨树等（2008）使用两阶段博弈模型对比了数量竞争和价格竞争下的均衡质量；Olivares（2009）研究了美国市场上通用汽车公司经销商之间的竞争与服务质量之间的关系；Matsa（2011）研究了超市间的竞争对超市提供更好服务质量的激励效应；李酣（2015）的研究指出，较高的市场竞争程度对于提升国内产品质量的消费者评价有显著的正面影响，因此可以通过提升市场竞争水平，来激励企业生产高质量产品；高越（2015）研究发现，在质量竞争性行业中竞争对提升该行业的平均产品质量的作用较大，在价格竞争性行业中竞争对提高该行业的平均产品质量的作用较小。关于双边市场环境中平台企业间竞争的研究成果主要集中在竞争对不同定价方式的影响，进而对平台企业利润的影响。Caillaud(2003)研究发现若平台企业不能阻止用户发生多平台接入行为，竞争将变得更加激烈；Armstrong（2006）认为相对于传统市场，双边市场中平台企业竞争对市场份额的争夺更激烈；张凯（2010）构建了具有部分重叠业务的双寡头垄断平台企业竞争模型，分析了双边用户的单归属与多归属下同侧用户的均衡价格、市场份额和利润情况；李泉（2009）认为当双边市场中存在交叉补贴情形时，平台企业竞争将导致受补贴市场的补贴程度下降；纪汉霖（2006）研究了平台间竞争对不同收费方式下平台定价、平台利润和社会福利的影响。关于双边市场环境中平台企业间的竞争效应的研究大多数都采用了 Hotelling 模型，本节的研究也将利用 Hotelling 模型在上述学者研究的基础之上来探讨网购平台间竞争对网购平台质量诚信管控行为的影响。

5.1.1　模型描述

借鉴 Armstrong（2006）的双边市场中平台竞争对平台定价影响的模型，并在此基础上以定价和质量诚信管控为二元决策变量考虑平台间竞争对网购平台决策行为的影响，其中重点考虑网购平台的质量诚信管控行为，网购平台作为一种特殊的双边市场平台企业，在现实中其收费方式为对消费者免费、对在线商家收费，模型也考虑了这一具体特征。

基本模型描述如下：假定一个线性分布的市场中存在两个网购平台，两个网购平台分别分布在线性市场 [0，1] 的两端，双边市场用户（消费者和在线商家）在线段上均匀分布；t_k（$k=b$，s）表示两个平台对消费者（b）和在线商家（s）的差异性，假定双边市场用户在两个平台上都是单归属；双边市场用户 k 在两个平台 i 处的用户规模为 n_{ki}，假设双边市场的各边用户之和均为 1，即 $n_{b1}+n_{b2}=1$，$n_{s1}+n_{s2}=1$；n_{ki}（$i=1$，2）表示第 k 边用户在第 i 个平台处交易获得的效用，令 $u_{b1}=\beta n_{s1}+\lambda q_1$；$u_{b2}=\beta n_{s2}+\lambda q_2$；$u_{s1}=\alpha n_{b1}-F_1-\rho q_1$；$u_{s2}=\alpha n_{b2}-F_2-\rho q_2$；其中 $\beta>0$、$\alpha>0$ 分别表示在线商家对消费者和消费者对在线商家的交叉外部性，可以理解为在线商家对消费者的吸引力和消费者对在线商家的吸引力，其中 $\lambda>0$、$\rho>0$ 分别表示网购平台的质量诚信管控 q_i 对消费者和在线商家的边际收益和边际成本，并假定 $\lambda>\rho$，一般来说消费者越重视质量则 λ 越大，在线商家的产品质量越高则 ρ 越小。F_i 表示网购平台对在线商家的收费，网购平台对消费者免费提供服务，双边市场中的单个用户获得的净效用等于效用 u_{ki} 减去到达两个平台的运输成本 t_k。

在上述假设中，平台的差异性或运输成本 t_k 可以代表两个网购平台的竞争程度，t_b 可以理解为网购平台之间围绕消费者资源的竞争程度，t_s 可以理解为网购平台之间围绕在线商家资源的竞争程度，t_k 越小说明竞争越激烈，根据 Hotelling 模型，两个平台所吸引的双边市场用户规模可用式（5–1–1）表示。

$$n_{ki}=\frac{1}{2}+(u_{ki}-u_{kj})/(2t_k)\ (k=b,\ s,\ i=1,\ 2,\ j=3-i) \tag{5–1–1}$$

令网购平台的利润函数为 u_{ki}，整个网购市场的社会福利（纪汉霖，2006）为 $\Pi=\sum_{i=1}^{2}u_{ri}+\sum_{i=1}^{2}n_{bi}\times u_{bi}+\sum_{i=1}^{2}n_{si}\times u_{si}$；网购平台对在线商家的收费方式 F_i 通常有三种：收取注册费、收取交易费和两步制收费，下面分两种情况来讨论网购平台在三种收费方式下的质量诚信管控行为。

5.1.2 基于注册费的网购平台质量诚信管控

（1）不考虑质量诚信管控成本的情况

假定每个网购平台的质量诚信管控水平区间均为 $[q_{min},\ q_{max}]$，在该区间内，质量诚信管控对网购平台的成本很小以至于可以忽略，下面将分析此时网购平台会不会选择消费者理想的质量诚信管控水平 q_{max}，网购平台的质量诚信管控水平受哪些因素影响，以及平台间的竞争是否有利于促进网购平台选择高水平的质量诚信管控 q_i。

该情况下 $F_i=p_i$，每个在线商家在网购平台 i 处最大可能的交易量为 n_{bi}，但其征收的费用不随交易量的变化而变化。根据前面的假设和式（5–1–1）可知，在网购平台 i 处双边市场的规模分别为式（5–1–2）和式（5–1–3）。

$$n_{bi}=\frac{1}{2}+\frac{\beta(2n_{si}-1)+\lambda(q_i-q_j)}{2t_b} \tag{5–1–2}$$

$$n_{si}=\frac{1}{2}+\frac{\beta(2n_{bi}-1)+\rho(q_i-q_j)-(p_i-p_j)}{2t_s} \tag{5–1–3}$$

网购平台的目标函数为利润 u_{ri} 最大化，决策变量为（p_i，q_i），如式

（5–1–4）所示。

$$\max_{p_i,\ q_i} u_{ri}=n_{si}p_i \tag{5-1-4}$$

当两个网购平台进行完全信息静态博弈时，由于网购平台间地位的对称性，纳什均衡解 p_i 和 q_i 需要满足如式（5–1–5）、式（5–1–6）所列的一阶条件。

$$\frac{\mathrm{d}u_{ri}}{\mathrm{d}p_i}=\frac{t_bt_s-\alpha\beta-p_itb}{2(t_bt_s-\alpha\beta)}=0 \tag{5-1-5}$$

$$\frac{\mathrm{d}u_{ri}}{\mathrm{d}q_i}=\frac{p_i(\alpha\lambda-pt_b)}{2(t_bt_s-\alpha\beta)}=0 \tag{5-1-6}$$

由式（5–1–5）可以求出 $p_1=p_2=\frac{t_bt_s-\alpha\beta}{t_b}$，欲使模型有意义需要满足 $t_bt_s>\alpha\beta$。将 $p_i=\frac{t_bt_s-\alpha\beta}{t_b}$代入式（5–1–6）可得$\frac{\mathrm{d}u_{ri}}{\mathrm{d}q_i}=\frac{\alpha\lambda-pt_b}{2t_b}$，由于$\frac{\mathrm{d}u_{ri}}{\mathrm{d}q_i}$与 q_i 无关，可知 u_{ri} 为关于 q_i 的单调函数，因此 q_i 的解为 $q_{\min}$ 或 $q_{\max}$。

对于$\forall t_b$，若 $\alpha\lambda-\rho t_b>0$，网购平台会选择令消费者满意的质量诚信管控水平 $q_{\max}$，否则网购平台将选择令在线商家满意而消费者最不满意的质量诚信管控水平 $q_{\min}$，因此称不等式“IE_1：$\alpha\lambda-\rho t_b>0$”为网购平台选择 $q_{\max}$ 的条件。

令 $\alpha^{H1}=\frac{\rho t_b}{\lambda}$，$\lambda^{H1}=\frac{\rho t_b}{\alpha}$，$\rho^{L1}=\frac{\alpha t_b}{t_b}$，不等式 IE_1 与式（5–1–7）所列不等式等价。

$$\alpha>\alpha^{H1}\Longleftrightarrow\lambda>\lambda^{H1}\Longleftrightarrow\rho<\rho^{L1} \tag{5-1-7}$$

式（5–1–7）说明在给定的网购平台竞争水平下，当消费者对在线商家的交叉外部性 α（消费者群体对每个在线商家的吸引力）大于某一阈值 α^{H1}，或者质量诚信管控对消费者的边际效益大于某一阈值 λ^{H1}，或者质量诚信管控对在线商家的边际成本小于某一阈值 ρ^{L1} 时，网购平台会选择质量诚信管控水平 $q_{\max}$，因此有结论 5–1–1 成立。

结论 5–1–1：在网购平台向在线商家只征收注册费的情况下，即便质量诚信管控不增加网购平台的成本，网购平台也不一定选择令消费者满意的质量诚信管控水平；只有当消费者对在线商家的吸引力、质量诚信管控对消费者的边际收益大于某一阈值或者质量诚信管控对在线商家的边际成本小于某一阈值时，网购平台才会选择令消费者最满意的质量诚信管控水平，否则将选择令消费者最不满意的质量诚信管控水平。

由于$\frac{\mathrm{d}\alpha^{H1}}{\mathrm{d}_b}>0$，$\frac{\mathrm{d}\lambda^{H1}}{\mathrm{d}t_b}>0$，$\frac{\mathrm{d}\rho^{L1}}{\mathrm{d}t_b}<0$，说明随着 t_b 的减小（网购平台对消费者资源的竞争程度增加），式（5–1–7）中的阈值 α^{H1} 将减小、阈值 λ^{H1} 将减小、阈值 ρ^{L1} 将增加。即对于∀ α、λ、ρ 值，随着网购平台对消费者资源竞争程度的增加，网购平台的质量诚信管控水平选择 $q_{\max}$ 的条件更容易满足。另外由于$\frac{\mathrm{d}^2u_{ri}}{\mathrm{d}q_i\mathrm{d}t_b}=-\frac{\alpha\lambda}{2t_b^2}<0$，说明随着网购平台竞争程度的增加，$\frac{\mathrm{d}u_{ri}}{\mathrm{d}q_i}$将逐渐增加，特别当 $t_b<\frac{\alpha\lambda}{\rho}$ 时$\frac{\mathrm{d}u_{ri}}{\mathrm{d}q_i}>0$，网购平台质量诚信管控的最优选择将为 $q_{\max}$，综上分析结论 5–1–2 成立。

结论 5–1–2：在网购平台向在线商家只征收注册费的情况下，不考虑网购平台的质量诚信管控成本时，随着网购平台之间对消费者资源竞争程度的增加，网购平台选择令消费者满意的质量诚信管控水平的可能性就增大，当这一竞争激烈到一定程度时，网购平台的质量诚信管控水平将为 $q_{\max}$。

上面的分析还显示，网购平台围绕在线商家资源的竞争 t_s 只影响对在线商家的定价 p_i，而不影响网购平台的质量诚信管控水平 q_i，下面分析 t_s 和 t_b 对网购平台利润和整个网购市场的社会福利的影响。

将 $p_i=\frac{t_bt_s-\alpha\beta}{t_b}$，$q_i=q_{\min}$ 或 $q_{\max}$ 代入网购平台的利润函数式(5–1–4)可得：

$u_{ri}=\frac{t_bt_s-\alpha\beta}{2t_b}$，$\frac{\mathrm{d}u_{ri}}{\mathrm{d}t_b}=\frac{\alpha\beta}{2t_b^2}>0$，$\frac{\mathrm{d}u_{ri}}{\mathrm{d}t_s}=\frac{1}{2}>0$，可以看出随着网购平台之间竞争程度的增加（$t_k$ 的减小）网购平台的利润将减小，因此网购平台有增加相互之间差异性进而降低竞争程度的积极性。

结合上述分析可知，当网购平台降低对消费者资源的竞争程度时，虽然提高了网购平台的利润但不利于提高质量诚信管控水平；当网购平台降低对在线商家资源的竞争程度时，既提高了网购平台的利润又不影响质量诚信管控水平。

对于网购市场的社会福利来说，当 $p_i=\frac{t_b t_s-\alpha\beta}{t_b}$ 时，$\Pi=\frac{\alpha+\beta}{2}+q_i(\lambda-\rho)$，可以看出平台之间的竞争程度 t_k 对整个网购市场的社会福利没有影响，当质量诚信管控对消费者的边际收益 λ 大于对在线商家的边际成本 ρ 时，对于网购市场的社会福利来说，增加质量诚信管控是有利的，否则降低质量诚信管控是有利的。对于现实的网购市场来说，在网购平台可以选择的质量诚信管控区间 $[q_{min}, q_{max}]$ 中，我们可以认为 $\lambda>\rho$ 一定满足，因此网购平台提高质量诚信管控水平对于网购市场来说是有利的。

（2）考虑质量诚信管控成本的情况

此时网购平台 i 处双边市场的规模分别与式（5–1–2）、式（5–1–3）相同，而网购平台的利润函数目标如式（5–1–8）所示。

$$\max_{p_i,\ q_i} u_{ri}=n_{si}p_i-kq_i^2 \tag{5–1–8}$$

其中系数 $k>0$，q_i^2 表示管控成本具有边际效应递增的特征，用来衡量质量诚信管控对网购平台的成本效应，此时容易求解得到：

$$p_1=p_2=\frac{t_b t_s-\alpha\beta}{t_b} \tag{5–1–9}$$

$$q_1=q_2=\frac{\alpha\lambda-\rho t_b}{4kt_b} \tag{5–1–10}$$

为使模型有意义，需要满足 $\alpha\lambda-\rho t_b>0$。由式（5–1–10）容易计算 $\frac{dq_i}{dk}=-\frac{\alpha\lambda-\rho t_b}{4k^2t_b}<0$，$\frac{dq_i}{d\alpha}=\frac{\lambda}{4kt_b}>0$，$\frac{dq_i}{d\rho}=\frac{\alpha}{4kt_b}>0$，$\frac{dq_i}{d\rho}=-\frac{1}{4k}<0$，$\frac{dq_i}{dt_b}=-\frac{\alpha\lambda}{4k^2t_b}<0$，进而有结论 5–1–3 成立。

结论 5–1–3：在网购平台向在线商家只征收注册费的情况下，考虑网购平台的质量诚信管控成本时，网购平台的质量诚信管控水平随着网购平台质量诚信管控成本系数 k 的减小而增加，随着消费者的外部性系数 α 的增加而增加，随着质量诚信管控对消费者的边际效应 λ 的增加而增加，随着质量诚信管控对在线商家的边际效应 ρ 的减小而增加；随着网购平台之间对消费者资源竞争程度的增加（t_b 的减少）而增加，与网购平台之间对在线商家资源竞争程度无关。

将式（5-1-9）、式（5-1-10）代入网购平台的利润函数，得到 $u_{ri}=\frac{t_b t_s-\alpha\beta}{2t_b}-\frac{(\alpha\lambda-\rho t_b)^2}{16kt_b^2}$，容易计算满足关系式 $\frac{\mathrm{d}u_{ri}}{\mathrm{d}t_b}=\frac{\alpha[\lambda(\alpha\lambda-\rho t_b)+4k\beta t_b]}{8kt_b^3}=\frac{1}{2}>0$，这说明降低网购平台之间在吸引消费者资源和吸引在线商家资源的竞争程度对网购平台来说是有利的，即网购平台希望对双边市场均保持垄断状态。

此时网购市场的社会福利为 $\Pi=\frac{\alpha(2t_b\lambda-\rho t_b-\alpha\lambda)(\alpha\lambda-\rho t_b)+4k(\alpha+\beta)t_b}{8kt_b^2}$，欲使整个网购市场社会福利最大化，$t_b$ 需满足 $\frac{\mathrm{d}\Pi}{\mathrm{d}t_b}=\frac{\alpha\lambda^2(\alpha-t_b)}{4kt_b^3}=0$，进而 $t_b=\alpha$。

综上分析，在网购平台只向在线商家征收注册费的情况下，对于网购市场的终极管控者（政府）来说，可以允许网购平台降低相互之间吸引在线商家资源的竞争程度，促使其增加吸引消费者资源的竞争程度，这样可以在保证网购平台整体利益不受损的前提下，提高网购市场的质量诚信管控水平，同时增加网购市场的社会福利；特别当吸引消费者资源的差异性 t_b 与消费者对在线商家的交叉外部性 α 相同时，整个网购市场的社会福利最大。

5.1.3 基于交易费的网购平台质量诚信管控

（1）不考虑质量诚信管控成本的情况

对于每个在线商家来说，假定其在网购平台 i 处可以完成最大可能的交易量为 n_{bi}，此时 $F_i=n_{bi}w_i$，w_i 为单笔交易所收取的费用。

此时消费者在网购平台 i 处的规模与式（5–1–2）相同，在线商家的规模如式（5–1–11）所示。

$$n_{s1}=\frac{1}{2}+\frac{\alpha(2n_{b1}-1)-\rho(q_1-q_2)-[n_{b1}(w_1-w_2)-w_2]}{2t_s} \tag{5–1–11}$$

网购平台的最大化利润函数如式（5–1–12）所示。

$$\max_{p_i,\ q_i} u_{ri}=n_{si}w_i \tag{5–1–12}$$

类似 5.1.2 节的分析思路，可求得 $w_1=w_2=\dfrac{\alpha(2t_bt_s-\alpha\beta)}{t_b-\beta}$，由于前面假定 $t_bt_s>\alpha\beta$，为使模型有意义需要满足 $t_b>\beta$。此时 $\dfrac{\mathrm{d}u_{ri}}{\mathrm{d}q_i}=\dfrac{\lambda(\lambda-t_s)-\rho(t_b-\beta)}{2(t_b-\beta)}$，$\forall\, t_b$、$t_s$，若 $\lambda(\alpha-t_s)-\rho(t_b-\beta)>0$，则网购平台的最优质量诚信管控水平为 $q_{\max}$，否则为 $q_{\min}$，因此称不等式"IE_2: $\lambda(\alpha-t_s)-\rho(t_b-\beta)>0$"为网购平台质量诚信管控水平选择 $q_{\max}$ 的条件。

令 $\alpha^{H2}=\dfrac{\rho}{\lambda}(t_b-\beta)+t_s$，$\lambda^{H2}=\dfrac{\rho(t_b-\beta)}{\alpha-t_s}$，$\rho^{L2}=\dfrac{\rho(\alpha-t_s)}{t_b-\beta}$，不等式 IE_2 与式（5–1–13）所列不等式等价。

$$\alpha>\alpha^{H2}\Longleftrightarrow t_s<\alpha \text{ 且 } \lambda>\lambda^{H2}\Longleftrightarrow t_s<\alpha \text{ 且 } \rho<\rho^{L2} \tag{5–1–13}$$

容易看出若 $t_s>\alpha$，即两个平台为在线商家提供服务的差异性（或称垄断性）大于消费者对在线商家的外部性时，对于$\forall\,\lambda$、ρ，网购平台质量诚信管控水平都选择 $q_{\min}$。

由于$\dfrac{\mathrm{d}\alpha^{H2}}{\mathrm{d}t_b}>0$，$\dfrac{\mathrm{d}\lambda^{H2}}{\mathrm{d}t_b}>0$，$\dfrac{\mathrm{d}\rho^{L2}}{\mathrm{d}t_b}<0$，说明随着网购平台对消费者资源的竞争程度增加（$t_b$ 的减小），阈值 α^{H2} 减小、阈值 λ^{H2} 减小、阈值 ρ^{L} 增加，进而式（5–1–13）所列的网购平台选择 $q_{\max}$ 的条件更可能满足。同时容易得到$\dfrac{\mathrm{d}\alpha^{H2}}{\mathrm{d}t_b}>0$，$\dfrac{\mathrm{d}\lambda^{H2}}{\mathrm{d}t_b}>0$，$\dfrac{\mathrm{d}\rho^{L2}}{\mathrm{d}t_b}<0$，即随着网购平台对在线商家资源的竞

争程度增加（t_s 的减小），也有利于网购平台选择 q_{max}，因此可以得到如下结论。

结论 5–1–4：在平台向商家只征收交易费的情况下，不考虑网购平台的质量诚信管控成本时，欲使得网购平台选择令消费者满意的质量诚信管控水平 q_{max}，首先必须满足的条件是两个平台为在线商家提供的差异性要小于消费者对在线商家的吸引力；在此前提下，只有当消费者对在线商家的吸引力、质量诚信管控对消费者的边际收益大于某一阈值或者质量诚信管控对在线商家的边际成本小于某一阈值时，网购平台才会选择令消费者最满意的质量诚信管控水平；随着网购平台之间对消费者资源竞争程度的增加、对在线商家资源竞争程度的增加，网购平台选择令消费者满意的质量诚信管控水平的可能性就越大。

当 $w_1=w_2=\dfrac{2(t_bt_s-\alpha\beta)}{t_b-\beta}$，$q_1=q_2$ 时，网购平台的利润为 $u_{ri}=\dfrac{1}{2}\times\dfrac{t_bt_s-\alpha\beta}{t_b-\beta}$，容易求得 $\dfrac{\mathrm{d}u_{ri}}{\mathrm{d}t_b}=\dfrac{t_b}{2(t_b-\beta)}>0$，当 $t_s<\alpha$ 时，$\dfrac{\mathrm{d}u_{ri}}{\mathrm{d}t_b}=\dfrac{(\alpha-t_s)\beta}{2(t_b-\beta)^2}>0$，当 $t_s>\alpha$ 时，$\dfrac{\mathrm{d}u_{ri}}{\mathrm{d}t_b}=\dfrac{(\alpha-t_s)\beta}{2(t_b-\beta)^2}<0$。这说明对网购平台来说，希望增加平台之间相对于在线商家的差异性（或垄断性）t_s；当这一差异性 t_s 较大时，网购平台希望增加争夺消费者的竞争，当这一差异 t_s 较小时，网购平台希望减少争夺消费者的竞争。

此时整个网购市场的社会福利为 $\Pi=\dfrac{(\alpha+\beta)t_b-3\alpha\beta+2t_bt_s-\beta^2}{2(t_b-\beta)}+q_i(\lambda-\rho)$，此时 $\dfrac{\mathrm{d}\Pi}{\mathrm{d}t_b}=\dfrac{(\alpha-t_b)\beta}{(t_b-\beta)^2}$；$\dfrac{\mathrm{d}\Pi}{\mathrm{d}t_s}=\dfrac{t_b}{t_b-\beta}$，容易看出为了最大化社会福利的 t_s 与 t_b 与最大化平台利益的 t_s 与 t_b 在增减方向上正好一致。

显然，增大 t_s 直到 $t_s>\alpha$ 时，减小 t_b 符合网购平台利益，但此时网购平台的质量诚信管控水平必为 $q_i=q_{min}$，不符合消费者利益；控制在 $t_s<\alpha$ 范围内，增大 t_s、增大 t_b 符合网购平台利益，但降低了 $q_i=q_{max}$ 的可能性，

因此对于消费者和网购平台利益需要平衡考虑。为了兼顾双方利益，可行的方法是 $t_s < \alpha$ 范围内，减小 t_s 的同时增加 t_b；或者在这一范围内，增加 t_s 的同时减小 t_b；或者在这一范围内，同时控制 t_s 和 t_b。

（2）考虑质量诚信管控成本的情况

此时消费者在网购平台 i 处的规模如式（5–1–2），在线商家的规模如式（5–1–11）所示，网购平台的利润函数目标为：

$$\max_{p_i,\ q_i} u_{ri}=n_{bi}w_i-kq_i^2 \tag{5-1-14}$$

容易求解得到：

$$w_1=w_2=\frac{2(t_bt_s-\alpha\beta)}{t_b-\beta} \tag{5-1-15}$$

$$q_1=q_2=\frac{1}{4k}\times\frac{\alpha\lambda+\beta\rho-\rho t_b-\lambda t_s}{t_b-\beta} \tag{5-1-16}$$

为使模型有意义，需要满足 $\alpha\lambda+\beta\rho-\rho t_b-\lambda t_s>0$，由式（5–1–16）容易计算 $\frac{dq_i}{dk}=-\frac{\alpha\lambda+\beta\rho-\rho t_b-\lambda t_s}{4k^2(t_b-\beta)}<0$，$\frac{dq_i}{d\alpha}=\frac{\lambda}{4k(t_b-\beta)}>0$，$\frac{dq_i}{d\lambda}=\frac{\alpha}{4k(t_b-\beta)}>0$，$\frac{dq_i}{d\rho}=-\frac{1}{4k}<0$，$\frac{dq_i}{dt_s}=-\frac{\lambda}{4k(t_b-\beta)}<0$，$\frac{dq_i}{dt_b}=-\frac{\lambda(\alpha-t_s)}{4k(t_b-\beta)^2}$，进而有结论 5–1–5 成立。

结论 5–1–5：在平台向商家只征收交易费的情况下，考虑网购平台的质量诚信管控成本时，网购平台的质量诚信管控水平随着质量诚信管控成本系数 k 的减小而增加，随着消费者的外部性 α 的增加而增加，随着质量诚信管控对消费者的边际效应 λ 的增加而增加，随着质量诚信管控对在线商家的边际效应 ρ 的减小而增加；随着网购平台之间对在线商家资源竞争程度的增加（t_s 的减少）而增加；当网购平台对在线商家提供的差异性 t_s 小于消费者的外部性 α 时，网购平台的质量诚信管控水平随着对消费者资源竞争程度的增加（t_b 的减少）而增加，否则随着对消费者资源竞争程度的减少而增加。

将式（3–1–15）、式（3–1–16）代入网购平台的利润函数，得到

$u_{ri}=\frac{1}{2}\times\frac{t_bt_s-\alpha\beta}{t_b-\beta}-\frac{(\alpha\lambda+\beta\rho-\rho t_b-\lambda t_s)^2}{16k(t_b-\beta)^2}$；容易计算 $\frac{\mathrm{d}u_{ri}}{\mathrm{d}t_s}=\frac{\lambda(\alpha\lambda+\beta\rho-\rho t_b-\lambda t_s)+4kt_b(t_b-\beta)}{8k(t_b-\beta)^2}>0$；令 $\frac{\mathrm{d}u_{ri}}{\mathrm{d}t_s}=\frac{(t_b-\beta)[\lambda(\alpha\lambda+\beta\rho-\rho t_b-\lambda t_s)+4kt_b(t_b-\beta)]}{8k(t_b-\beta)^3}=0$，进而得到 $t_b=\frac{\lambda^2(t_b-\alpha)}{4\beta k-\rho\lambda}$，即当 $k>\frac{\rho\lambda}{4\beta}$ 时 $\frac{\mathrm{d}t_b}{\mathrm{d}t_s}>0$，$k<\frac{\rho\lambda}{4\beta}$ 时 $\frac{\mathrm{d}t_b}{\mathrm{d}t_s}<0$。这说明对于网购平台来说，希望降低对在线商家资源的竞争；当质量诚信管控成本较大时，理想的对消费者资源的竞争随对在线商家竞争的减小而减小，反之随着对在线商家竞争的减小而增大。

显然，当 $k>\frac{\rho\lambda}{4\beta}$ 时，网购平台与在线消费者的利益存在对立性；当 $k<\frac{\rho\lambda}{4\beta}$ 时，可以考虑减小网购平台对在线商家资源的竞争（增大 t_s）、增大网购平台对消费者资源的竞争（减小 t_b）来平衡双方的利益。

此时对应的整个网购市场的社会福利为 $\Pi=\frac{\rho(\rho-2\lambda)+4k(\beta-\alpha)}{8k}+\frac{(\alpha+t_s)+(\lambda^2+4kt_b)}{4k(t_b+\beta)}-\frac{\lambda^2(\alpha-t_s)^2}{8k(t_b+\beta)^2}$，令 $\frac{\mathrm{d}\Pi}{\mathrm{d}t_b}=\frac{(\alpha-t_s)[\lambda^2(\alpha+\beta-t_b-t_s)-4\beta k(t_b-\beta)]}{4k(t_b-\beta)^3}=0$、$\frac{\mathrm{d}\Pi}{\mathrm{d}t_s}=\frac{2\lambda^2(\alpha+\beta-t_b-t_s)--8\beta t_b(t_b-\beta)]}{8k(t_b-\beta)^2}$ 进而得到 $t_b=\beta$、$t_s=\alpha$。考虑到前面假定 $t_b>\beta$，并要求 $t_s<\alpha$，可见对于整个网购市场的社会福利来说，为了兼顾各方利益，网购平台合理的对消费者的竞争程度是增加至 $t_b=\beta$，合理的对在线商家的竞争程度是减小至 $t_s=\alpha$。

综上分析，在网购平台只向在线商家征收交易费的情况下，对于网购市场的终极管控者（政府）来说，当网购平台的质量诚信管控成本较高时，应该将网购平台对在线商家资源的竞争和对消费者资源的竞争控制在一定范围内，来兼顾网购市场产品质量和网购平台利益；当网购平台的质量诚信管控成本较低时，可以考虑在一定范围内降低网购平台对在线商家资源的竞争，在此基础上增加网购平台对消费者资源的竞争；对于整个网购市场来说，当网购平台之间对消费者资源的竞争程度 t_b 与在线商家的外部性 β 相同时、对在线商家资源的竞争程度 t_s 与消费者的外部性 α 相同时，整个网购市场的社会福利最大。

5.1.4　基于两步费的网购平台质量诚信管控

（1）不考虑质量诚信管控成本的情况

假定网购平台首先向在线商家征收注册费，然后在交易过程中再征收交易费，此时 $F_i=p_i+n_{bi}w_i$。消费者在网购平台 i 处的规模与式（5-1-2）相同，在线商家的规模如式（5-1-17）所示。

$$n_{s1}=\frac{1}{2}+\frac{\alpha\ (2n_{b1}-1)-\rho\ (q_1-q_2)-[n_{b1}\ (w_1-w_2)-w_2]}{2t_s} \tag{5-1-17}$$

网购平台的最大化利润函数如式（5-1-18）所示。

$$\max_{p_i,\ q_i} u_{ri}=n_{si}p_i+n_{si}n_{bi}w_i \tag{5-1-18}$$

两个平台的纳什均衡满足如下条件

$$\frac{\mathrm{d}u_{ri}}{\mathrm{d}p_i}=\frac{\mathrm{d}u_{ri}}{\mathrm{d}w_i}=\frac{2t_bt_s-2\alpha\beta-(t_b-\beta)\ w_1-2p_it_b}{8\ (t_bt_s-\alpha\beta+bw_i)}=0 \tag{5-1-19}$$

$$\frac{\mathrm{d}u_{ri}}{\mathrm{d}q_i}=\frac{2p_i\lambda\ (\alpha-w_{1i})+(\alpha\lambda+\lambda t_s-\beta\rho)\ w_i-t_bt_s-(2p_i+w_i)\rho t_b-\lambda w_i^2}{4\ (t_bt_s-\alpha\beta+bw_i)}=0 \tag{5-1-20}$$

从式（5-1-19）可以看出 w_i 和 p_i 是相互依存的，满足关系式 $w_i=\frac{2\ (t_bt_s-\alpha\beta-p_it_b)}{t_b-\beta}$，不可能求出独立的 w_i 和 p_i，将这一关系式代入式（5-1-20）可得 $\frac{\mathrm{d}u_{r1}}{\mathrm{d}q_i}=\frac{\lambda\ (\alpha+p_i-p_it_b)-\rho\ (t_b-\beta)}{2(t_b-\beta)}$，由于 $\frac{\mathrm{d}u_{r1}}{\mathrm{d}q_i}$ 不含有 q_i，因此要么 $\frac{\mathrm{d}u_{r1}}{\mathrm{d}q_i}>0$ 时，$q_i=q_{\max}$，要么 $\frac{\mathrm{d}u_{r1}}{\mathrm{d}q_i}<0$ 时，$q_i=q_{\min}$。容易看出若 $t_s>\alpha+p_i$，即两个平台为在线商家提供服务的差异性（或称垄断性）大于消费

者的外部性 α 与注册费 p_i 之和时，对于∀ λ、ρ，网购平台质量诚信管控水平都选择 $q_{\min}$。

令 $\alpha^{H3}=\dfrac{\rho}{\lambda}(t_b-\beta)+t_s+p_i$，$\lambda^{H3}=\dfrac{\rho(t_b-\beta)}{\alpha-(t_b-p_i)}$，$\rho^{L3}=\dfrac{\lambda(\alpha+p_i-t_s)}{t_b-\beta}$，与5.1.2节类似得到网购平台质量诚信管控水平选择 $q_{\max}$ 的条件如式(5-1-21)所示。

$$\alpha>\alpha^{H3}\Longleftrightarrow\alpha>t_s-p_i\text{ 且 }\lambda>\lambda^{H3}\Longleftrightarrow\alpha>t_s-p_i\text{ 且 }\rho<\rho^{L3}\quad(5\text{–}1\text{–}21)$$

另外，类似5.1.2节此时同样满足 $\dfrac{d\alpha^{H3}}{dt_b}>0$，$\dfrac{d\lambda^{H3}}{dt_b}>0$，$\dfrac{d\rho^{L3}}{dt_b}<0$，$\dfrac{d\alpha^{H3}}{dt_s}>0$，$\dfrac{d\lambda^{H3}}{dt_s}>0$，$\dfrac{d\rho^{L3}}{dt_s}<0$，因此可以得到与结论5–1–4相同的结论。与5.1.2节所不同的是，随着 p_i 的增加，相应的阈值 α^{H3} 和 λ^{H3} 将会减小、ρ^{L3} 将会增加，即随着 p_i 的增加，网购平台质量诚信管控水平选择 $q_{\max}$ 的条件式（5–1–21）更加容易满足，进而有结论5–1–6成立。

结论5–1–6：在不考虑质量诚信管控成本的情况下，当网购平台向在线商家征收两步费时，随着注册费的增加（进而交易费减少），网购平台选择令消费者最满意的质量诚信管控水平 $q_{\max}$ 的可能性越大。

结论3–1–6在一定程度上也说明当年“淘宝网提高入驻门槛引发小商家不满”这一事件中，淘宝网提升保证金、注册费对提高整个网购市场的质量诚信水平有一定的合理性。

将 $w_i=\dfrac{2(t_bt_s-\alpha\beta-p_it_b)}{t_b-\beta}$ 代入网购平台的利润函数，可得 $u_{ri}=\dfrac{1}{2}\times\dfrac{t_bt_s-\alpha\beta-p_it_b}{t_b-\beta}$，并满足 $\dfrac{du_{ri}}{dt_b}=\dfrac{(\alpha+p_1-t_s)\beta}{2(t_b-\beta)^2}$，$\dfrac{du_{ri}}{dt_s}=\dfrac{t_b}{2(t_b-\beta)}$，将 w_i 代入整个网购市场的社会福利函数，得到 $\Pi=\dfrac{(\alpha+\beta)t_b-3\alpha\beta+2t_bt_s-\beta^2-2p_1t_b}{2(t_b-\beta)}+q_i(\lambda-\rho)$，并满足 $\dfrac{d\Pi}{dt_b}=\dfrac{\beta(\alpha+p_1-t_s)}{(t_b-\beta)^2}$，$\dfrac{d\Pi}{dt_b}=\dfrac{t_b}{t_b-\beta}>0$，容易看出这与5.1.2节中网购平台的利润函数以及网购市场福利函数具有类似的性质。

（2）考虑质量诚信管控成本的情况

消费者在网购平台 i 处的规模如式（5–1–2），在线商家的规模如式（5–1–17），网购平台的利润函数目标为：

$$\max_{p_i,\ q_i} u_{ri}=n_{si}p_i+n_{si}n_{bi}w_i-kq_i^2 \quad (5\text{–}1\text{–}22)$$

容易求解得到：

$$w_1=w_2=\frac{2(t_bt_s-\alpha\beta-p_it_b)}{t_b-\beta} \quad (5\text{–}1\text{–}23)$$

$$q_1=q_2=\frac{1}{4k}\times\frac{\alpha\lambda+\beta\rho+\lambda p_1-\rho t_b-\lambda t_s}{t_b-\beta} \quad (5\text{–}1\text{–}24)$$

由式（5–1–21）容易计算 $\frac{\mathrm{d}q_i}{\mathrm{d}k}=-\frac{\alpha\lambda+\beta\rho+\lambda p_1-\rho t_b-\lambda t_s}{4k^2(t_b-\beta)}<0$，$\frac{\mathrm{d}q_i}{\mathrm{d}\alpha}=\frac{\lambda}{4k(t_b-\beta)}>0$，$\frac{\mathrm{d}q_i}{\mathrm{d}\lambda}=\frac{\alpha+p_1}{4k(t_b-\beta)}>0$，$\frac{\mathrm{d}q_i}{\mathrm{d}\rho}=-\frac{1}{4k}<0$，$\frac{\mathrm{d}q_i}{\mathrm{d}p_i}=\frac{\lambda}{4k(t_b-\beta)}>0$，$\frac{\mathrm{d}q_i}{\mathrm{d}t_b}=-\frac{\lambda(\alpha+p_1-t_s)}{4k(t_b-\beta)^2}$，$\frac{\mathrm{d}q_i}{\mathrm{d}t_s}=-\frac{\lambda}{4k(t_b-\beta)}<0$，因而除了可以得到如结论 5–1–5 相似的结论外，还可以得到结论 5–1–7。

结论 5–1–7：如果采用两步收费方式，当质量诚信管控增加网购平台成本时，网购平台的质量诚信管控水平随着注册费用的增加而增加，随着对在线商家资源竞争程度的增加而增加；当对在线商家提供的差异性 t_s 小于消费者的外部性 α 与注册费 p 之和时，网购平台的质量诚信管控水平随着网购平台之间对消费者资源竞争程度的增加（t_b 的减少）而增加，否则随着对消费者资源竞争程度的减小而增加。

将式（5–1–23）、式（5–1–24）代入网购平台的利润函数，得到 $u_{ri}=\frac{1}{2}\times\frac{t_bt_s-\alpha\beta-p_1\beta}{t_b-\beta}-\frac{(\alpha\lambda+\beta\rho+p_1-\rho t_b-\lambda t_s)^2}{16k(t_b-\beta)^2}$。

通过计算可知：

$$\frac{\mathrm{d}u_{ri}}{\mathrm{d}t_s}=\frac{\lambda(\alpha\lambda+\beta\rho+\lambda p_1-\rho t_b-\lambda t_s)+4kt_b(t_b-\beta)}{8k(t_b-\beta)^2}>0,$$

令 $\frac{\mathrm{d}u_{ri}}{\mathrm{d}t_s}=\frac{\lambda(\alpha\lambda+p_1+t_s)[\lambda(\alpha\lambda+\beta\rho+\lambda p_1-\rho t_b-\lambda t_s)+4k\beta(t_b-\beta)]}{8k(t_b-\beta)^3}$

$=0$，则 $t_b=\beta+\frac{\lambda^2(\alpha\lambda+p_1+t_s)}{(\lambda\rho-4k\beta)}$，这与 5.1.2 节的情况类似。

对于整个网购市场的社会福利函数 Π 来说，

令 $\frac{\mathrm{d}\Pi}{\mathrm{d}t_b}=\frac{(\alpha+p_1+t_s)[\lambda^2(\alpha+\beta+p_1-t_b-t_s)+4\beta k(t_b-\beta)]}{4k(t_b-\beta)^3}=0$

$$\frac{\mathrm{d}\Pi}{\mathrm{d}t_b}=\frac{2\lambda^2(\alpha+\beta+p_1-t_b-t_s)+8\beta k(t_b-\beta)}{8k(t_b-\beta)^3}=0$$

可以得到 $t_b=\beta$，$t_s=\alpha+p_i$。即对于整个网购市场来说，为了兼顾各方利益，网购平台合理的对消费者的竞争程度是增加至 $t_b=\beta$，合理的对在线商家的竞争程度是减小至 $t_s=\alpha+p_i$。

综上分析，在网购平台向在线商家征收两步费的情况下，对于网购市场的终极管控者（政府）来说，应该鼓励网购平台增加对在线商家征收的注册费，以此来提高整个网购市场的产品质量水平；对于整个网购市场来说，当网购平台之间对消费者资源的竞争程度 t_b 与在线商家的外部性 β 相同、对在线商家资源的竞争程度 t_s 与消费者的外部性 α 及在线商家的注册费 p 之和相同时，整个网购市场的社会福利最大。

从保证网购产品质量或增加整个网购市场社会福利这一角度出发，在只向商家征收交易费的情况下，网购平台在争夺在线商家资源时合理的垄断性 $t_s=\alpha$，而两步制收费模式下，网购平台在争夺在线商家资源时合理的垄断性 $t_s=\alpha+p_i$，因此相比而言，两步费收费模式下所允许的网购平台在争夺在线商家资源时的垄断性更大一些，即第一步的注册费对在线商家来说有“绑定”的作用。

由于 $w_i=\frac{2(t_bt_s-\alpha\beta-p_it_b)}{t_b-\beta}$，随着注册费的增加，交易费将逐渐降低，此时两步制收费将接近于只征收注册费的情况，此时网购平台对在线商家资源的竞争度对提高质量诚信管控水平的作用就越小。

5.1.5　结果与启示

本研究的主要结论是在网购平台的三种收费方式下，无论质量诚信管控是否会增加网购平台的成本，作为面临双边市场的经济主体，网购平台都不必然选择令消费者满意的质量诚信管控水平，而平台之间围绕在线商家、在线消费者资源的竞争会促进网购平台提高质量诚信管控水平，具体来说主要有如下结论。

（1）当网购平台只向在线商家征收注册费时，增加网购平台之间对消费者资源的竞争会提高网购平台的质量诚信管控水平，但不利于提高网购平台的利润；而降低网购平台之间对在线商家资源的竞争提高了网购平台的利润，但不影响网购平台的质量诚信管控水平。

（2）当网购平台只向在线商家征收交易费或征收两步费时，增加网购平台对消费者资源和对在线商家资源的竞争均会提高网购平台的质量诚信管控水平，但也都不利于提高网购平台的利润。

（3）为使整个网购市场的社会福利最大，在只征收交易费时，网购平台对消费者资源的理想竞争度应满足使平台间的差异性 t_b 接近于在线商家的外部性 β，网购平台对在线商家资源的理想竞争度应满足使平台之间的差异性 t_s 接近于消费者的外部性 α；在征收两步费时理想的网购平台对消费者资源的竞争应满足使平台间的差异性 t_b 接近于在线商家的外部性 β，理想的网购平台对在线商家资源的竞争应满足使平台之间的差异性 t_s 接近于消费者的外部性 α 与注册费 p 之和。

（4）当网购平台向在线商家征收两步费时，增加注册费 p 会提高网购平台的质量诚信管控水平，也会降低使整个网购市场福利最大化时网购平台围绕在线商家资源的竞争程度。

（5）除此之外还得到：在三种收费模式中，网购平台的质量诚信管控成本的降低、消费者外部性的增加、质量诚信管控对消费者的正边际效应的增加、质量诚信管控对在线商家负边际效应的减少都会使得网购平台提高质量诚信管控水平。

根据以上结论，为了提高整个网购市场的产品质量水平，并增加整个网购市场的社会福利，作为网购市场终极管理者的政府决策部门来说，可以从如下几方面制定相关政策。

（1）允许网购平台适当提高对在线商家的注册费，一方面促使网购平台提高质量诚信管控水平，另一方面也增加了在线商家的违规成本。

（2）保证网购平台之间对消费者和对在线商家具有一定竞争度，限制网购平台对双边市场的垄断；但相比较而言，对于网购平台之间围绕消费者的竞争要严格保证，使得消费者拥有最大的自主性用脚投票，对于网购平台之间围绕在线商家的竞争可以适当放宽，即允许网购平台对在线商家资源具有一定的垄断性，如网购平台建立专业性、细分型的网站或者为在线商家提供创新服务。

（3）促使网购平台保持第三方中立地位，约束网购平台出台一些“霸王式”“限制式”的条款来造成平台之间人为的垄断性，尽可能使网购平台之间围绕消费者的竞争由在网站所注册的在线商家的吸引力（外部性）所自然决定，尽可能使网购平台之间围绕在线商家的竞争由该网站消费者群的吸引力（外部性）与注册费所自然决定。

（4）研发或开发新型的质量诚信管控、质量检测技术或方法，降低网购平台的质量诚信管控成本和质量检测对在线商家的负效应。

（5）严厉打击假冒伪劣商品的线下制造和线上销售，从而降低质量诚信管控对在线商家的负效应。

5.2 广告盈利模式下网购平台间的质量监控决策

网购平台盈利模式除了收取在线商家的注册费、交易费之外，广告收入在其收入中占有很大的比例。广告收入的角度，在线广告商（也是在线商家，这里只考虑商家播放广告的功能，不考虑提供商品的功能）和消费者也构成了网购平台的双边市场，因此广告商和消费者同样存在交叉网络外部性。所不同的是消费者数量越大，网购平台的媒体价值越高，在线广告商越倾向投放更多的广告；但广告商投放的广告越多，消费者的厌烦程度越大，消费者的数量就会变少。

现有关于双边市场的研究，通常假定双边用户之间存在正的交叉网络外部性，对于双边用户之间存在负的交叉网络外部性的研究较少；另外现有关于平台企业间竞争的研究通常假定两个平台企业规模相同，没有考虑因为规模而带来的消费者的偏好的不同，对于网购平台而言，偏好大型网购平台的消费者要超过偏好小型网购平台的消费者，因此两个网购平台的竞争策略会因为消费者的偏好而有所不同。

广告收入是网购平台的重要利润来源，但是播放广告会降低消费者效用，为了获取更多的广告收益，网购平台必须在其他方面增加消费者收益来吸引消费者，例如为消费者提供物美价廉的商品，因此网购平台可以通过产品质量诚信管控来吸引消费者，增加消费者规模，进而获取广告收入。

本节假定网购市场上存在两个规模不同的网购平台，网购平台的双边用户为广告商和消费者，网购平台的决策变量为质量诚信管控水平，然后分析平台间的竞争对质量诚信管控水平的影响。

5.2.1　基本模型描述

模型的基本假设如下：在某网购市场中，有两个相互竞争的网购平台企业，一个大型网购平台 h 和一个小型网购平台 s。两个网购平台分别为在线消费者提供网购市场环境，并承担部分网购产品质量监控的任务，同时为在线商家提供广告席位。网购平台的收入来源有多种，这里仅仅考虑广告收入，网购平台进行质量监控需要付出监控成本，因此其监控力度的大小会受广告收入和质量监控成本影响。

假定两个网购平台进行如下两阶段博弈：第一阶段，两个网购平台确定各自的质量监控力度、广告席位空间。第二阶段，在线商家决定在不同网购平台投放广告量的多少；同时在线消费者决定在哪个网购平台购物，进而决定了在线消费者群体在每个网购平台的规模。

下面采用逆序归纳法从在线消费者市场和在线商家市场开始分析，逐步推导各个网购平台企业的质量监控决策。

（1）在线消费者市场

借鉴豪泰林模型对在线消费者市场进行分析，假定在线消费者连续分布在一个单位区间内，即认为在线消费者的偏好 θ 连续分布在 [0，1] 区间，两个网购平台企业分别位于该区间的起点和终点。一般而言，在线消费者的偏好并不均匀，大型网购平台相对于小型网购平台来说会获得更多在线消费者的青睐，因此假定大型网购平台的需求高于小型网购平台，便于数学处理，用线性分布函数对其进行处理，假定 θ 的概率密度函数如下：

$$f(x)=\begin{cases}2\theta & 0\leqslant\theta\leqslant 1\\ 0 & \text{其他}\end{cases} \tag{5-2-1}$$

在线消费者的效用函数为 $U=v-cy+q-r\theta$，其中 v 表示在线消费者网购时的固有效应，假定固有效应足够大使得在线消费者市场被完全覆盖；$c\geqslant 0$ 表示在线消费者对网络广告的厌烦度，y 表示网络广告的数量；q 表示网购平台对在线商家商品的质量监控力度；r（0，1）表示两个网购平台的差异化程度，r 越大表明差异化程度越高。偏好为 θ 的在线消费者选择小型网购平台获得的效用为 $U_s=v-c\times y_s+q_s-r\times\theta$，选择大型网购平台获得的效用为 $U_H=v-c\times y_h+q_h-r(1-\theta)$。令区间 [0，1] 中的 $\hat{\theta}$ 使得在线消费者在两个网购平台购物获得的效用无差异，由 $v-c\times y_s+q_s-r\times\theta=v-c\times y_h+q_h-r(1-\theta)$ 可得效用无差异点如式（5-2-2）所示。

$$\hat{\theta}=\frac{c(y_h+y_s)-q_h+q_s+r}{2r} \tag{5-2-2}$$

根据豪泰林模型基本假设，如果不存在市场独占的情况，模型必须满足条件：$|c\times yh-qh-c\times ys+qs|\leqslant r$，因此有 $0\leqslant\hat{\theta}\leqslant 1$。在线消费者群体空间中，位于 $\hat{\theta}$ 左侧的在线消费者到小型网购平台购物，位于 $\hat{\theta}$ 右侧的在线消费者到大型网购平台购物，将整个网购市场的在线消费者群体归一化，则小型网购平台的在线消费者数量为：

$$X_s=F(\hat{\theta})=\int_0^{\hat{\theta}} 2\theta\,\mathrm{d}\theta=\hat{\theta}^2 \quad (5\text{-}2\text{-}3)$$

大型网购平台的在线消费者数量为：

$$X_h=1-\hat{\theta}^2 \quad (5\text{-}2\text{-}4)$$

根据式（5-2-2）（5-2-3）（5-2-4）容易计算 $\delta X_h/\delta q_h=-\delta X_s/\delta q_h=\hat{\theta}/r>0$，$\delta X_s/\delta q_s=-\delta X_h/\delta q_s=\hat{\theta}/r>0$，因此有推论 5-2-1 成立。

推论 5-2-1：大型网购平台的质量监控力度越大，其消费者的数量越多，更多的消费者选择大型网购平台购物，反之亦然。

同理可知 $\delta X_h/\delta y_h=-\delta X_s/\delta y_h=-c\hat{\theta}/r<0$，$\delta X_h/\delta y_s=-\delta X_s/\delta y_s=-c\hat{\theta}/r>0$，因此有推论 5-2-2 成立。

推论 5-2-2：大型网购平台放置的广告数量越多，对消费者的吸引力下降，更多的消费者到小型网购平台购物，反之亦然。

以上两条推论表明，消费者的网购效用受网购平台质量监控力度和网络广告数量两个因素影响。质量监控力度越大，对消费者的吸引力就越高；网络广告越多，消费者越容易产生厌烦情绪。

（2）在线商家广告市场

在线商家分别在小型网购平台 s 和大型网购平台 h 投放网络广告，所投放的网络广告使得消费者对广告的产品产生一定印象，甚至产生更大的关注或者兴趣，从而增加该产品的购买率。这里采用 Godes 等人的广告商收益模型（5-2-5）。

$$A(y)=\sum_{i=1}^{n} wy_i-\frac{1}{2}\left(\sum_{i=1}^{N} y_i^2+2h\sum_{i\neq j} y_iy_j\right) \quad (5\text{-}2\text{-}5)$$

其中 $A(y)$ 代表该在线商家在不同网购平台投放广告获得的单位消费者收益；w 代表单位广告增加消费者购买的效果，假定 $w>c$，即广告的正向效果大于负向效果；y_i 代表在线商家在各网购平台投放的广告数量，负的 y_i^2 和负的交叉项 y_iy_j 反映同一网购平台广告量的增加或者不同网购平台广告量的增加都会造成广告边际收益递减。

令 ρ [0，1] 代表不同网购平台播放广告的替代程度，特别地，若

$\rho=0$，对在线商家而言在不同网购平台放置广告的效果差异很大，不能相互替代，若 $\rho=1$，则在不同网购平台放置广告的效果几乎无差异。

假定网购市场中有 m 个对称的在线商家需要投放网络广告，在线商家 k 在小型网购平台放置的网络广告数量为 y_{sk}，在大型网购平台放置的网络广告数量为 y_{hk}。在线商家 k 在网购平台放置网络广告，需要向网购平台支付一定的广告费用，假设在线商家向小型网购平台支付的广告价格为 p_s，向大型网购平台支付的广告价格为 p_h，在线商家放置广告的收益为：

$$\Pi_k=w(y_{sk}-y_{hk})-\frac{1}{2}(y^2_{sk}-y^2_{hk}+2\rho y_{sk}y_{hk})-y_{sk}p_s-y_{sk}p_h \tag{5-2-6}$$

在这一阶段，每个在线商家确定在各网购平台投放的网络广告数量使得 Π_k 最大化，令 $\delta\Pi_k/\delta y_{sk}=w-y_{sk}-\rho y_{sk}-p_s=0$ 和 $\delta\Pi_k/\delta y_{hk}=w-y_{hk}-\rho y_{sk}-p_h=0$ 对任意 $k=1,\cdots,m$ 均成立，因此当 $y_{sk}=y_s/m$ 且 $y_{nk}=y_h/m$ 时存在唯一的均衡点，此时在线商家在小型网购平台和大型网购平台投放网络广告的反需求函数分别如式（5-2-7）所示。

$$\begin{cases} p_s=w-\dfrac{y_s}{m}-\rho\dfrac{y_h}{m} \\ p_h=w-\dfrac{y_h}{m}-\rho\dfrac{y_s}{m} \end{cases} \tag{5-2-7}$$

（3）网购平台企业的收益

由于网购平台的收益来自于在线消费者市场和在线商家市场，所以网购平台一方面需要确定质量监控水平，另一方面需要确定向在线商家提供多少数量的广告位。

在消费者市场中，网购平台之间是豪泰林竞争，而在在线商家广告市场中，网购平台之间是古诺竞争，假设网购平台的质量监控力度为 q，消费者规模为 x，令网购平台的成本为 $x\times q$。根据上述假设，网购平台放置广告的数量为 y，在线商家支付的价格为 p，假定每个消费者点击一次广告，则因此网购平台的广告收入为 $p\times y\times x$。由于网购平台的其他成本对均衡没有影响，为简化模型，假设两个网购平台的收益分别如式（5-2-8）所示。

$$\begin{cases}\Pi_s=p_s y_s x_s-x_s q_s \\ \Pi_h=p_h y_h x_h-x_h q_h\end{cases} \tag{5-2-8}$$

对式（5–2–8）两个收益函数分别关于 y_s、q_s 和 y_h、q_h 求导数，令其为零，得到式（5–2–9）和式（5–2–10）所示的两组解。

$$\begin{cases}y^*_s=\dfrac{m(w-c)}{\rho+2} \\ y^*_h=\dfrac{m(w-c)}{\rho+2} \\ q^*_s=\dfrac{m(w-c)(c+w+c\rho)}{(\rho+2)^2}-\dfrac{1+\sqrt{17}}{8}r \\ q^*_h=\dfrac{m(w-c)(c+w+c\rho)}{(\rho+2)^2}-\dfrac{3\sqrt{17}-5}{8}r\end{cases} \tag{5-2-9}$$

为了保证 $0<\hat{\theta}<1$，剔除（5–2–10）对应的解。进而得到结论 5–2–1。

$$\begin{cases}y^*_s=\dfrac{m(w-c)}{\rho+2} \\ y^*_h=\dfrac{m(w-c)}{\rho+2} \\ q^*_s=\dfrac{m(w-c)(c+w+c\rho)}{(\rho+2)^2}-\dfrac{\sqrt{17}-1}{8}r \\ q^*_h=\dfrac{m(w-c)(c+w+c\rho)}{(\rho+2)^2}-\dfrac{3\sqrt{17}+5}{8}r\end{cases} \tag{5-2-10}$$

结论 5–2–1：均衡状态下，两个网购平台提供的广告位相同，均为 $m(w-c)/(\rho+2)$；小型网购平台的质量监控力度要大于大型网购平台的质量监控力度。

将式（5–2–9）代入式（5–2–2），可得两个网购平台企业中，小型网购平台的消费者市场份额为 $x^*_s=(1+\sqrt{17})^2/64$，大型网购平台的市场份额为 $x^*_h=1-(1+\sqrt{17})^2/64$，容易判断 $x^*_h>x^*_s$。

在两个网购平台提供的广告席位相同情形下，若两个网购平台的质量监控力度相同，则 $\hat{\theta}=1/2$，对应小型网购平台的市场份额为 $x'_s=1/4$，大型网购平台的市场份额为 $x'_h=3/4$，通过比较容易得知：$x^*_s > x'_s$，$x^*_h < x'_h$，因而有结论 5–2–2 成立。

结论 5–2–2：均衡状态下，小型网购平台的市场份额小于大型网购平台的市场份额；但小型网购平台的市场份额大于两个网购平台实施相同质量监控力度的对应的市场份额，大型网购平台的市场份额小于两个网购平台实施相同质量监控力度的对应的市场份额。

即相对而言，小型网购平台通过提高质量监控力度提升了市场份额，大型网购平台通过降低质量监控力度减少了市场份额。这是因为当网购平台规模达到一定程度，随着消费者群体的增加，质量监控带来的成本也相应大幅增加，为了减少监控成本，会适当降低监控力度，但仍保持了较大规模的市场份额。这从一定层面说明了并非越是大型网购平台提供的产品质量越高。

将式（5–2–9）代入式（5–2–7）得到在线商家支付给网购平台的每单位点击量费用为：

$$p^*_s=p^*_h=\frac{c+w+c\rho}{\rho+2} \qquad (5\text{–}2\text{–}11)$$

将 p^*_s，p^*_h，x^*_s，x^*_h，y^*_s，y^*_h，q^*_s，q^*_h，代入式（5–2–8）得到网购平台的利润如式（5–2–12）所示。

$$\begin{cases}\Pi^*_s=\dfrac{5\sqrt{17}+13}{128}r \\ \Pi^*_h=\dfrac{37\sqrt{17}+83}{128}r\end{cases} \qquad (5\text{–}2\text{–}12)$$

易知，即大型网购平台的收益小于小型网购平台。

5.2.2 模型参数分析

（1）网购平台之间的差异程度

对式（5–2–9）中的 q^*_s，q^*_h 关于 r 求导数得到：$\delta q^*_s/\delta r=-(1+\sqrt{17})/8<0$；$\delta q^*_h/\delta r=-(3\sqrt{17}-5)/8<0$，即随着网购平台之间服务差异性的降低（相

互之间竞争程度的增加），两个网购平台的质量监控力度均随着增加，进而有结论 5–2–3 成立。

结论 5–2–3：当两个网购平台之间围绕消费者资源的竞争性加剧时，两个网购平台都倾向于提升对在线商家产品质量的监控力度。

另外可得到：$\delta\Pi^*_s/\delta r=(5\sqrt{17}+13)/8>0$，$\delta\Pi^*_h/\delta r=(37\sqrt{17}-83)/8>0$，即当两个网购平台之间的竞争性加剧时，两个网购平台的利润都趋于降低。

由于 p^*_s，p^*_h，y^*_s，y^*_h 中不含有 r，说明两个网购平台之间的竞争对在线商家的广告席位设置以及对在线商家的广告价格没有影响。

（2）网购平台之间广告效果的替代率

对式（5–2–9）中的 q^*_s，q^*_h 关于 ρ 求导数得到：$\delta q^*_s/\delta\rho=\delta q^*_h/\delta\rho=-m(2w+c\rho)(w-c)/(\rho+2)^3<0$，说明随着广告效果替代率 ρ 的增加，网购平台对在线商家产品质量监控力度将降低。由于网购平台面临双边市场环境，网购平台除了为消费者服务也为在线商家服务，其中广告效果就是为商家服务的一个衡量指标。两个网购平台的广告效果替代率越高，说明两个网购平台为在线商家提供服务的差异性越小，围绕在线商家资源的竞争越激烈，进而得到结论 5–2–4。

结论 5–2–4：当在线商家在两个网购平台播放广告的替代率较高时，网购平台之间为了争夺在线商家资源，会选择较低水平的产品质量监控力度。

另外可以得到：$\delta y^*_s/\delta\rho=\delta y^*_h/\delta\rho<0$，$\delta p^*_s/\delta\rho=\delta p^*_h/\delta\rho=-(w-c)/(\rho+2)^2<0$，即当两个网购平台播放广告的替代率增加时，两个网购平台将减少广告位设置，在线商家也少付单位广告费用。

由于 Π^*_s，Π^*_h 含有 ρ，说明两个网购平台的广告播放替代率不影响它们的最终利益。

（3）投置广告的在线商家数量

对式（5–2–9）中的 q^*_s，q^*_h 关于 m 求导数得到：$\delta q^*_s/\delta m=\delta q^*_h/\delta m>0$，

因此有结论 5–2–5 成立。

结论 5–2–5：随着在网购平台播放网络广告的在线商家数量的增加，网购平台会逐渐增加对在线商家产品的质量监控力度。

结论 5–2–5 说明，在网购平台放置广告的在线商家越多，网购平台为了获得更多广告收入，将会通过增加对在线商家产品的质量监控力度来吸引消费者，进而增加消费者规模、获得更多网络广告的点击量。

但由于Π^*_s，Π^*_h不含有 m，说明 m 的增加不改变网购平台的最终收益，这似乎与上面的推断矛盾，究其原因在于两个网购平台之间的激烈竞争。虽然每个网购平台都希望通过增加消费者规模来获得利润的增加，但由于相互的激烈竞争，消费者规模的分配并没有发生变化，这一点从$\hat{\theta}=[c(y^*_h-y^*_s)-q^*_h+q^*_s+r]/2r=(7-\sqrt{17})/8$ 与 m 无关也可以看出。

另外可知，$\delta y^*_s/m=\delta y^*_h/m>0$，$p^*_s$，$p^*_h$不含有 m，可知随着在网购平台做网络广告的在线商家数量的增加，网购平台将设置更多广告位，但单位点击量的费用不发生改变。

（4）单位广告的刺激效果

对式（5–2–9）中的q^*_s，q^*_h关于 w 求导数得到：$\delta q^*_s/\delta w=\delta q^*_h/\delta w=m(2w+c\rho)/(\rho+2)^2>0$，因此有结论 5–2–6 成立。

结论 5–2–6：随着单位广告刺激消费者购买效果的增加，网购平台会逐渐增加对在线商家产品的质量监控力度。

单位广告刺激消费者购买的效果越好，对应消费者对在线商家的网络交叉外部性越大，即单位消费者对在线商家的吸引力越强。由于网购平台的直接利润来源于在线商家，为了吸引更多在线商家，就需要不断增加消费者规模，而增加消费者规模的一种途径就是提供质量优良的网购产品，因此网购平台此时选择增加对在线商家产品的质量监控力度。

另外可知，$\delta p^*_s/\delta w=\delta p^*_h/\delta w>0$，$\delta y^*_s/\delta w=\delta y^*_h/\delta w>0$，可知随着单位广告效果的增加，网购平台将设置更多广告位，同时在线商家将支付更多的单位点击量的费用。

同样，Π^*_s，Π^*_h 不含有 w，说明 w 的增加不改变网购平台的最终收益。虽然每个网购平台都希望通过增加消费者规模来获得利润的增加，但由于相互的激烈竞争，消费者规模的分配并没有发生变化；虽然网购平台增加了更多广告位，在线商家也支付了更多广告费用，但由于两个网购平台间的竞争大大提升了质量监控力度，大大增加了质量监控成本，抵消了相应收益。

(5) 消费者对广告的厌烦程度

对式（5–2–9）中的 q^*_s，q^*_h 关于 c 求导数得到：$\delta q^*_s/\delta c=\delta q^*_h/\delta c=m[hw-2c(\rho+2)^2]$。当 $c<\rho w/(2+2\rho)$ 时，$\delta q^*_s/\delta c=\delta q^*_h/\delta c>0$；反之 $\delta q^*_s/\delta c=\delta q^*_h/\delta c<0$，因此有结论 5–2–7 成立。

结论 5–2–7：当消费者对网络广告的厌烦程度小于某个阈值时，随着消费者对网络广告厌烦程度的增加，网购平台会增加对在线商家产品质量监控；当消费者对网络广告的厌烦程度大于某个阈值时，网购平台会降低对在线商家的产品质量监控。

另外可知，$\delta p^*_s/\delta c=\delta p^*_h/\delta c=(\rho+1)/(\rho+2)>0$，$\delta y^*_s/\delta c=\delta y^*_h/\delta c<0$，即随着消费者对网购广告厌烦程度的增加，网购平台将设置较少的广告位，在线商家将支付更多的广告单位点击量费用。Π^*_s，Π^*_h 不含有 c，说明消费者对广告的厌烦程度不影响网购平台的最终利益。

这说明，当消费者对网络广告的厌烦程度小于某个阈值时，两个网购平台会通过减少广告位，增加对在线商家的质量监控来争相吸引消费者。当消费者对网购广告的厌烦程度大于某个阈值时，网购平台一再减少广告位，但为了自己利益考虑会降低质量监控力度，减少质量监控成本。而在上述过程中，在线商家一直提升单位广告费用，所以保证了网购平台的最终利益没有发生改变。

5.2.3 数值仿真

令相关参数如下：r=0.1：0.1：0.9、ρ=0.1：0.1：0.9、m=10：5：50、

w=10：10：100、c=5：5：50。图 5-2-1—图 5-2-5 显示了两个网购平台在相互竞争时，其对在线商家产品质量监控力度的大小关系以及随着各参数的变化规律。

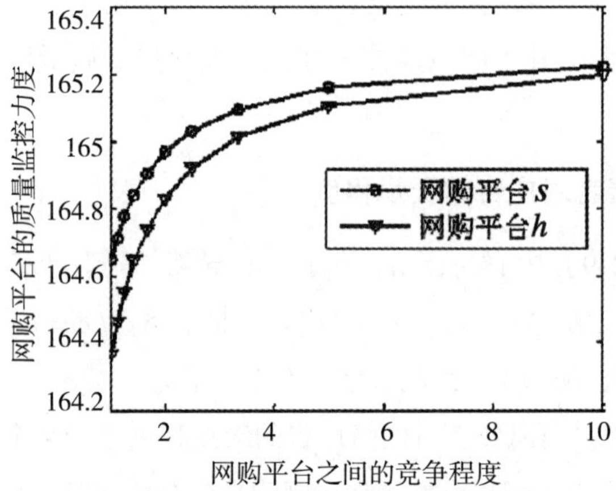

图 5-2-1　参数 1/r 与 q_s、q_h 的关系

从图 5-2-1 可以看出，随着两个网购平台之间竞争程度的加剧（差异性程度 r 的减少），两个网购平台的质量监控力度逐渐增加；在本书的假设前提下小型网购平台的质量监控力度要大于大型网购平台；其质量监控力度的差距随着竞争程度的增加逐渐缩小。

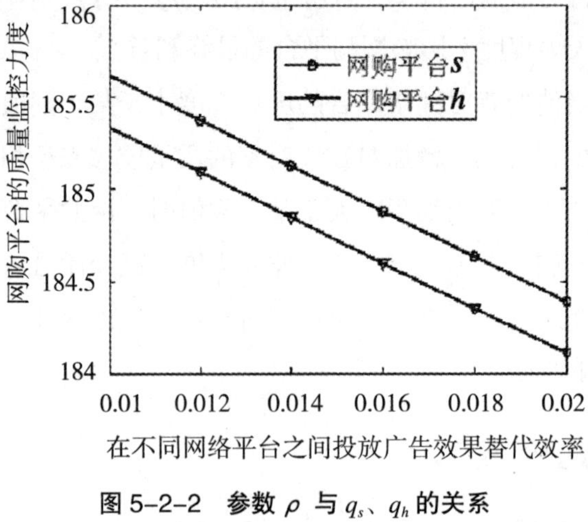

图 5-2-2　参数 ρ 与 q_s、q_h 的关系

图 5-2-2 说明，当在线商家在两个网购平台投放网络广告的效果差异

越小（替代率 ρ 的增加），网购平台为了争夺商家资源，便会降低对在线商家商品的质量诚信监控力度。

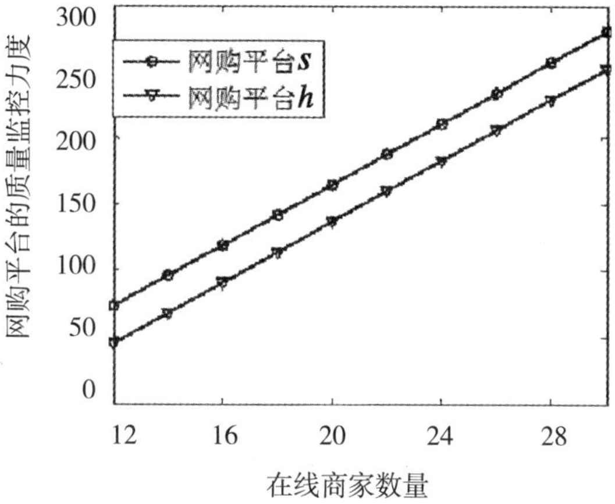

图 5-2-3　参数 m 与 q_s、q_h 的关系

图 5-2-3 和图 5-2-4 说明，随着网购平台中在线商家数量的增加，或随着网络广告效果的增加（单位广告的点击量，增加的消费者购买量），两个网购平台的质量监控力度将逐渐增加。

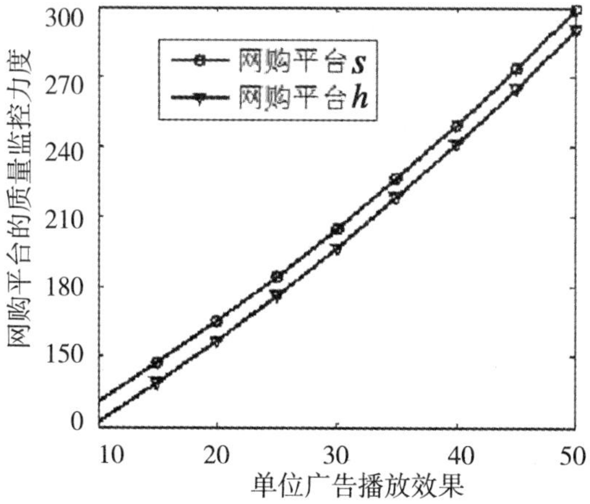

图 5-2-4　参数 w 与 q_s、q_h 的关系

图 5-2-5 说明，随着消费者对网购广告厌烦程度的增加，两个网购平台的质量监控力度将呈现倒 U 形变化趋势。

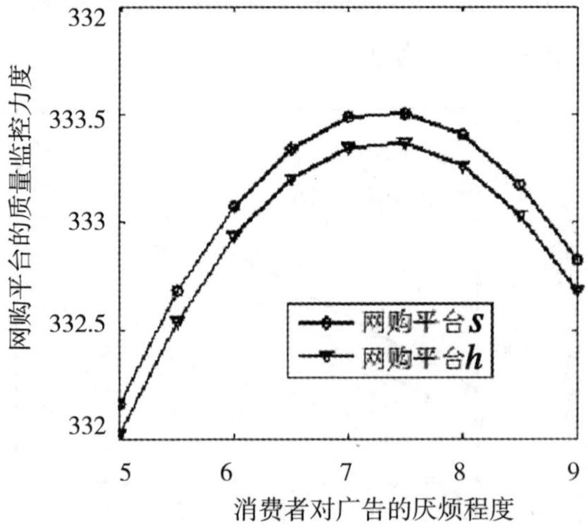

图 5-2-5　参数 c 与 q_s、q_h 的关系

5.2.4　结果与启示

本研究在双边市场理论的框架下，基于如下假设开展研究：网购平台的双边用户为在线消费者和在线商家，在线商家借助网购平台来投置网购广告进而促销商品；广告收入是网购平台的重要利润来源，但是投置网购广告在一定程度上会降低消费者效用，为了获取更多的广告收益，网购平台必须为消费者提供物美价廉的商品，因此网购平台通过增加质量诚信监控力度来增加消费者吸引力，进而赢取更多的广告点击量。

通过建立动态博弈模型，得到了如下结论与启示。

（1）网购平台企业之间的竞争程度会提升网购平台对在线商家的质量诚信监控力度。因此保证某一产品领域内有两个以上的网购平台开展竞争有利于改善网购市场的质量诚信水平，实际当中也容易理解，因为只有对消费者负责的网购平台才能在竞争中胜出。

（2）并非小规模的网购平台的质量监控力度小于大规模网购平台。这是因为小规模网购平台为了提升市场份额，会通过提高质量诚信监控来吸引消费者，而大规模网购平台由于对消费者的吸引力大，同时监控成本高，会适当降低诚信监管力度。因此我们不能完全寄希望于随着网购平台双边用户规模的增加，网购市场的假货问题会逐步改善，而应该积极建立相应的治理体系。

（3）当在两个网购平台投置网络广告的效果越接近时，网购平台为了争夺在线商家资源，会倾向降低质量监控力度；但随着网购平台中在线商家数量的增加，网购平台又会有增加质量监控力度的倾向。

这一点由网购平台所处的双边市场环境所决定，即网购平台会讨好相对稀缺的一边用户资源，因此实际当中虽然要保证网购平台企业之间存在竞争，但又要防止网购平台的过度竞争，防止过度竞争带来的网购平台对在线商家资源的争夺。

（4）网络广告为消费者传递商品信息的同时也为消费者带来烦恼，若网络广告的吸引力占主导作用时，网购平台会增加质量监控力度；若消费者对网购广告的厌烦程度占主导作用时，网购平台的质量监控力度随厌烦程度的增加呈现先增后减的趋势。

（5）网购平台的利益来源于双边市场资源的平衡性增加，在线商家通常希望降低监管力度，而消费者希望增加监管力度，网购平台不可能完全满足任一方愿望，对于消费者来说，如果为了获取高质量的商品，放弃一些非主要利益，在网购平台的双边平衡下会选择提高质量监控水平。

第 6 章　用户不同归属情境下网购平台质量诚信管控

6.1　不同归属情境下网购平台质量诚信管控

与传统市场中的企业相比，双边市场中平台企业之间的竞争更为激烈。由于网购平台之间的竞争会影响平台企业的利润，因此作为平台企业来说，势必会采取相应策略来应对，如采用差异化经营、非重叠业务等。平台之间的差异化经营导致了双边用户的单归属、部分多归属和完全多归属，因此近期关于平台间竞争的研究开始关注双边用户的不同归属情况。本节将网购平台之间的竞争区分为对双边用户的竞争深度和竞争广度，研究双边用户不同归属情形下平台间的竞争深度和竞争广度对其质量诚信管控力度的影响。

6.1.1　基本模型

借鉴 Armstrong（2006）中双边市场中平台竞争的 Hotelling 模型和张凯（2010）关于不同归属情境平台定价的刻画，并在此基础上以定价和质量诚信管控为二元决策变量分析平台间竞争对网购平台决策行为的影响，其中重点考察网购平台的质量诚信管控行为，网购平台作为一种特殊的双边市场平台企业，在现实中其收费方式为对消费者免费、对在线商家收费，模型也考虑了这一具体特征。

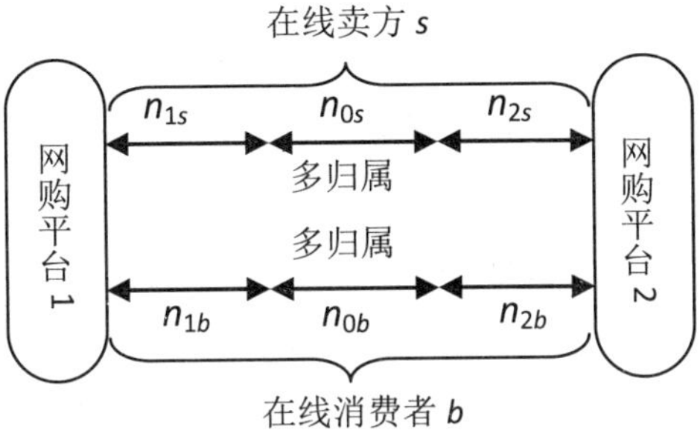

图 6–1–1　网购平台市场结构

基本模型描述如下：假定网购市场上存在两个具有重叠业务的网购平台，记为 r（r=1，2），分别位于一个线性市场 [0，1] 的两端进行 Hotelling 竞争，其中平台 1 位于端点 0 处，而平台 2 位于端点 1 处，每个网购平台都面临在线商家 s 和在线消费者 b 两组用户，两组用户存在网络交叉外部性，进而网购平台处于一个双边市场中。由于假定网购平台具有重叠业务，因此必然会产生双边用户部分或全部的多归属，设双边用户 s 和 b 的多归属情况属于外生变量，整个网购市场的市场结构可以用图 6–1–1 表示。

根据图 6–1–1，令在线消费者和在线商家的用户规模满足关系：$n_{1b}+n_{0b}+n_{2b}=1$，$n_{1s}+n_{0s}+n_{2s}=1$；用 t_k（$k=b$、s）表示两个平台对消费者（b）和在线商家（s）的差异性，可衡量两个网购平台之间的竞争程度；用 $\beta>0$、$\alpha>0$ 分别表示在线商家对消费者和消费者对在线商家的交叉外部性，可以理解为在线商家对消费者的吸引力和消费者对在线商家的吸引力；用 $\lambda>0$、$\rho>0$ 分别表示网购平台的质量诚信管控 q_i 对消费者和在线商家的边际收益和边际成本，并假定 $\lambda>\rho$，一般来说消费者越重视质量则 λ 越大，在线商家的产品质量越高则 ρ 越小；用 p_i 表示网购平台对在线商家征收的注册费，网购平台对消费者免费提供服务；假定 V_b 和 V_s 表示在线消费者和在线商家网购的基本收益，这一数值与在平台 1 和平台 2 处交易无差异。

对于在线消费者群体来说，如果为单归属，根据 Hotelling 模型，则消费者在网购平台 1 和 2 的效用函数为：

$$U_{1b}=V_b-tbx+\lambda q_1+\beta\ (n_{1s}+n_{0s}) \quad (6-1-1)$$

$$U_{2b}=V_b-t_b\ (1-x)+\lambda q_2+\beta\ (n_{2s}+n_{0s}) \quad (6-1-2)$$

如果为多归属，则消费者的效用函数为：

$$U_b=V_b+\lambda q_1+\lambda q_2-t_b+\beta \quad (6-1-3)$$

同理，对于在线商家群体来说，如果为单归属，则在线商家的效用函数为：

$$U_{1s}=V_s-p_1-tsy-\rho q_1+\alpha\ (n_{1b}+n_{0b}) \quad (6-1-4)$$

$$U_{2s}=V_s-p_2-t_s\ (1-y)-\rho q_2+\alpha\ (n_{2b}+n_{0b}) \quad (6-1-5)$$

如果为多归属，则在线商家的效用函数为：

$$U_s=V_s-p_1-p_2-\rho q_1-\rho q_2-t_s+\alpha \quad (6-1-6)$$

在双边用户多归属情境下，网购平台的效用函数（张凯，2010）为

$$\Pi_i=(n_{is}+n_{0s})\times p_i-kq_i^2\ (\text{s.t. } q_i>0) \quad (6-1-7)$$

其中 $k>0$，可以理解为网购平台的质量诚信管控成本系数，用 kq_i^2 表示质量诚信管控成本说明该成本为边际效应递增，约束条件 $q_i>0$ 表示不考虑网购平台与在线商家合谋的情况，同时也防止出现 $q_i<0$，而 $kq_i^2>0$ 的矛盾情况。

上面的各模型中，t_s 和 t_b 代表两个平台为双边用户提供服务的差异性，因此可以用 $\Phi_s=1/t_s$，$\Phi_b=1/t_b$ 代表两个平台围绕双边用户资源的竞争程度；n_{0s} 和 n_{0b} 代表双边用户的多归属部分占总用户规模的比重，显然 n_{0s} 和 n_{0b} 越大，网购平台围绕双边用户资源的竞争范围（此时竞争范围为单归属用户，多归属用户无须竞争）就越小，因此也可以用 $\psi_s=1-n_{0s}$，$\psi_b=1-n_{0b}$ 代表网购平台围绕双边用户的竞争程度。可以看出，虽然两者都代表竞争程度，但其内涵是不同的，借鉴李小玲（2014）所研究的竞争深度和竞争广度的概念，这里称 Φ_s 和 Φ_b 分别为网购平台之间对在线商家用户、对消费者用户的竞争深度，其度量了网购平台为用户提供服务的差异性程度，即 Φ_s 和 Φ_b 越大，说明网购平台对用户（在线商家或消费者）的服务差

异越小，进而竞争的程度越强；称 ψ_s 和 ψ_b 分别为网购平台之间对在线商家用户、对消费者用户的竞争广度，其度量了网购平台争夺用户资源的范围，即 ψ_s 和 ψ_b 越大，网购平台的单归属用户群越多，进而竞争的范围越宽。

下面分析在线消费者和在线商家在不同归属情境下，网购平台间的竞争水平与其选择的质量诚信管控水平的关系。为了使模型分析有意义，下面的分析中令 $\lambda t_s-\beta\rho>0$，$t_bt_s-\alpha\beta>0$，$\alpha\lambda-t_b\rho>0$。

6.1.2　模型分析

（1）买卖双方单归属

假定 $n_{0b}=n_{0s}=0$，双边市场用户在两个平台上都是单归属，双边市场中的每个用户都是两个平台激烈竞争的对象，根据式（6–1–1）和式（6–1–2），令 $U_{1b}=U_{2b}$ 可得到网购平台 i 拥有的在线消费者群体的规模为：

$$n_{ib}=\frac{1}{2}+\frac{\beta(p_j-p_i)+(\lambda t_s-\beta\rho)(q_i-q_j)}{2(t_bt_s-\alpha\beta)} \qquad (6\text{–}1\text{–}8)$$

n_{ib} 的表达式说明消费者加入网购平台 i 处的规模随着网购平台 i 的质量诚信管控水平 q_i 的增大而增大，随着网购平台 j（j=2–i）的质量诚信管控水平 q_j 的增大而减小，说明网购平台可以通过提供高诚信水平的产品来吸引消费者。

类似，根据式（6–1–4）、式（6–1–5），令 $U_{1s}=U_{2s}$ 可得到网购平台 i 拥有的在线商家群体的规模为：

$$n_{is}=\frac{1}{2}+\frac{t_b(p_j-p_i)+(\alpha\lambda-t_b\rho)(q_i-q_j)}{2(t_bt_s-\alpha\beta)} \qquad (6\text{–}1\text{–}9)$$

n_{is} 的表达式说明在线商家加入网购平台 i 处的规模随着网购平台对在线商家征收注册费 p_i 的增大而减小，随着网购平台 j 征收注册费 p_j 的增大而增大，说明网购平台可以通过降低注册费来吸引在线商家。

首先将 $n_{0s}=0$ 和式（6–1–9）代入式（6–1–7），然后令 $\delta\Pi_i/\delta p_i=0$，$\delta\Pi_i/\delta q_i$（i=1，2），通过对四个方程联立求解，得到两个网购平台的纳

什均衡解为：

$$p_1=p_2=t_b-\frac{\alpha\beta}{t_b}；\quad q_1=q_2=\frac{\alpha\lambda-t_b\rho}{4kt_b} \tag{6-1-10}$$

由于 $q_i>0$，所以满足式（6-1-7）的约束条件，将式（6-1-10）代入式（6-1-9）和式（6-1-7）进而得到两个网购平台处的双边市场规模和各自的效用为：

$$n_{1b}=n_{2b}=\frac{1}{2}，\ n_{1s}=n_{2s}=\frac{1}{2}，\ \Pi_1=\Pi_2=\frac{t_bt_s-\alpha\beta}{2t_b}-\frac{(\alpha\lambda-t_b\rho)^2}{16kt_b^2} \tag{6-1-11}$$

对 q_i 求各相关参数的导数，容易得到如式（6-1-12）所示的关系式。

$$\frac{dq_i}{d\alpha}>0，\ \frac{dq_i}{d\lambda}>0，\ \frac{dq_i}{d\rho}<0，\ \frac{dq_i}{dk}<0，\ \frac{dq_i}{d\Phi_b}=-\frac{dq_i}{dt_b}>0 \tag{6-1-12}$$

式（6-1-12）一系列关系式说明当网购市场中买卖双方均为单归属时，网购平台的质量诚信管控水平具有如下性质。

① $dq_i/d\alpha>0$：网购平台的质量诚信管控水平 q_i 与消费者对在线商家的网络外部性 ρ 正相关，即消费者对在线商家的吸引力越大，网购平台为消费者购买产品的质量把关越严格。

② $dq_i/d\lambda>0$：网购平台的质量诚信管控水平 q_i 与产品质量对消费者的边际效应 ρ 正相关，即消费者越在意网购产品的质量，网购平台对产品质量的把关越严格。

③ $dq_i/d\rho<0$：网购平台的质量诚信管控水平 q_i 与产品质量对在线商家的边际成本 ρ 负相关，即在线商家越希望提供低质量成本的产品，网购平台对产品质量的把关越松。

④ $dq_i/dk<0$：网购平台的质量诚信管控水平 q_i 与网购平台的质量诚信管控成本系数 k 正相关，实施质量诚信管控导致的网购平台成本越大，网购平台越偏向降低质量诚信管控水平。

⑤ $dq_i/d\Phi_b>0$：网购平台的质量诚信管控水平 q_i 与网购平台对在线消费者资源的竞争深度 Φ_b 正相关，即网购平台间为在线消费者提供的服务差异性越小，竞争深度越大，网购平台为消费者质量把关的程度越严格。

①②和③说明网购平台的质量诚信管控水平需要兼顾消费者与在线商

家的利益，网购平台作为一手托两家的“红娘”其决策行为需要平衡双边用户的利益。

另外从 q_i 的表达式可以看出，此种情境下网购平台的质量诚信管控水平 q_i 与消费者对在线商家的网络外部性 α 有关，而与在线商家对消费者的网络外部性 β 无关，同时 q_i 与网购平台间关于在线消费者用户的竞争深度 Φ_b 有关，而与网购平台间关于在线商家用户的竞争深度 Φ_s 无关。

由于 $\mathrm{d}\Pi/\mathrm{d}\Phi_b=-\mathrm{d}\Pi/\mathrm{d}t_b=-\alpha[\lambda(\alpha\lambda-\rho t_b)+4\beta kt_b]/8kt_b^3<0$，$\mathrm{d}\Pi/\mathrm{d}\Phi_s=-\mathrm{d}\Pi/\mathrm{d}t_s=-1/2<0$，说明网购平台间关于在线商家用户和关于消费者用户的竞争深度的增加都会降低网购平台的利益，即竞争深度越大网购平台的利润越低，作为网购平台有积极性增加平台之间的差异性进而保持一定的垄断地位，考虑到 t_b 的减小有利于增加 q_i，而 t_s 的减小对 q_i 没有影响，在此情境下，作为网购市场管理者的政府部门可以要求或激励网购平台之间增加对消费者用户的竞争深度 Φ_b，允许网购平台采取相应措施降低相互之间对在线商家用户的竞争深度 Φ_s，从而达到在保持网购平台一定利益的前提下提高网购平台的质量诚信管控水平之目的。

（2）消费者单归属但商家多归属

假定 $n_{0b}=0$ 但 $n_{0s}\neq 0$，此时分两种情况，情况Ⅰ：$n_{0s}<1$，此时 $i=1$，2，$n_{is}\neq 0$，说明对于两个网购平台来说，虽然存在商家资源的多归属，但每个平台都具有单归属的在线商家群体；情况Ⅱ：$n_{0s}=1$，此时 $i=1$，2，$n_{is}=0$，说明在线商家资源完全是多归属的，每个网购平台都不拥有排他性的在线商家群体。在情况Ⅰ下，对于每个平台来说，其面临的双边市场都存在单归属，因此网购平台之间的竞争对象既包括在线商家用户也包括在线消费者用户；在情况Ⅱ下由于网购平台拥有全部在线商家资源，因此网购平台之间的竞争对象只是在线消费者用户。

情况Ⅰ：$n_{0s}<1$

此时容易求得在线消费者在网购平台 1 处的规模 n_{1b} 与式（6-1-8）相同，此时 $U_{1s}=V_s-p_1-t_sn_{1s}-\rho q_1+\alpha n_{1b}$，$U_{2s}=V_s-p_2-t_s(1-n_{1s}-n_{0s})-\rho q_2+\alpha(1-n_{1b})$，

令 $U_{1s}=U_{2s}$ 可得在线商家在网购平台 i 处的规模为：

$$n_{ib}=\frac{1}{2}-\frac{n_{0s}}{2}+\frac{t_b(p_j-p_i)+(\alpha\lambda-t_b\rho)}{2(t_bt_s-\alpha\beta)} \tag{6-1-13}$$

将 n_{1s}，n_{2s}，n_{0s} 代入式（6-1-7），得到两个网购平台的纳什均衡解为：

$$p_1=p_2=\frac{(n_{0s}+1)+(t_bt_s-\alpha\beta)}{t_b}，q_1=q_2=\frac{(n_{0s}+1)+(\alpha\lambda-t_b\rho)}{4kt_b} \tag{6-1-14}$$

进而得到两个网购平台处的双边市场规模和各自的效用为：

$$n_{1b}=n_{2b}=\frac{1}{2}，\quad n_{1s}=n_{2s}=\frac{1}{2}-\frac{n_{0s}}{2}，$$

$$\Pi_1=\Pi_2=(n_{0s}+1)^2\left[\frac{t_bt_s-\alpha\beta}{2t_b}-\frac{(\alpha\lambda-t_b\rho)^2}{16kt_b^2}\right] \tag{6-1-15}$$

此时对于 q_i 来说，仍旧满足式（6-1-12）所列的所有关系式，同时还满足 $dq_i/dn_{0s}>0$。

这说明在此情境下，网购平台的质量诚信管控水平 q_i 除了具有“买卖双方单归属”情形所具有的性质外，q_i 还与在线商家的多归属部分的比重 n_{0s} 正相关，即在线商家多归属部分占总体在线商家资源的比重越大，或者说网购平台间为在线商家提供的重叠业务越多（非重叠业务越少），网购平台的质量诚信管控水平就越高。究其原因是因为虽然在此情境下网购平台之间的竞争的对象既包括在线商家用户也包括消费者用户，但随着在线商家的多归属比重的增加，网购平台之间对在线商家资源的竞争广度 ψ_s 减小，相对而言消费者资源的竞争广度 ψ_b 将更大，即平台之间关于用户资源的争夺主要表现在对消费者资源的争夺，因此网购平台的决策将更偏向消费者一方。

另外，该情境下网购平台的利益 Π_i 与 t_b、t_s 的关系与“买卖双方单归属”情形类似，特别是满足 $d\Pi_i/dt_s>0$，根据式（6-1-15）可知此时 $d\Pi_i/dn_{0s}>0$。根据前面关于竞争深度和竞争广度的定义可知，随着 t_s 的增大，网购平台关于在线商家资源的竞争深度 Φ_s 减小；随着 n_{0s} 的增大，网购平台关于在线商家资源的竞争广度 ψ_s 减小。因此有 $d\Pi_i/d\Phi_s<0$ 和 $d\Pi_i/d\Phi_s<0$，说明在此情景下，竞争深度和竞争广度对网购平台利益的影响是一

致的。

综上，竞争广度 ψ_s 的减小（n_{0s} 的增加）既可以增加网购平台利益，又可提高网购平台的质量诚信管控水平，而竞争深度 Φ_s 的减小（t_s 的增加）只能增加网购平台利益，而无法提高质量诚信管控水平。因此对于网购市场管理者的政府部门来说，允许网购平台采取相应措施降低相互之间对在线商家资源的竞争深度 Φ_s，不如允许或激励网购平台采取相应措施降低相互之间对在线商家资源的竞争广度 ψ_s。

情况Ⅱ：$n_{0s}=1$

此时两个网购平台对在线商家资源的竞争广度 $\psi_s=0$，它们的效用函数均为 $\Pi_i=p_i-kq_i^2$，两个网购平台间的博弈问题变为了各自的独立决策问题，此时每个平台最优的注册费为 $p_i\to\infty$，$q_i=0$。这是因为此时网购平台间竞争的用户只有在线消费者，所以网购平台对在线商家的注册费就很高；虽然存在对在线消费者的竞争，但是一方面由于网购平台的利润直接来源于在线商家而不直接来源于在线消费者，另一方面由于所有在线商家被每个网购平台所覆盖，因此实际上也间接绑定了在线消费者，因此网购平台的质量诚信管控为最低水平。

（3）商家单归属但消费者多归属

假定 $n_{0s}=0$ 但 $n_{0b}\neq 0$，与前面类似，此时也分两种情况，情况Ⅲ：$n_{0b}<1$ 此时 $i=1,2$，$n_{ib}\neq 0$，说明对于两个网购平台来说，虽然存在消费者的多归属，但每个平台都具有单归属的消费者群体；情况Ⅳ：$n_{0b}=1$，说明在线消费者完全是多归属，下面对于两种情况分别讨论。

情况Ⅲ：当 $n_{0b}<1$ 时

与前面的求解方法相同，可得到 n_{1s} 与式（6–1–9）相同，n_{ib} 满足如下关系式：

$$n_{ib}=\frac{1}{2}-\frac{n_{0s}}{2}+\frac{\beta\ (p_j-p_i)+(\lambda t_s-\beta\rho)\ (q_j-q_i)}{2(t_bt_s-\alpha\beta)} \tag{6-1-16}$$

类似前面的分析思路，此时得到两个网购平台的纳什均衡解 p_i，q_i 以及

Π_i 与“买卖双方单归属”情境下的式（6–1–10）、式（6–1–11）完全相同。

情况Ⅳ：当 n_{0b}=1 时

可以得到 n_{is} 满足如下关系式：

$$n_{1b}=\frac{1}{2}+\frac{(p_1-p_2)+\rho(q_2-q_1)}{2t_s}$$

$$n_{2b}=\frac{1}{2}+\frac{(p_1-p_2)+\rho(q_1-q_2)}{2t_s}$$

两个网购平台的纳什均衡解为 $p_1=p_2=t_s$，$q_1=q_2=0$；两个网购平台处的在线商家规模以及平台的效用函数为：

$$n_{1b}=n_{2b}=\frac{1}{2},\quad \Pi_1=\Pi_2=\frac{t_s}{2}$$

（4）双边用户均多归属

此时 $n_{0b}\neq 0$ 且 $n_{0s}\neq 0$，在此前提下，网购平台的双边市场情况共有4种，其中两种情况为“$n_{0s}=1$ 且 $n_{0b}<1$”和“$n_{0s}=1$ 且 $n_{0b}=1$”，这两种情况下网购平台的决策如同情况Ⅱ，网购平台间对在线商家用户的竞争广度 $\psi_s=0$，网购平台不会实施质量诚信管控，故不再讨论；另外两种情况均满足 $n_{0s}<1$，代表两个网购平台均具有单归属的在线商家资源，网购平台没有完全覆盖整个在线商家市场，在此前提下，令情况Ⅴ为 $n_{0b}<1$，代表两个网购平台均具有单归属的消费者资源，令情况Ⅵ为 $n_{0b}=1$，代表两个网购平台的消费者资源完全相同，均为完全多归属的消费者。

情况Ⅴ：当 $n_{0s}<1$ 且 $n_{0b}<1$ 时

此时网购平台 i 处的在线商家规模 n_{is} 与式（6–1–13）相同，消费者的规模 n_{ib} 与式（6–1–16）相同，两个网购平台的均衡解 p_i，q_i 以及 Π_i 与式（6–1–14）、式（6–1–15）相同，因而此种情况等同于情况Ⅰ。

综合本情境与“买卖双方单归属”情境、“消费者单归属但商家多归属”情境中的情况Ⅰ、“商家单归属但消费者多归属”情境中的情况Ⅲ，可以看出，前几种情况都可以看作此情景的特殊情况，综合这几种情况，可以得到网购平台的决策变量和效用函数具有如下性质。

当 $0 \leqslant n_{0s} < 1$ 且 $0 \leqslant n_{0b} < 1$ 时，网购平台的质量诚信管控水平和效用函数如式（6–1–17）所示，网购平台的质量诚信管控水平满足如式（6–1–18）所示性质，网购平台的效用函数满足式（6–1–19）所示的性质。

$$q_1=q_2=\frac{(\alpha\lambda-t_b\rho)(n_{0s}+1)}{4kt_b};$$

$$\Pi_1=\Pi_2=(n_{0s}+1)^2\left[\frac{t_bt_s-\alpha\beta}{2t_b}-\frac{(\alpha\lambda-t_b\rho)^2}{16kt_b^2}\right] \quad (6\text{–}1\text{–}17)$$

$$\frac{\mathrm{d}q_i}{\mathrm{d}\Phi_b}=-\frac{\mathrm{d}q_i}{\mathrm{d}t_b}>0;\ \frac{\mathrm{d}q_i}{\mathrm{d}\psi_s}=-\frac{\mathrm{d}q_i}{\mathrm{d}n_{0s}}<0 \quad (6\text{–}1\text{–}18)$$

$$\frac{\mathrm{d}\Pi_i}{\mathrm{d}\Phi_b}<0;\ \frac{\mathrm{d}\Pi_i}{\mathrm{d}\Phi_s}<0;\ \frac{\mathrm{d}\Pi_i}{\mathrm{d}\psi_s}<0 \quad (6\text{–}1\text{–}19)$$

因此有如下结论成立。

结论 6–1–1：当 $0 \leqslant n_{0s} < 1$ 且 $0 \leqslant n_{0b} < 1$ 时，即两个网购平台双边市场用户均非完全多归属时，或者当两个网购平台拥有的双边用户规模都不足以覆盖整个用户市场时，对在线商家用户的竞争深度或广度越小，网购平台的利润越高，对在线消费者用户的竞争深度越小，网购平台的利润越高，对在线消费者资源的竞争广度不影响网购平台利润；对在线商家用户的竞争广度越小，网购平台的质量诚信管控越严格，对在线消费者用户的竞争深度越大，网购平台的质量诚信管控越严格，对在线商家用户的竞争深度和对在线消费者用户的竞争广度对质量诚信管控水平无关。

结论 6–1–1 说明当 $0 \leqslant n_{0s} < 1$ 且 $0 \leqslant n_{0b} < 1$ 时，如果为了提高网购市场产品质量而对网购市场进行规制时，首选的办法是增加在线商家市场的多归属部分 n_{0s} 占整个商家市场的比重，进而降低网购平台对在线商家资源的竞争广度，这样既提高了质量诚信管控水平，又增加了网购平台的利润；其次的办法是增加网购平台对在线消费者的竞争深度，同时降低网购平台对在线商家的竞争深度，这样在提高质量诚信管控水平的同时，补偿了网购平台利润的降低。

情况Ⅵ：当 $n_{0s} < 1$ 且 $n_{0b}=1$ 时

此时网购平台 i 处的在线商家规模为：

$$n_{is}=\frac{1}{2}-\frac{n_{0s}}{2}+\frac{(p_j-p_i)+\rho\ (q_i-q_j)}{2t_s}$$

两个网购平台的均衡策略为：

$p_1=p_2=(1+n_{0s})\ t_s$，$q_1=q_2=0$

两个网购平台各自的效用为：

$$\Pi_i=(1+n_{0s})\frac{t_s}{2}$$

容易看出“商家单归属但消费者多归属”情境下的情况Ⅳ可以看作此情境的特殊情况，因此可以得到如下性质。

当 $n_{0b}=1$ 且 $0\leqslant n_{0s}<1$ 时，网购平台的质量诚信管控水平和网购平台的效用函数满足如式（6–1–20）所示的性质。

$$q_i=0,\ \Pi_i=(1+n_{0s})\frac{t_s}{2},\quad \frac{d\Pi_i}{d\psi_s}=-\frac{d\Pi_i}{dn_{0s}}<0;\ \frac{d\Pi_i}{d\Phi_s}=\frac{d\Pi_i}{dt_s}<0 \quad (6\text{–}1\text{–}20)$$

因此有如下结论成立。

结论 6–1–2：当 $n_{0b}=1$ 且 $0\leqslant n_{0s}<1$ 时，即当在线消费者群体完全多归属且在线商家群体非完全多归属时，网购平台的质量诚信管控为最低水平 $q_i=0$，对在线商家资源的竞争深度或广度越小，网购平台的利润越大。

此时对于两个网购平台来说，在拥有消费者用户方面完全相同，竞争的范围仅为在线商家用户，因此对在线商家征收的注册费维持在较低水平，在质量诚信管控方面也维持在最低水平；由于网购平台间对在线商家用户的竞争深度或广度没有改变质量诚信建设水平，但降低了网购平台的利益，因此网购平台会尽力降低相互之间的竞争深度或广度。

根据结论 6–1–1 和结论 6–1–2 可以得到如下推论。

推论：在 $0\leqslant n_{0s}<1$ 的前提下，若 $0\leqslant n_{0b}<1$，即在线消费者非完全多归属或网购平台对在线消费者的竞争广度大于 0 时，网购平台的质量诚信管控水平大于 0；若 $n_{0b}=1$，即在线消费者完全多归属或网购平台对在线消费者的竞争广度为 0 时，网购平台的质量诚信管控水平为 0。

综合上述诸情境，双边用户不同归属、平台竞争水平与质量诚信管控行为的关系如表 6–1–1 所示。

表 6-1-1 双边用户不同归属下平台间竞争与质量诚信管控行为

消费者用户归属	在线商家用户归属	竞争深度与质量诚信管控	竞争广度与质量诚信管控
单归属（$n_{0b}=0$）	单归属（$n_{0s}=0$）	$\Phi_b\uparrow\ q_i\uparrow$	无关
单归属 $n_{0b}=0$	部分多归属 $0<n_{0s}<1$	$\Phi_b\uparrow\ q_i\uparrow$	$\psi_s\downarrow\ q_i\uparrow$
单归属 $n_{0b}=0$	完全多归属 $n_{0s}=1$	无关	$\psi_s=0$，$q_i=0$
部分多归属 $0<n_{0b}<1$	单归属（$n_{0s}=0$）	$q_i=0$	无关
部分多归属 $0<n_{0b}<1$	部分多归属 $0<n_{0s}<1$	$\Phi_b\uparrow\ q_i\uparrow$	$\psi_s\downarrow\ q_i\uparrow$
部分多归属 $0<n_{0b}<1$	完全多归属 $n_{0s}=1$	无关	$\psi_s=0$，$q_i=0$
完全多归属 $n_{0b}=1$	单归属（$n_{0s}=0$）	$\Phi_b\uparrow\ q_i\uparrow$	$\psi_b=0$，$q_i=0$
完全多归属 $n_{0b}=1$	部分多归属 $0<n_{0s}<1$	$q_i=0$	$q_i=0$
完全多归属 $n_{0b}=1$	完全多归属 $n_{0s}=1$	无关	$\psi_s=0$，$q_i=0$

根据表 6-1-1 可知，欲使网购平台加大网购产品的质量诚信管控水平，必须满足的前提条件是网购平台对在线消费者和对在线商家的竞争广度均大于 0。在此前提下，对在线商家资源的竞争广度越小，网购平台的质量诚信管控越严格；对在线消费者资源的竞争深度越大，网购平台的质量诚信管控越严格。

在现实中，由于实体商场的存在，消费者群体中除了有在线消费者还有线下消费者，商家群体除了在线商家还有线下商家，因此实体商场的存在保证了网购平台不可能完全覆盖所有消费者群体和在线商家群体，进而对在线商家和在线消费者的竞争广度都大于 0，所以网购平台会付出一定水平的质量诚信管控努力；另外由于整个网购市场中的相互竞争的网购平台不止两个，无论在线商家还是在线消费者完全多归属于每个网购平台都无可能，所以总是存在网购平台之间对在线商家和在线消费者的竞争，网购平台总会付出一定水平的质量诚信管控努力；而网购平台质量诚信管控努力的程度则与对双边市场资源竞争的程度有关。

除了上述结论外，本研究还可以发现有如下规律成立：

（1）前述分析指出只有 $\psi_s>0$（即 $n_{0s}<1$），才有可能 $q_i\neq 0$；同时当 $\psi_s>0$ 时，$\mathrm{d}q_i/\mathrm{d}\psi_s<0$。说明：虽然欲使网购平台承担质量诚信管控任务的前提是对在线商家群体的竞争广度大于零，但并非竞争广度越大质量诚信管控越严格，而情况正好相反，这说明网购平台拥有的忠诚商家客户越多，网购平台的质量诚信管控越严格，拥有的忠诚商家客户越少，为了争取更多的在线商家加入网购平台，网购平台会降低质量诚信管控水平。

（2）前述分析指出，当 $q_i \neq 0$ 时，$dq_i/d\rho < 0$，即网购平台的质量诚信管控水平与质量诚信管控导致的在线商家成本负相关；一般来说，越是诚信的商家，网购平台的质量诚信管控导致的商家成本越少。这说明：网购市场中质量诚信存在正反馈规律：当网购市场中在线商家提供的产品质量越诚信，质量诚信管控导致的在线商家成本就越少，网购平台越愿意增加质量诚信管控水平，进而在线商家提供的产品质量就会更诚信；当网购市场中在线商家提供的产品质量越不诚信，质量诚信管控导致的商家成本就越大，网购平台越不愿意增加质量诚信管控水平，进而在线商家提供的产品质量就更不诚信。

（3）前述分析指出，当 $q_i \neq 0$ 时，$dq_i/d\lambda > 0$，即网购平台的质量诚信管控水平与消费者重视网购产品质量的程度正相关，这说明一些消费者的“知假买假”行为或者重视产品价格而不重视产品质量的行为也是当前网购市场产品质量不高的一个重要原因。

6.1.3 数值仿真

为了进一步验证前述的结论，首先令 α =0.5，β =0.1，λ =0.5，ρ =0.2，t_s=0.6，图 6–1–2 演示了 Φ_b、ψ_s 与 q_i 的关系，可以看出随着对消费者用户的竞争深度 Φ_b 的增加、对在线商家用户的竞争广度的 ψ_s 减小，网购平台的质量诚信管控水平 q_i 将逐渐增加。

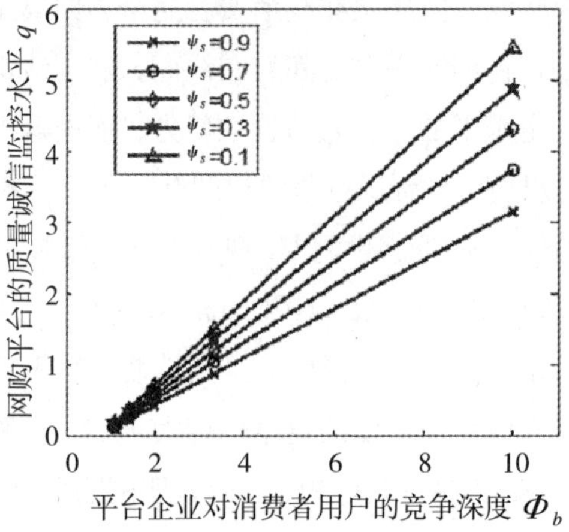

图 6–1–2 Φ_b、ψ_s 与 q_i 的关系

图 6-1-3 演示了 $\varPhi_b$、ψ_s 与 $\varPi_i$ 的关系，可以看出随着对消费者用户的竞争深度增加、对在线商家用户的竞争广度 ψ_s 的增加，网购平台的利润 Π_i 逐渐减少。

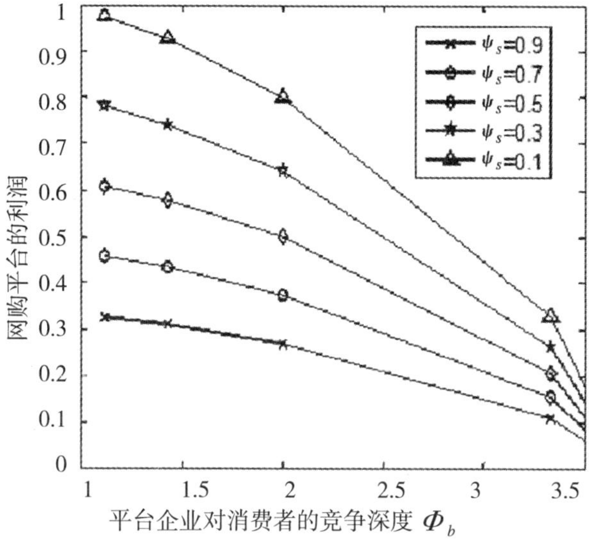

图 6-1-3：$\varPhi_b$、ψ_s 与 $\varPi_i$ 的关系

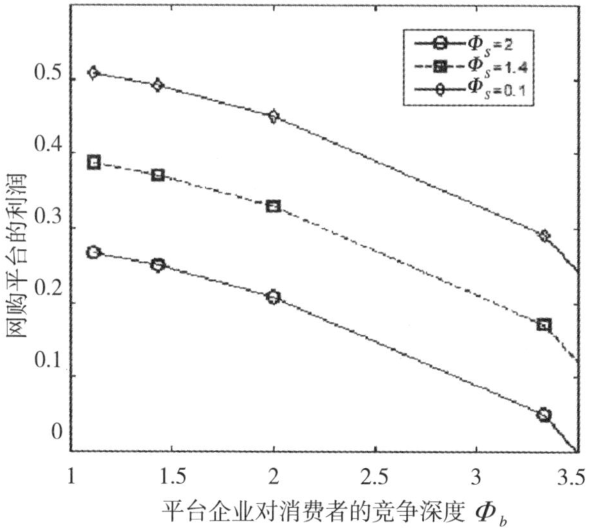

图 6-1-4 $\varPhi_b$、$\varPhi_s$ 与 $\varPi_i$ 的关系

图 6-1-4 演示了 $\varPhi_b$、$\varPhi_s$ 与 $\varPi_i$ 的关系，可以看出随着对消费者用户

和在线商家用户的竞争深度 Φ_b 和 Φ_s 的增加，网购平台的利润 Π_i 逐渐减少。图6–1–2—图6–1–4中相关变量间的关系与前述的结论6–1–1是一致的。

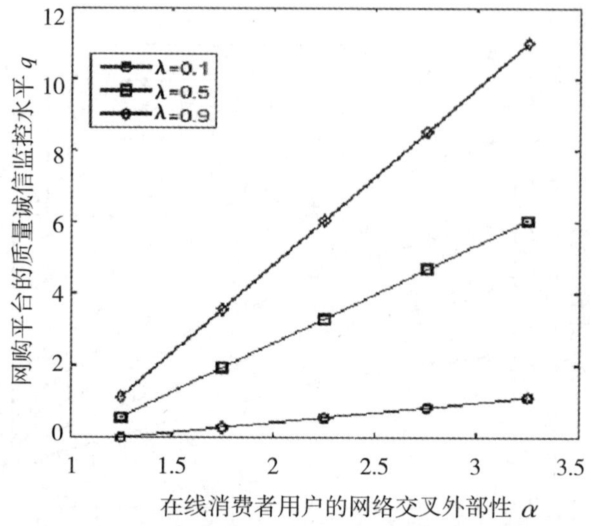

图 6–1–5　α 、λ 与 q_i 的关系

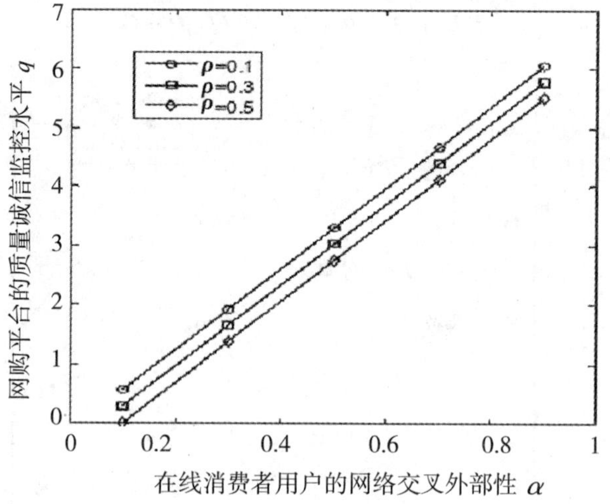

图 6–1–6　α 、ρ 与 q_i 的关系

图 6–1–5 演示了 α 、λ 与 q_i 的关系，可以看出随着在线消费者的网络交叉外部性（对在线商家的吸引力）α 的增加、网购产品质量诚信管控对消费者的边际效应（消费者对产品的重视程度）λ 的增加，网购平台的

质量诚信管控水平 q_i 将增加。

图 6–1–6 演示了 α 、ρ 与 q_i 的关系，可以看出随着 α 的增加、质量诚信管控导致的在线商家边际成本 ρ 的减小，网购平台的质量诚信管控水平 q_i 将增加。图 6–1–5—图 6–1–6 验证了前文网购平台的质量诚信管控行为所具有的性质。

6.1.4 结果和启示

上述研究以 Hotelling 模型为基础刻画了网购平台之间竞争问题，并同时考虑了网购平台所处的双边市场环境、双边市场用户的多归属性质，在此前提下重点分析了网购平台对网购产品质量诚信控制的决策行为。主要结论如下。

（1）欲使网购平台担任起质量诚信管控的任务，必须满足的条件是网购平台不能完全覆盖任意一侧的用户群体，必须保证网购平台间对在线商家和在线消费者群体的竞争性。

（2）用网购平台为双边用户提供服务的差异性程度代表网购平台对双边市场的竞争深度，用网购平台间竞争的双边用户的范围代表对双边市场的竞争广度，对在线商家用户的竞争广度越小，或者对在线消费者用户的竞争深度越大，网购平台的质量诚信管控越严格。

（3）网购平台质量诚信管控水平的高低与在线消费者对在线商家的吸引力（网络交叉外部性）正相关、与消费者对网购产品质量的重视程度正相关。

（4）网购平台的质量诚信管控水平的高低与网购平台质量诚信管控的成本负相关，与质量诚信管控导致在线商家的成本负相关，特别与网购市场在线商家群体的质量诚信存在正反馈规律。

根据以上结论，为了提高整个网购市场的产品质量水平，可以从如下几个方面出发。

（1）必须保证网购平台之间或者网购平台与实体商场之间对商家群体和消费者群体的竞争性，使得商家和消费者可以通过用脚投票来自由选择某个网购平台或者自由选择线上销售和线下销售。

（2）既要保证网购平台之间的竞争性，又要防止网购平台间的过度竞争，当同类网购平台过多，每个网购平台拥有的在线商家群体规模少，这些过度竞争的平台企业为了邀请商家企业上线，必然会降低质量诚信管控水平。

（3）要既兼顾网购平台利益又保证网购产品质量，可以使网购市场中存在几个同类大型网购平台进行竞争，少数大型网购平台竞争既保证了网购平台间的竞争，又降低了网购平台对在线商家资源的竞争广度；或者通过设计相应机制，增加网购平台间对在线消费者的竞争深度，同时降低网购平台对在线商家的竞争深度，例如可以开展网购平台间网购产品质量的评比，开展最受消费者欢迎的网购平台评比，同时限制网购平台对在线商家资源的不正当竞争。

（4）通过政府质检部门的有效监督或者消费者的有效维权，降低网购市场中非诚信商家数量，使得网购市场进入越来越诚信的良性循环，特别要防止网购市场中非诚信商家数量超过一定规模后，网购市场进入越来越不诚信的恶性循环。

（5）进行有效的品牌保护、知识产权保护，进而降低一些消费者的知假买假行为。

（6）网购平台建立有效的质量诚信管控体系、改善质量诚信管控方法和技术，进而降低质量诚信管控成本。

6.2 不同归属情景下差异化网购平台质量诚信管控

如同单边企业，相互竞争的双边市场网购平台也存在差异性，差异性可以表现为企业规模、品牌、产品等多个方面。现有对平台企业间的研究对差异化平台的关注较少，本节建立存在平台规模差异的双边市场网购平台竞争的模型，同时考虑了两个网购平台企业同时决定质量诚信管控水平、规模大的网购平台先决定质量诚信管控水平、规模小的网购平台先制定质量诚信管控水平这三种情况的对比，分析了不同情况下平台间的竞争、双边用户多归属对质量诚信管控水平的影响。

6.2.1　基本模型

假设网购市场上现存的两个网购平台企业（i=1，2），将在一个新的网络市场开展竞争，两个平台企业位于竞争性线性市场 [0，1] 的两端。在线消费者 b 和在线商家 s 在该线性市场上均匀分布，令Π_i^b和Π_i^s表示双边用户（在线消费者和在线商家）在平台 i 处获得的效用。两个网购平台企业对在线商家的定价为 p_i，并令 p_i=p_i−p_0，其中 p_i 代表两个网购平台企业的现实定价，P_0 代表竞争之前的原始定价，$p_i>0$ 表示竞争以后定价提升，$p_i<0$ 表示竞争以后定价降低。对在线消费者的质量诚信监控力度为 q_i，并令 q_i=Q_i-Q_0，其中 Q_i 代表竞争环境下网购平台企业 i 的现实质量诚信监控力度，Q_0 代表维持网购市场现状的质量监控水平，$q_i>0$ 表示竞争环境下网购平台 i 提高质量监控水平，$q_i<0$ 表示竞争环境下网购平台 i 降低质量监控水平。

两个网购平台对双边用户服务的差异性为 t（衡量两个网购平台的竞争程度），由于现有文献已经证明随着竞争程度的增加，两个网购平台均提高质量监控水平。因此考虑到 t 不是本模型的研究重点，令 t=1。双边用户既可能单归属，也可能多归属，其归属决策取决于其单归属和多归属的收益差。假定两个网购平台的双边市场规模不同，因此其网络外部性存在差异。不失一般性，令网购平台 1 和网购平台 2 的网络外部性分别为 β_1 和 β_2（不区分双边用户相互之间的外部性的差异），满足 $0<\beta_2<\beta_1<1$，即相对而言，网购平台 1 为大型平台，由于其规模大，因此网络外部性较大，网购平台 2 为小型平台，由于其规模较小，因此网络外部性较小。令 $n^b{}_i$ 和 $n^s{}_i$ 分别表示双边用户在网购平台 i 处的单归属规模，N^b 和 N^s 表示双边用户的多归属规模。

如图 6–2–1 所示，双边用户在两个网购平台的归属情况存在三种可能：在网购平台 1 单归属、在网购平台 2 单归属、在网购平台 1 和 2 上多归属，假定双边用户的规模均为正则化值 1，因此有式（6–2–1）成立。

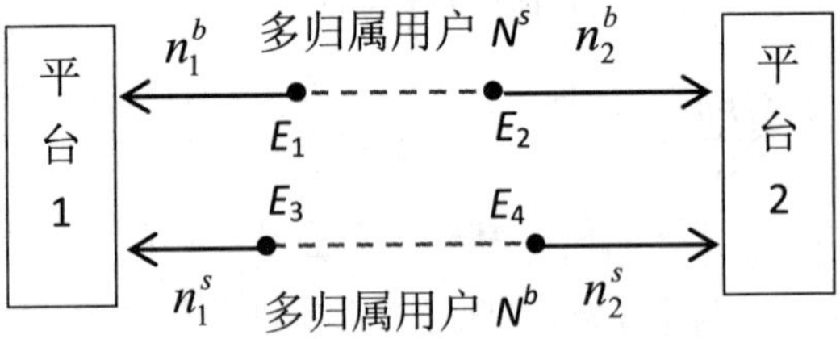

图 6–2–1　双边用户在两个平台的归属区间

$$\begin{cases} n^b{}_1+n^b{}_2+N^b=1 \\ n^s{}_1+n^s{}_2+N^s=1 \end{cases} \quad (6\text{–}2\text{–}1)$$

双边用户在网购平台 1 处的单归属效用如式（6–2–2）所示。

$$\begin{cases} \Pi^b{}_1=V+Aq_1-x_b+\beta_1(n^s{}_1+N^s) \\ \Pi^s{}_1=V+p_1-Bq_1-x_s+\beta_1(n^b{}_1+N^b) \end{cases} \quad (6\text{–}2\text{–}2)$$

在线消费者在网购平台 1 处的单归属效用等于基础效用 V 加上网购平台 1 提高质量监控水平为消费者带来的效用 Aq_1，减去到网购平台 1 的服务差异性成本 x_b，最后加上网购平台 1 所获得的网络外部性效用；在线商家在网购平台 1 处的单归属效用等于基础效用 V 减去支付给平台的佣金，减去网购平台 1 提高质量监控给在线商家带来的质量管理成本 Bq_1，减去到网购平台 1 的服务差异性成本 x_s，最后加上网购平台 1 所获得的网络外部性效用。

类似，双边用户在网购平台 2 处的单归属效用如式（6–2–3）所示。

$$\begin{cases} \Pi^b{}_2=V+Aq_2-y_b+\beta_2(n^s{}_2+N^s) \\ \Pi^s{}_2=V+p_2-Bq_2-y_s+\beta_1(n^b{}_2+N^b) \end{cases} \quad (6\text{–}2\text{–}3)$$

其中 y_b 和 y_s 表示双边用户到网购平台 2 处的服务差异性成本。

双边用户在两个网购平台的多归属效用如式（6–2–4）、（6–2–5）所示。

$$\Pi^b{}_{12}=V+A(q_1+q_2)-1+\beta_1n^s{}_1+\beta_2n^s{}_2+(\beta_1+\beta_2)N^s/2 \quad (6\text{–}2\text{–}4)$$

$$\Pi^s{}_{12}=V-p_1-p_2-B(q_1+q_2)-1+\beta_1n^s{}_1+\beta_2n^s{}_2+(\beta_1+\beta_2)N^b/2 \quad (6\text{–}2\text{–}5)$$

其中，对于 N^b 和 N^s 中重复计算的部分，进行平均处理，式（6-2-4）、（6-2-5）中下标“12”表示双边用户在网购平台 1 和网购平台 2 上多归属。

网购平台中双边用户归属情况的临界点如图 6-2-1 所示，E_1、E_2、E_3、E_4 点是四个临界点，在这四个点上，双边用户到临近网购平台的单归属收益与多归属收益相同，即在 E_1 上 $\Pi^b_1=\Pi^b_{12}$，在 E_2 上 $\Pi^b_2=\Pi^b_{12}$，在 E_3 上 $\Pi^s_2=\Pi^s_{12}$ 上，在 E_4 上 $\Pi^s_2=\Pi^s_{12}$，据此得到两个网购平台处的单归属双边用户规模如式（6-2-6）所示。

$$\begin{cases} n^1_b=L[F-Hp_1-Rp_2-B(Hq_1+Rq_2)-2Aq_2] \\ n^2_b=L[F-Hp_2-Rp_1-B(Hq_2-Rq_1)-2Aq_1] \\ n^1_s=L[F+2p_2-AHq_1+(AR+2B)q_2] \\ n^2_s=L[F+2p_1-AHq_2+(AR+2B)q_1] \end{cases} \tag{6-2-6}$$

其中 $F=2-\beta_1-\beta_2-\beta_2^2+\beta_1\beta_2$，$H=\beta_1+\beta_2$，$R=\beta_1-\beta_2$，$L=1/(2-\beta_1^2-\beta_2^2)$，容易判断 $F>0$，$L>0$，$H>0$，$R>0$。

考虑到在当前网购市场中，网购平台企业向在线商家收费，而向在线消费者免费的特点，同时假定网购平台提高对在线商家的产品进行质量监控需要付出的成本，该成本满足边际效应递增特点，因此令两个网购平台企业的效用如式（6-2-7）所示。

$$\begin{cases} \Pi^p_1=(2-n^2_s)p_1-kq^2_1 \\ \Pi^p_2=(2-n^1_s)p_2-kq^2_2 \end{cases} \tag{6-2-7}$$

其中 k 为质量监控成本系数，$k>0$。当 $q_i>0$ 时，其成本表示增加质量监控后增加抽检、监管成本，当 $q_i<0$ 时，其成本表示降低质量诚信监控后由于消费者抱怨、政府惩罚等带来的成本，简单起见令两者的成本系数相同。

可知每个网购平台的效用 Π^p_i 均为（p_1，p_2，q_1，q_2）的函数，对于每个网购平台企业 j 来说，需要在另一个平台企业既定决策（p_i，q_i）的前提下，选择自身的最优决策（p_j，q_j），这实际上是二元函数的极值问题。下面以网购平台企业 1 为例，判断其存在极大值的条件。

容易求解网购平台 1 效用函数的各二阶导数为：$\Phi_p^2=\delta^2\Pi_1^p/p_1^2=-4L$，$\Phi_q^2=\delta^2\Pi_1^p/q_1^2=-2k$，$\Phi_{pq}^2=\delta\Pi_1^p/p_1q_1=-L(2B-AR)$，令 $\Theta=(\Phi_{pq}^2)^2-\Phi_p^2\Phi_q^2=L[L(2B-AR)^2-8K]$。

易知，当 $L[L(2B-AR)^2-8K]<0$ 时，网购平台企业 1 的效用函数存在极大值，同理可以得到网购平台企业 2 的效用函数存在极大值的条件。进而两个网购平台企业的效用函数存在极大值的条件如式（6–2–8）所示。

$$\begin{cases}L(2B-AR)^2<8K\\L(2B+AR)^2<8K\end{cases}\tag{6–2–8}$$

下面分别考虑如下三种情况：①两个网购平台企业共同决策的纳什均衡；②大型网购平台企业先决策、小型平台企业后决策的斯坦科尔博格均衡；③小型平台企业先决策、大型平台企业后决策的斯坦科尔博格均衡。

6.2.2 模型分析

（1）两个网购平台企业同时决策

对两个网购平台企业的利润函数 Π_i^p 分别关于 p_1，q_1 和 p_2，q_2 求导数，并令其为零，进而得到两个网购平台企业对在线商家的收费 p_i 和质量诚信监控力度 q_i，如式（6–2–9）所示。

$$\begin{cases}p_1^N=2k\Omega[AHL\Psi_1+8k-L\Psi_1^2]/GL\\p_2^N=2k\Omega[AHL\Psi_2+8k-L\Psi_2^2]/GL\\q_1^N=-\Omega\Psi_2[AHL\Psi_1+8k-L\Psi_1^2]/G\\q_2^N=-\Omega\Psi_1[AHL\Psi_2+8k-L\Psi_2^2]/G\end{cases}\tag{6–2–9}$$

其中 $\Omega=1-FL$，$\Psi_1=2B+AR$，$\Psi_2=2B-AR$，$G=L^2[A^2H^2(A^2R^2-4B^2)-16A^2B^2R^2]+[L(A^2R^2+4B^2)-8k]^2$。

容易证明，$1-FL>0$，$AHL\Psi_1>0$，$8k-L>0$，所以 p_1^N 的符号取决于 G 的符号，基于现实背景考虑，由于大型平台实力雄厚，其应对竞争的首选策略就是价格战，因此令 $p_1^N<0$，即 $G<0$。

从式（6–2–9）可知，大型网购平台的质量诚信监控力度 q_1 的正负取

决 Ψ_2 的符号，由于 $\Psi_2=2B-AR=2B-A(\beta_1-\beta_2)$，当两个网购平台之间的网络外部性差异性 R 满足条件 $R=\beta_1-\beta_2>2B/A$ 时，$\Psi_2<0$，$q^N_1<0$；当 $R<2B/A$ 时，$\Psi_2>0$，$q^N_1>0$。

从式（6-2-9）可知，对于小型网购平台来说，当 $AHL\Psi_2+8k-L\Psi^2_2>0$，即 $R<2B/A+(\sqrt{H^2L+32KL}-HL)/2L$ 时，小型网购平台的定价也满足 $p^N_2<0$，由于 $p^N_2/q^N_2=-2k/L(2B+AR)<0$ 即 p^N_2 和 q^N_2 的符号总是相反的，因此此时 $q^N_2>0$；反之当 $R>B/A+(\sqrt{H^2L+32KL}-HL)/2L$ 时有 $p^N_2>0$，$q^N_2<0$。

综上分析，令 $R^{*1}=2B/A$，$R^{*2}=2B/A+(-HL+\sqrt{H^2L^2+32KL})/2L$，则 $0<R^{*1}<R^{*2}$。当 $R<R^{*1}$ 时，大型网购平台的决策为 $p^N_1<0$，$q^N_1>0$，小型网购平台的决策为 $p^N_2<0$，$q^N_2>0$；当 $R^{*1}<R<R^{*2}$ 时，大型网购平台的决策为 $p^N_1<0$，$q^N_1<0$，小型网购平台的决策为 $p^N_2<0$，$q^N_2>0$；当 $R>R^{*2}$ 时，大型网购平台的决策 $p^N_1<0$，$q^N_1<0$，小型网购平台的决策为 $p^N_2>0$，$q^N_2<0$。因此有结论 6-2-1 成立。

结论 6-2-1：在两个差异化的网购平台企业开展竞争并同时决策时：（1）当两个平台企业的网络外部性之差（间接衡量规模之差）较小时，两个网购平台均降低对在线商家的收费、增加对在线商家的质量诚信监控力度；（2）当两个平台企业的网络外部性之差较大时，大型网购平台将同时降低对在线商家的收费和质量诚信监控力度，小型网购平台则在降低对在线商家收费的同时，增加对在线商家的质量诚信监控；（3）当两个平台企业网络外部性之差过大时，大型网购平台降低对在线商家的收费，小型网购平台增加对在线商家的收费，两个网购平台均降低对在线商家的质量诚信监控力度。

结论 6-2-1 中的（1）进一步印证了赵宏霞（2017）的结论：两个同等规模的网购平台企业开展竞争有助于提高网购平台对在线商家的质量诚信监控力度；其中（2）印证了 Zhao（2018）的结论：小型网购平台为了提升市场份额，会付出比大型网购平台更大的质量诚信监控力度。

同时，结论 6-2-1 说明，欲改善网购市场中的产品质量问题，除了通过市场规制，鼓励网购平台企业间的竞争，还要保证相互竞争的网购平台在规模上不能相差太大，否则不能达到刺激网购平台同时提升质量诚信监控力度的目的。

（2）大型网购平台企业先行决策

此时两个平台企业进行两阶段动态博弈，采用逆向归纳法，给定大型网购平台企业的决策（p_1, q_1），小型网购平台企业的最优反映如式（6-2-10）所示。

$$\begin{cases} p'^{r}_{2}=\dfrac{2k（1-FL-AHL\times q_1）}{L[8k-L（AR+2B）^2]} \\ q'^{r}_{2}=\dfrac{-（2B+AR）（1-FL-AHL\times q_1）}{8k-L（AR+2B）^2} \end{cases} \quad（6-2-10）$$

将式（6-2-10）依次代入式（6-2-6）和式（6-2-7），求得斯坦科尔博格均衡下大型网购平台的最优决策如式（6-2-11）所示。

$$\begin{cases} p_1^{1F}=\dfrac{2k\Omega（8k-L\Psi_1^2）（AHL\Psi_1^2+8k-L\Psi_1^2）}{LG_1} \\ q_1^{1F}=\dfrac{\Omega\,\varphi_1（AHL\Psi_1^2+8k-L\Psi_1^2）}{G_1} \end{cases} \quad（6-2-11）$$

其中 $G_1=8kL^2（2B+AR）（3A^3R^3+2BA^2R^2+4AB^2R+2A^3H^2R+24B^3-4BA^2H^2）-64k^2（3LA^2R^2+4LABR+12LB^2-8k）-L3（2B+AR）2（A^2R^2-4B^2+A^2H^2）2$，$\varphi_1=L（4B^2-A^2R^2-A^2H^2）（AR+2B）-8k（2B-AR）$。

将式（6-2-11）代入式（6-2-10），得到小型网购平台企业的最优决策如式（6-2-12）所示。

$$\begin{cases} p_1^{1F}=\dfrac{2k\Omega（L^2\Psi_1 g_1-8kg_1）}{LG_1} \\ q_1^{1F}=\dfrac{-\Omega\Psi_1（L^2\Psi_1 g_1-8kg_2）}{G_1} \end{cases} \quad（6-2-12）$$

其中 $g_1=A^3R^2-2BA^2R^2+HR^2A^3-4ARB^2+HA^2R^2+8B^3-4AHB^2-2BA^2H^2+A^3H^3$，$g_2=2LA^2R^2+8LB^2+HLRA^2-2AHLB-8k$。

根据式（6-2-8）可知 $8k-L\Psi_1^2>0$，同理令 $G_1<0$，此时大型网购

平台的价格决策 $p_1^{1F}<0$，此时 q_1^{1F} 的符合取决于φ_1，根据式（6-2-8）容易证明当 $R<R^{*1}$ 时必有$\varphi_1<0$，进而 $q_1^{1F}>0$。令 R^{*3}=arg（φ_1=0），易知 $R^{*3}>R^{*1}$，当 $R<R^{*3}$ 满足 $p_1^{1F}<0$，$q_1^{1F}>0$，当 $R>R^{*3}$ 满足 $p_1^{1F}<0$，$q_1^{1F}<0$。

从小型网购平台的反映函数式（6-2-10）可以看出，当 $q_1^{1F}<0$ 以及 $0<q_1^{1F}<$（1−*FL*）/*AHL* 时均有 $p_2^{1F}>0$，$q_2^{1F}<0$；只有当 $q_1^{1F}>$（1−*FL*）/*AHL* 时才有 $p_2^{1F}<0$，$q_2^{1F}>0$。令 R^{*4}=arg[=q_1^{1F}(1−*FL*)/*AHL*]，则满足 $R<R^{*4}$ 时 $q_2^{1F}>0$，否则 $q_2^{1F}<0$。

易知 $R^{*3}>R^{*4}$，特别地，在 $R^{*4}<R<R^{*3}$ 时，大型网购平台的决策为 $p_1^{1F}<0$，$q_1^{1F}>0$，小型网购平台的决策为 $p_2^{1F}>0$，$q_2^{1F}<0$。关于 R^{*4} 与 R^{*1} 的关系比较复杂，后面通过数值仿真来加以比较。

综上分析可以得到结论 6-2-2。

结论 6-2-2：在两个差异化的网购平台企业开展竞争，且大规模网购平台先决策时：（1）当两个平台企业的网络外部性之差较小时，两个网购平台均降低对在线商家的收费、增加对在线商家的质量诚信监控力度；（2）当两个平台企业的网络外部性之差较大时，大型网购平台仍旧降低对在线商家的收费，增加对在线商家的质量诚信监控力度，而小型网购平台企业则选择提高对在线商家的收费，降低对在线商家的质量诚信监控力度；（3）当两个平台企业网络外部性之差过大时，大型网购平台降低对在线商家的收费，小型网购平台增加对在线商家的收费，两个网购平台均降低对在线商家的质量诚信监控力度。

结论 6-2-2 和结论 6-2-1 最大的不同是：在两个网购平台企业同时决策时，存在小型网购平台提高质量诚信监控力度，大型网购平台降低质量诚信监控力度的情形，而当大型网购平台先决策时，不但不存在这一情况，反而存在大型网购平台提高质量诚信监控力度，小型网购平台降低质量诚信监控力度的情形。

其次，结论 6-2-1 指出只有当两个网购平台的网络外部性之差小于 R^{*1} 时大型网购平台才会增加质量诚信监控力度，而结论 6-2-2 指出即便存在较大的网购外部性之差 $R^{*1}<R<R^{*3}$，大型网购平台也会增加质量诚

信监控力度。

在现实中，当两个规模不同的网购平台竞争时，往往大型网购平台更具决策优先权，因此相对而言大型网购平台更倾向提高质量诚信监控力度。这可能也解释了为什么在网购中消费者更倾向信任大型网购平台。

（3）小型网购平台企业先行决策

同理采用逆向归纳法，给定小型网购平台企业的决策（p_2，q_2），大型网购平台企业的最优反映如式（6–2–13）所示。

$$\begin{cases} p^{r}{}_{1}=\dfrac{2k(1-FL-AHL\times q_2)}{L[8k-L(AR+2B)^2]} \\ q^{r}{}_{1}=\dfrac{-(2B+AR)(1-FL-AHL\times q_2)}{8k-L(AR+2B)^2} \end{cases} \tag{6–2–13}$$

将式（6–2–13）依次代入式（6–2–6）和式（6–2–7），求得斯坦科尔博格均衡下小型网购平台的最优决策如式（6–2–14）所示。

$$\begin{cases} p_2^{1F}=\dfrac{2k\Omega(8k-L\Psi_2^2)(AHL\Psi_2+8k-L\Psi_2^2)}{LG_1} \\ q_2^{1F}=\dfrac{\Omega\varphi_2(AHL\Psi_2+8k-L\Psi_2^2)}{G_1} \end{cases} \tag{6–2–14}$$

其中 $G_2=8kL^2(2B-AR)(-3A^3R^3+2BA^2R^2-4AB^2R-2A^3H^2R+24B^3-4BA^2H^2)-64k^2(3LA^2R^2-4LABR+12LB^2-8k)-L^3(2B+AR)^2(A^2H^2-A^2R^2-4B^2)2$，$\varphi_2=L(4B^2-A^2R^2-A^2H^2)(2B-AR)-8k(2B+AR)$。

将式（6–2–14）代入式（6–2–13）得到大型网购平台企业的最优决策如式（6–2–15）所示。

$$\begin{cases} p_1^{2F}=\dfrac{2k\Omega(L^2\Psi_2g_3-8kg_4)}{LG_2} \\ q_1^{2F}=\dfrac{-\Omega\Psi_2(L^2\Psi_2g_3-8kg_4)}{G_2} \end{cases} \tag{6–2–15}$$

其中 $g_3=-A^3R^2-2A^2BR^2+A^3HR^2+4AB^2R+A^2HR^2+8B^3-4AHB^2-2BA^2H^2+H^3$，$g_4=2LA^2R^2+8LB^2+HLRA^2-2AHLB-8k$。

同理令 $G_2<0$，根据式（6-2-14）可知，当 $R<R^{*2}$ 时小型网购平台降低对在线商家的收费，即 $p_2^{2F}<0$，否则 $q_2^{2F}>0$；令 $R^{*5}=\arg(\varphi_2=0)$，容易证明 $R^{*5}>R^{*2}$，

当 $R<R^{*2}$ 以及 $R^{*2}<R<R^{*5}$ 时，小型网购平台的质量诚信监控力度 $q_2^{2F}>0$，当 $R>R^{*5}$ 时小型网购平台的质量诚信监控力度 $q_2^{2F}<0$。

令 $R^{*6}=\arg[q_2^{2F}=(1-FL)/AHL]$，可知 $R^{*6}<R^{*5}$，R^{*6} 与 R^{*1} 的相对关系比较复杂，需分情况讨论：若 $R^{*6}<R^{*1}$，则当 $R<R^{*6}$ 时大型网购平台的决策为 $p_1^{2F}<0$，$q_1^{2F}>0$；当 $R^{*6}<R<R^{*1}$ 时，大型网购平台的决策为 $p_1^{2F}>0$，$q_1^{2F}<0$；当 $R>R^{*1}$ 时，大型网购平台的决策为 $p_1^{2F}>0$，$q_1^{2F}>0$。

若 $R^{*6}>R^{*1}$，则当 $R<R^{*1}$ 时，大型网购平台的决策为 $p_1^{2F}<0$，$q_1^{2F}>0$；当 $R^{*1}<R<R^{*6}$ 时，大型网购平台的决策为 $p_1^{2F}<0$，$q_1^{2F}<0$；当 $R>R^{*6}$ 时，大型网购平台的决策为 $p_1^{2F}>0$，$q_1^{2F}>0$。

令 $\underline{R}=\min(R^{*6},R^{*1})$，$\overline{R}=\max(R^{*6},R^{*1})$ 可见无论 R^{*6} 与 R^{*1} 的大小如何，对于大型网购平台的质量诚信监控力度来说，均满足：当 $R<\underline{R}$，则 $q_1^{2F}>0$，当 $\underline{R}<R<\overline{R}$，则 $q_1^{2F}<0$，当 $R>\overline{R}$，则 $q_1^{2F}>0$。

综上分析得知：当 $R<\underline{R}$ 时两个网购平台均提高质量诚信监控力度；当 $\underline{R}<R<\overline{R}$ 时，大型网购平台降低质量诚信监控力度，小型网购平台提高质量诚信监控力度；当 $\overline{R}<R<R^{*5}$ 时，两个网购平台均提高质量诚信监控力度；当 $R>R^{*5}$ 时，大型网购平台提高质量诚信监控力度，小型网购平台减低质量诚信监控力度，进而结论 6-2-3 成立。

结论 6-2-3：在两个差异化的网购平台企业开展竞争，且小规模网购平台先决策时：（1）对于大型网购平台来说，当两者的网络外部性之差很小或者很大时，其会提高质量诚信监控力度，否则将降低质量诚信监控力度；（2）对于小型网购平台来说，当两者的网络外部性之差较小时，其会提高质量诚信监控力度，否则将降低质量诚信监控力度。

由于R^{*1}、R^{*2}、R^{*3}、R^{*4}、R^{*5}、R^{*6}、$\underline{R}$、$\overline{R}$的关系满足：$\underline{R} \leqslant R^{*1} < R^{*2} < R^{*5}$，$\underline{R} \leqslant R^{*1} < R^{*3}$，$R^{*4} < R^{*3}$，$\underline{R} \leqslant R^{*6} \leqslant \overline{R} < R^{*5}$。

对于小型网购平台来说，当其后决策时（结论6–2–2），只有当$R < R^{*1}$时才会提高质量诚信监控力度；当与大型网购平台同时决策时（结论6–2–2），当$R^{*} < R^{*2}$会提高质量诚信监控力度，而当其先决策时（结论6–2–2），当$R^{*} < R^{*5}$时便会提高质量监控水平。说明对小型网购平台来说，即在某类商品领域的决策地位越强，其越有较大的倾向通过提升质量诚信监控力度来参与竞争。

对于大型网购平台来说，当其先决策时（结论6–2–2），当$R < R^{*3}$时其将提高质量诚信监控力度；当同时决策时（结论6–2–1），当$R < R^{*1}$时其将提高质量诚信监控力度；当其后决策时，当$R < \underline{R}$或$R > \overline{R}$时其会提高质量诚信监控力度。说明对于大型网购平台来说，与比其规模小的平台企业竞争时，其质量监控行为比较复杂，整体满足决策地位越强时，提高质量诚信监控力度的倾向越强的规律；但如果其决策地位弱时，当其规模比小型网购平台大很多时，其也会提高质量诚信监控力度。

总体来说，无论在哪种决策优先顺序下，只有当两个的规模之差相对较小时，才会出现两个网购平台均提高质量诚信监控力度。而两个网购平台均提高质量监控力度可能才是网购市场最希望达到的局面。因此对于网购市场的规制来说，不但要保证在某类商品领域要存在两个以上的网购平台开展竞争，还要保证两个网购平台的规模差距不能太大。

6.2.3　数值仿真

令k=0.01、A=0.3、B=0.055，β_1=0.9，$\beta_2 \in [0.1，0.7]$，当两个网购平台企业同时决策时，两个网购平台企业的质量诚信监控力度q_1、q_2随着$R=\beta_1-\beta_2 \in [0.2，0.8]$的变化如图6–2–2所示。

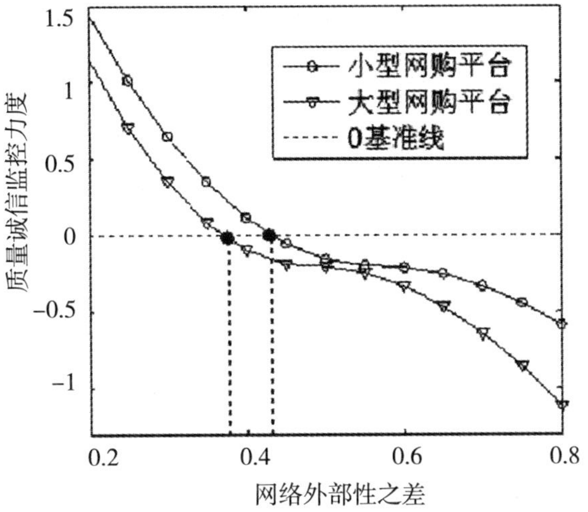

图 6-2-2　两个网购平台同时决策

可以看出如结论 6-2-1 所述，在两个网购平台竞争双边用户资源的情景下，当 R 在较小的范围（$R < 0.37$）之内，它们均会选择提升质量诚信监控力度；当 R 较大并超过一定阈值（$R > 0.44$）时，两个网购平台均降低质量监控力度；在 $0.37 < R < 0.44$ 区间小型网购平台增加质量监控力度，大型网购平台降低质量监控力度。

当大型网购平台企业先决策时，两个网购平台企业的质量诚信监控力度随着 R 的变化如图 6-2-3 所示。

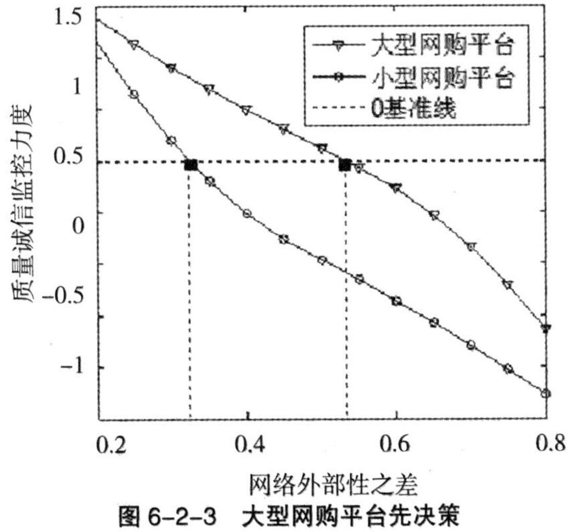

图 6-2-3　大型网购平台先决策

如结论 6–2–2 所述，当 R 在较小的范围（$R < 0.32$）之内，它们均会选择提升质量诚信监控力度；当 R 较大并超过一定阈值（$R > 0.53$）时，两个网购平台均降低质量监控力度；在 $0.32 < R < 0.53$ 区间小型网购平台增加质量监控力度，大型网购平台降低质量监控力度。

当小型网购平台企业先决策时，两个网购平台企业的质量诚信监控力度随着 R 的变化如图 6–2–4 所示。

如结论 6–2–3 所述，当 R 在较小的范围（$R < 0.32$）之内，以及在范围 $0.46 < R < 0.57$，它们均会选择提升质量诚信监控力度；当 R 较大并超过一定阈值（$R > 0.57$）时，大型网购平台提高质量监控力度，小型网购平台降低质量诚信监控力度；在 $0.32 < R < 0.46$ 区间小型网购平台增加质量监控力度，大型网购平台降低质量监控力度。

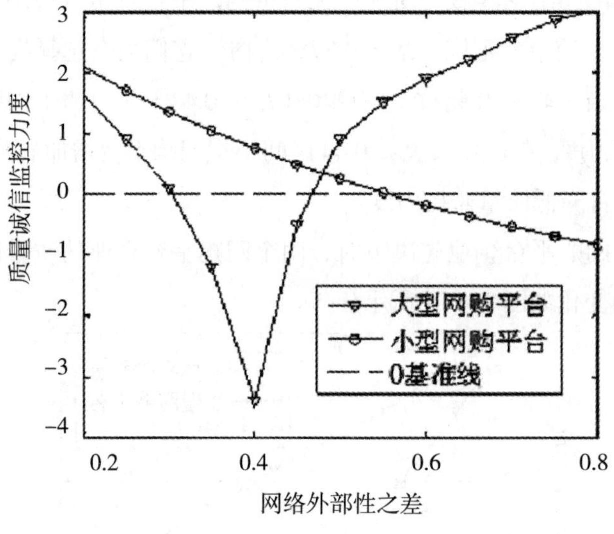

图 6–2–4　小型网购平台先决策

6.2.4　结果和启示

为了激励网购平台加大对在线商家的产品质量诚信监控力度，现有文献指出应该确保网购平台之间围绕双边用户开展竞争，但研究中均假定两个同等规模的网购平台。针对这一现状，本书研究了用户多归属情景下两个不同规模的网购平台竞争时平台企业的质量诚信监控行为。在双边市场理论的框架下，采用博弈论模型分别考虑了两个网购平台不同的决策顺序，主要得到了如下结论。

（1）欲通过竞争使得两个网购平台均提高质量监控力度，必须确保两个网购平台的规模大体相当，网络外部性不能相差太大。

（2）当大型网购平台占决策主导地位时，大型网购平台比小型网购平台更倾向于提高质量诚信监控力度。

（3）当两个网购平台具有同等决策地位时，小型网购平台为了提高市场份额，更倾向于提高质量诚信监控水平。

（4）当小型网购平台占决策主导地位时，若规模相差较小时，小型网购平台更倾向于提高质量监控力度；如规模相差较大时，大型网购平台更倾向于提高质量监控力度。

第 7 章　不同经营模式下网购平台的质量诚信管控

7.1　网购平台企业的参与模式与质量诚信管控①

目前网购平台企业参与网络交易的模式有中介型、自营型和综合型三种类型。中介型网购平台只以中介身份搭建平台撮合商品交易；自营型网购平台采购商品以商家身份在线参与商品交易，以其商品交易差价获得盈利；综合型网购平台既有中介身份又有商家身份参与商品交易。

本节分析不同运营模式下网购平台和在线商家的质量诚信策略的决策问题。

7.1.1　模型描述

网购市场的主体有在线商家、网购平台和消费者。按照网购平台运作方式，平台企业经营模式划分为中介型、自营型和综合型。淘宝、天猫是中介型电商的代表，主要通过收取商户使用平台的年费、广告费、交易费用，实现平台的赢利，仅以中介身份搭建买卖双方交易平台，不参与交易过程。

① 本节内容参考了桂云苗，龚本刚，程永宏 2018 年发表于《中国管理科学》的《论“双边努力情形下电子商务平台质量保证策略研究》。

像唯品会、凡客诚品等自营型电商，是传统批发零售业态，以供销差价为主要获利手段。京东商城、苏宁易购等企业从最初的自营型转变成综合型，既有自营型商品零售又有对外合作的平台。因此在不同经营模式下，在线商家和网购平台的质量水平控制层面和质量诚信水平有所不同。在中介型模式下，在线商家可以决定商品的质量水平和质量诚信水平，网购平台决定自身的质量诚信监管力度，而在自营型模式下，由网购平台决定在线商品的质量水平和质量诚信水平。因此本书对网购平台和在线商家的质量诚信水平决策顺序做出如下假设：

（1）网购平台决定交易费率，固定的注册费忽略不计；

（2）在线商家决定是否接受网购平台与交易费率；

（3）若在线商家接受，那么在中介型模式下，在线商家决定在线商品的质量水平和质量诚信水平，电商决定质量诚信监控力度；在自营型模式下，网购平台决定商品的质量水平和质量诚信水平，在线商家决定自身的质量诚信水平。

为了简化计算，假设消费者都是同质的。假设网购平台不同经营模式下平台商收取的交易费率相同，均为 $1-t$（$0<t<1$）。每一在线商家 i（$i=1, 2, \cdots, N$）只提供一种同质类商品，其商品质量水平为 a_i，在线商家的质量诚信水平为 e_i，网购平台的质量诚信监管力度为 E。假设消费者对各在线商家的客单价均为 p，消费者的需求量与质量水平、质量诚信水平和质量监管力度之间为线性关系，其函数为 $D_i=m+\theta a_i+\gamma e_i+\sigma E$，$m$ 为消费者的最低需求量，θ，γ，σ 为质量水平、质量诚信水平和质量诚信监管力度的影响系数，假设商品的质量成本、在线商家和平台商的质量诚信水平和监管力度分别为$\frac{1}{2}a_i^2$，$\frac{1}{2}e_i^2$，$\frac{1}{2}E_i^2$。

7.1.2　模型建立与分析

（1）中介型模式

中介型模式下，网购平台决定交易费率和质量诚信监管力度，商品的质量水平和质量诚信水平由在线商家决定，那么在线商家 i 的利润为：

$$S^{iM}=ptD_i-\frac{1}{2}e_i^2-\frac{1}{2}a_i^2=pt(m+\theta a_i+\gamma e_i+\sigma E)-\frac{1}{2}e_i^2-\frac{1}{2}a_i^2 \quad (7\text{-}1\text{-}1)$$

网购平台的利润为：

$$T^M=\sum_{i=1}^{N}(1-t)pD_i-\frac{1}{2}E^2 \quad (7\text{-}1\text{-}2)$$

命题 7–1–1：中介型模式下，最优交易费率 $t^{M*}=\dfrac{\theta^2+\gamma^2}{\theta^2+\gamma^2+N\sigma^2}$，商品的最优质量水平、在线商家的质量诚信水平和网购平台的质量诚信监管力度为：

$$a^{M*}=\frac{(\theta^2+\gamma^2)p\theta}{\theta^2+\gamma^2+N\sigma^2},\ e^{M*}=\frac{(\theta^2+\gamma^2)pr}{\theta^2+\gamma^2+N\sigma^2},\ E^{M*}=\frac{N^2\sigma^3p}{\theta^2+\gamma^2+N\sigma^2}$$

证明：按逆向归纳法，由式（7–1–1）的一阶偏导可知，商品的最优质量与在线商家的最优质量诚信水平为 $a^M(t)=p\theta t$，$e^M(t)=p\gamma t$。由式（7–1–2）可得网购平台的最优质量监管力度为 $E^M(t)=N\sigma p(1-t)$。将其代入网购平台利润函数 $\sum_{i=1}^{N}s_i^M+T^M$，求其关于 t 的一阶偏导，可得最优交易费率 $t^{M*}=\dfrac{\theta^2+\gamma^2}{\theta^2+\gamma^2+N\sigma^2}$，从而得证。

（2）自营型模式

自营型模式下，网购平台选择商品质量门槛水平，因而简化为网购平台决定商品的质量水平，网购平台和在线商家各自决定自身的质量诚信监管力度和质量诚信水平，在线商家 i 的利润为：

$$S^R_i=ptD_i-\frac{1}{2}e_i^2=p_t(m+\theta a_i+\gamma e_i+\sigma E)-\frac{1}{2}e_i^2 \quad (7\text{-}1\text{-}3)$$

网购平台的利润为：

$$T^R=\sum_{i=1}^{N}\left[(1-t)pD_t-\frac{1}{2}a_i^2\right]-\frac{1}{2}E^2 \quad (7\text{-}1\text{-}4)$$

命题 7–1–2：自营型模式下，最优交易费率为 $t^{R*}=\dfrac{r^2}{\theta^2+\gamma^2+N\sigma^2}$，最

优质量水平、在线商家的最优质量诚信水平和网购平台的质量诚信监管水平为：

$$a^{R*}=\frac{(\theta^2+\gamma^2)p\theta}{\theta^2+\gamma^2+N\sigma^2},\quad e^{R*}=\frac{r^2p}{\theta^2+\gamma^2+N\sigma^2},\quad E^{R*}=\frac{N\sigma p(\theta^2+N\sigma^2)}{\theta^2+\gamma^2+N\sigma^2}$$

证明：由式（7–1–3）和（7–1–4）可得，$a^R(t)=p\theta(1-t)$，$e^R(t)=prt$，$E^R(t)=N\sigma p(1-t)$，将其代入$\sum_{i=1}^{N}s_i^R+T^R$，从而得证。

（3）综合型模式

综合型模式下，平台商同时运营自营型和中介型网购平台，因而同一种类型商品会同时出现在综合型电商运营两类平台进行销售。假设自营型和中介型模式下在线商家数量分别为 n，$N-n$，平台商在两类平台付出质量诚信监控力度相同。消费者对两类在线商家 i 的需求函数分别为：

$$D_{1i}=m+\theta a_{1i}+\gamma e_{1i}+\sigma E \tag{7–1–5}$$

$$D_{2i}=m+\theta a_{2i}+\gamma e_{2i}+\sigma E \tag{7–1–6}$$

两类在线商家 i 的利润函数分别为：

$$S_{i1}=p_{t1}D_{1i}-\frac{1}{2}e^2_{1i} \tag{7–1–7}$$

$$S_{i2}=p_{t2}D_{2i}-\frac{1}{2}e^2_{2i} \tag{7–1–8}$$

电商企业的利润函数为：

$$T^H=\sum_{i=1}^{N}\left[(1-t)pD_i-\frac{1}{2}a^2_i\right]+\sum_{i=1}^{N}\left[(1-t)pD_i-\frac{1}{2}E^2\right] \tag{7–1–9}$$

命题 7–1–3：综合型模式下，最优交易费分别为 $t_1^{H*}=\frac{r^2}{2(\theta^2+\gamma^2)}$，$t_2^{H*}=\frac{2\theta^2+r^2}{2(\theta^2+\gamma^2)}$；在线商家的数量规模最优分配为 $n^*=\frac{2N\theta^2\sigma^2+N\sigma^2\gamma^2-\gamma^2\theta^2-\gamma^4}{\theta^2\sigma^2}$。

证明：由式（7–1–7）和（7–1–8）可得 $e^H(t_1)=pr_{t1}$，$e^H(t_2)=pr_{t2}$，$a^H(t_1)=p\theta r(1-t_1)$，$a^H(t_2)=p\theta r(1-t_2)$，由式（7–1–9）可得，$E^H(t_1,t_2)=p\sigma(N-nt_1-Nt_2+nt_2)$，将其代入网购平台利润函数$\sum_{i=1}^{N}s^1_i+\sum_{i=1}^{N}$

$s^2_i+T^H$，分别求关于 t_1，t_2 和 n 的一阶偏导，可得证。

推论 7–1–1：$t_1^{H*}+t_2^{H*}=1$，$t_1^{H*}<t_2^{H*}$，当 $\gamma^2<N\sigma^2$ 时，$N-2n^*>0$。

由推论 7–1–1 可知，综合型模式下，平台商自营型部分的最优交易费率高于中介型部分，说明平台商更愿意鼓励中介型部分在线商家的发展。当 $\gamma^2<N\sigma^2$ 时，即在线商家质量诚信水平的影响需求作用小于网购平台的质量诚信管理力度，自营型部分的在线商家最优数量规模大于中介型部分在线商家数量，也就是说对自营型部分，平台商不仅控制商品的质量，而且控制在线商家的规模，以保障网购平台的质量保证水平，赢取消费者的信任。

（4）比较分析

命题 7–1–4：$E^{M*}<E^{R*}$，$e^{M*}>e^{R*}$；当 $\gamma^2>N\sigma^2$ 时，$\sum_{i=1}^{N}s_i^{M*}+T^{M*}>\sum_{i=1}^{N}s_i^{R*}+T^{R*}$，$a^{M*}>e^{R*}$。

证明：由命题 7–1–1 和命题 7–1–2 可知，$\sum_{i=1}^{N}s_i^{M*}+T^{M*}-(\sum_{i=1}^{N}s_i^{R*}+T^{R*})=\frac{Np\theta^2(\gamma^2-N\sigma^2)}{\theta^2+\gamma^2+N\sigma^2}$，$E^{M*}-E^{R*}=\frac{-Np\theta^2}{\theta^2+\gamma^2+N\sigma^2}<0$，$e^{M*}-e^{R*}=\frac{p\gamma\theta^2}{\theta^2+\gamma^2+N\sigma^2}>0$，$a^{M*}-a^{R*}=\frac{p\theta^2(\gamma^2-N\sigma^2)}{\theta^2+\gamma^2+N\sigma^2}$，因此，当 $\gamma^2>N\sigma^2$ 时，$\sum_{i=1}^{N}s_i^{M*}+T^{M*}>\sum_{i=1}^{N}s_i^{R*}+T^{R*}$，$a^{M*}>a^{R*}$。

由命题 7–1–4 可知，中介型模式下网购平台的最优质量诚信监管力度低于自营型模式下网购平台的最优质量诚信监管力度，而中介型模式下在线商家的最优质量诚信水平高于自营型模式下在线商家的质量诚信水平。当 $\gamma^2>N\sigma^2$ 时，即在线商家质量诚信水平的影响需求作用大于网购平台的质量诚信管控力度，中介型模式优于自营型模式，中介型模式下商品的最优质量水平高于自营型模式。

由命题 7–1–1 至 7–1–4 可得，

$$\sum_{i=1}^{N} s_i^{1*}+\sum_{i=1}^{N} s_i^{2*}+T^{H*}>\sum_{i=1}^{N} s_i^{1*}+\sum_{i=1}^{N} s_i^{M*}+T^{M*}$$

$$\sum_{i=1}^{N} s_i^{1*}+\sum_{i=1}^{N} s_i^{2*}+T^{H*}>\sum_{i=1}^{N} s_i^{1*}+\sum_{i=1}^{N} s_i^{R*}+T^{R*}$$

即综合型模式优于中介型和自营型两种模式，这就说明，京东、苏宁、当当、天猫等网购平台纷纷向综合型模式转型发展。

（5）内部存在竞争情形

在电子商务多元化发展趋势下，平台商会采用不同策略运营不同类型的商务模式，比如阿里巴巴旗下 C2C 模式的淘宝网和 B2C 模式的天猫，采用收取不同交易费率和管理策略运营。在淘宝网和天猫中存在相同或相似商品之间的竞争关系，为此本节研究不同运营模式下内部存在的竞争情形。假设不同模式内部商品质量和质量诚信水平之间交叉替代系数均为 η，$0<\eta<1$；在线商家单归属不同网购平台，其系数为 λ，$0\leqslant\lambda\leqslant1$，从而消费者对平台内部两类商品的需求函数为：

$$D_i^1=m+\theta a_i^1+\gamma e_i^1+\sigma E^1-\eta[\theta(a_i^1-a_i^2)+\gamma(e_i^1-e_i^2)+\sigma(E^1-E^2)] \quad (7\text{-}1\text{-}10)$$

$$D_i^2=m+\theta a_i^2+\gamma e_i^2+\sigma E^2-\eta[\theta(a_i^1-a_i^2)+\gamma(e_i^1-e_i^2)+\sigma(E^1-E^2)] \quad (7\text{-}1\text{-}11)$$

自营型模式下，网购平台内部两类在线商家 i 的利润函数分别为 $S_i^{R1}=pt_1D_i^1-\frac{1}{2}(e_i^1)^2$ 和 $S_i^{R2}=pt_1D^i{}_1-\frac{1}{2}(e_i^2)^2$，从而电商企业的利润函数为：

$$T^{R1}=\sum_{i=1}^{\lambda N}[(1-t_1)pD_i^1-\frac{1}{2}(1-a_i^1)^2]-\frac{1}{2}E_1^2+$$

$$2\sum_{i=1}^{(1-\lambda)N}[(1-t_1)pD_i^2-\frac{1}{2}(1-a_i^2)^2]-\frac{1}{2}E_2^2 \quad (7\text{-}1\text{-}12)$$

中介型模式下，两类在线商家 i 的利润函数分别为 $S_i^{M1}=pt_1D_i^1-\frac{1}{2}(e_i^1)^2-\frac{1}{2}(a_i^1)^2$ 和 $S_i^{M2}=pt_2D_i^2-\frac{1}{2}(e_i^2)^2-\frac{1}{2}(a_i^2)^2$，平台商的利润函数为：

$$T^{M1}=\sum_{i=1}^{\lambda N}[(1-t_1)pD_i^1]-\frac{1}{2}E_1^2+\sum_{i=1}^{(1-\lambda)N}[(1-t_1)pD_i^2]-\frac{1}{2}E_2^2 \quad (7\text{-}1\text{-}13)$$

综合型模式下，两类在线商家 i 的利润函数分别为 $S_i^{H1}=pt_1D_i^1-\frac{1}{2}(e_i^1)^2$ 和 $S_i^{H2}=pt_1D_i^2-\frac{1}{2}(e_i^2)^2-\frac{1}{2}(a_i^2)^2$，平台商的利润函数为：

$$T^{H1}=\sum_{i=1}^{\lambda N}[(1-t_1)pD_i^1-\frac{1}{2}(1-a_i^1)^2]-\frac{1}{2}E_1^2+\sum_{i=1}^{(1-\lambda)N}[(1-t_1)pD_i^2]-\frac{1}{2}E_2^2 \quad (7-1-14)$$

命题 7-1-5：当 $\gamma^2>(1-\lambda)N\sigma^2$ 时，$\sum_{i=1}^{\lambda N}s_i^{H1*}+\sum_{i=1}^{(1-\lambda)N}s_i^{H2*}+T^{H1*}>\sum_{i=1}^{\lambda N}s_i^{R1*}+\sum_{i=1}^{(1-\lambda)N}s_i^{R2*}+T^{R1*}$，当 $\gamma^2>\lambda N\sigma^2$ 时，$\sum_{i=1}^{\lambda N}s_i^{M1*}+\sum_{i=1}^{(1-\lambda)N}s_i^{M2*}+T^{M1*}>\sum_{i=1}^{\lambda N}s_i^{H1*}+\sum_{i=1}^{(1-\lambda)N}s_i^{H2*}+T^{H1*}$。

证明：由式（7–1–12）至（7–1–14）和命题 7–1–1 至 7–1–3 的求解思路，可得出 t_1^{M1*}，t_2^{M1*}，t_1^{R1*}，t_2^{R1*}，t_1^{H1*} 和 t_2^{H1*}，将其分别代入网购平台的利润函数，可得出：$[\sum_{i=1}^{\lambda N}s_i^{H1*}+\sum_{i=1}^{(1-\lambda)N}s_i^{H2*}+T^{H1*}]-[\sum_{i=1}^{\lambda N}s_i^{R1*}+\sum_{i=1}^{(1-\lambda)N}s_i^{R2*}+T^{R1*}=T^{R1*}=\frac{(\lambda+3\lambda\eta-\eta-1)^2(\gamma^2-(1-\lambda)N\sigma^2)\theta^2p^2N}{(1-\lambda)(\theta^2+\gamma^2+N\sigma^2-\lambda N\sigma^2)}$ 和 $\sum_{i=1}^{\lambda N}s_i^{M1*}+\sum_{i=1}^{(1-\lambda)N}s_i^{M2*}+T^{M1*}-[\sum_{i=1}^{\lambda N}s_i^{H1*}+\sum_{i=1}^{(1-\lambda)N}s_i^{H2*}+T^{H1*}]=\frac{\theta^2p^2N(\lambda+3\lambda\eta-2\eta)^2(\gamma^2-\lambda N\sigma^2)\theta^2p^2N}{2\lambda(\theta^2+\gamma^2+N\sigma^2-\lambda N\sigma^2)}$，又由于 $0\leqslant\lambda\leqslant1$，因此得证。

由命题 7–1–5 可以看出，在网购平台内部存在竞争情形下，若 $\lambda<1/2$ 和 $\gamma^2>(1-\lambda)N\sigma^2$ 时，即在线商家质量诚信水平的影响需求作用大于平台商的质量诚信管控力度，中介型模式优于综合型模式，综合型模式优于自营型模式。平台内部竞争会影响电子商务运营利润，并且随着平台内部竞争程度越激烈，即随 η 值越来越大，中介型模式与综合型模式、自营型模式间的利润差值越来越大，从而说明，平台商内部的竞争更有利于中介型模式的发展。

7.1.3　结果与启示

本书在考虑质量诚信策略对网购平台网络效应与绩效的影响基础上，研究了中介型、自营型和综合型三种类型电子商务运营模式下质量诚信策略决策问题，分别建立了三种类型运营模式下网购平台主导的质量诚信博弈决策模型，分析不同运营模式下最优交易费率、最优质量水平和最优质量诚信水平（质量诚信监管力度）。

比较分析发现了综合型模式优于自营型和中介型两种模式；综合型模式下电商自营型部分的最优交易费率高于中介型部分；中介型模式平台商的最优质量诚信监管力度低于自营型模式，而在线商家的最优质量诚信水平高于自营型模式；当在线商家质量诚信水平的影响需求作用超过网购平台的质量诚信监管力度作用时，中介型模式优于自营型模式，且中介型模式下的最优质量水平高于自营型模式。最后比较分析了三种运营模式内部存在竞争情形，得出当在线商家单归属系数和在线商家质量诚信水平影响需求作用满足一定条件时，中介型模式优于综合型模式，综合型模式优于自营型模式，且内部竞争有利于中介型模式的发展。

7.2　网购平台企业的平台分化行为

7.2.1　平台分化策略：以阿里巴巴为例①

阿里巴巴将淘宝网打造成为进军零售业的“桥头堡”，并在其取得垄断地位之后，采取了平台分化策略，先后分化出天猫商城、聚划算、一淘网、淘宝生态农业店铺等，并进一步从天猫商城分化出天猫医药馆、天猫电器城等，这也成为阿里巴巴治理网购质量诚信问题的重要举措。为此，下面分析了阿里巴巴的平台分化策略，具体如下。

① 本节内容参考了汪旭晖，张其林 2017 年发表于《中国软科学》的论文《平台型网络市场中的“柠檬问题”形成机理与治理机制——基于阿里巴巴的案例研究》。

（1）平台分化基础

质量相对较差甚至伪劣商品也存在大量的市场需求，特别是在消费水平有限的国内市场更是如此。因此，放弃劣品市场不符合阿里巴巴的利益最大化。如何实现平台分化与系统整合，同时保留良品市场和劣品市场，成为可行的折中选择。

（2）平台分化策略

阿里巴巴的平台分化措施较多，尤以分离天猫商城采用的措施最为全面、最为典型，信息公开也最为详细。阿里巴巴分离天猫商城主要采取了如下措施：①平台门槛。阿里巴巴为天猫商城设置了较高的进驻门槛，通过入驻资质、收费基准、商品承诺等将大量劣质在线商家阻挡在市场之外。②平台激励。阿里巴巴为天猫商城设定了技术服务费年费返还制度，返还比例主要依据店铺评价与店铺成交额，这对天猫商家提供高质量商品形成了激励。并且，技术服务费年费对于劣质商家而言是成本，对于优质商家而言是约束，天猫商城可以据此“择优选择商家”。这种制度具有较好的效力：技术服务费索取与返还收益并不为在线消费者所有，在线消费者获得自由购买与客观评价的激励；技术服务费索取收益属于网购平台，网购平台获得严格监管的激励；技术服务费返还收益属于在线商家，在线商家获得提供高质量商品的激励；此外，在线商家为了返还收益可能会“行贿”在线消费者，非连续“行贿”行为产生的不利影响并不具备长期性，连续“行贿”行为实质是以优质服务弥补商品质量欠缺，并未违背该制度的设定初衷。③平台严规。阿里巴巴为天猫商城设定了更为严厉的惩处措施，极大提高了在线商家的投机成本，有效阻隔了劣质商家进入市场。④平台考核。阿里巴巴为天猫商城设定了严格的考核制度、续签制度与淘汰制度，考核标准主要基于店铺评价与店铺成交额，实现了组织内部的“优胜劣汰”，从而有效抑制了市场的“逆向选择”。需要指出的是，淘宝网的搜索结果可以覆盖天猫商家，天猫商城的搜索结果无法覆盖淘宝商家，天猫商家可以获得流量资源的非平衡分配收益；天猫商城的高门槛、强激励、严规定、勤考核塑造了更高的平台声誉，天猫商家还可以获得分享平台声誉的收益。因此，天猫商家可以获得大于缴纳费用的财务收益以及大于淘宝网销售的机会收益，这成为平台分化的引导机制。天猫商城与淘宝网的隔离制度有效杜绝了在线商家凭借多归属行为策略采取“搭便车”行为，这成为平台分化的维持机制。

（3）平台分化格局

阿里巴巴将网购平台分化为淘宝网、天猫商城、垂直细分市场（如天猫电器城、天猫医药馆等）、淘宝生态农业店铺与聚划算：①垂直细分市场是基于商品品类对店铺端口的重新排列组合，主要解决在线消费者收集、处理店铺信息的困难，并不会对治理网购产品质量诚信产生重要作用，这是阿里巴巴将其应用在产品质量欺诈不太严重的天猫商城的重要原因。②聚划算是基于短期促销策略对店铺端口的重新排列组合，旨在为在线商家团购促销提供推广平台，避免单个商家的促销策略引发整个市场的“价格竞争陷阱”。聚划算存在进入门槛，这对质量诚信问题具有一定的抑制作用，也是阿里巴巴允许天猫商城和淘宝网同步对接聚划算的重要原因。③淘宝生态农业店铺是基于平台综合认证选择性引入农产品在线商家形成的专业市场。平台综合认证为在线商家赋予信誉背书，有利于消费者识别高质量商家，因此，淘宝生态农业店铺不仅具备垂直细分市场的特征，更重要的，平台综合认证对质量欺诈具有抑制作用，这是阿里巴巴将其植根淘宝网的重要原因。需要指出的是，天猫商城和淘宝生态农业店铺是阿里巴巴从淘宝网分离出的新市场；垂直细分市场与聚划算只是重组了店铺端口，为消费者选择意向店铺提供了便利的方式。

（4）平台分化成效

产品质量欺诈的实质是在信息不对称情况下低质量商品以高价格交易。因此，实现“物超所值”是阿里巴巴治理产品质量欺诈的初衷。阿里巴巴的平台分化策略可以导致信息不对称程度高、商品质量较平均质量低、商品品类均价高的网购逐渐萎缩直至消失，因为在线消费者更倾向从质量欺诈较少的天猫商城获得高价商品，而高价劣质品交易的规模不经济导致在线商家难以承担天猫商城的高成本，不得不退出市场：商品价格较平均价格高的商品交易会逐渐消失，这是平台分化的重要贡献；商品价格较平均价格低的商品交易也会逐渐萎缩，这是平台分化的重要损失，人人车等专业高端二手市场也正是填补了这个市场空白得以崛起。但是，信息不对称程度高、商品质量较平均质量低、商品品类均价低、商品价格较平均价格高的网购仍然存在于淘宝网，原因在于：一是淘宝生态农业店铺等未能将高质量店铺完全分离；二是信息不对称程度高、商品质量较平均质量低、商品品类均价低、商品价格较平均价格低的网购无法从淘宝网有效分离，这是平台分化的“关键盲区”，在线消费者也正是觊觎这类交易，选择淘宝网交易信息不对称程度高的低价商品。可见，平台分化策略可以在一定程度上抑制产品质量欺诈问题，但也可能造成社会福利的损失。

7.2.2 模型建立与分析①

（1）基本模型假定

假设综合网购平台商为其平台接入者提供服务，假定两个子平台间存在纵向差异。基于 Mussa-Rosen 模型（如图 7-2-1 所示）。

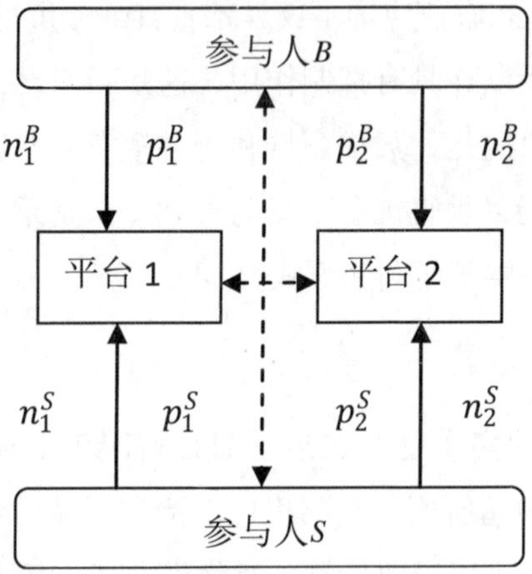

图 7-2-1 网购平台及相关网络效应

① 本节内容参考了杨丽 2018 年发表于《研究与发展管理》的论文《平台分化、交叉平台效应与平台竞争——以淘宝网的分化与竞争为例》。

在竞争模型中假设存在两个网购平台，在垄断模型中假设一个平台商存在两个子平台，称为子平台 1 与子平台 2。i 表示平台类别，$i=1,2$。两个（子）平台所提供的产品为具有纵向差异的产品，且假定（子）平台 1 提供低质量产品，（子）平台 2 提供高质量产品。

参与人 B（消费者）订购子平台产品，并通过子平台购买平台另一侧产品，参与人 B 选择订购（子）平台 1 或（子）平台 2 产品，且为单归属情形，即参与人选择只订购其中一个（子）平台（例如对于 C2C 或 B2C 平台，消费者通常最终选择仅在一家平台选购某件商品或服务）。根据双边市场理论的实践经验及相关理论分析，B2C 及 C2C 平台具有价格结构的非对称性，一般仅对参与人 S（在线商家）收取平台订购费，而对参与人 B 免费。因此，下文的分析在设定平台对参与人 B 收取的价格 $p_1^B=p_2^B=0$ 的基础上，主要分析平台来自参与人 S 的价格与收益情况。

参与人 S（在线商家）订购（子）平台 i，通过（子）平台 i 向参与人 B 销售产品。参与人 S 的类型用 λ 表示，且在 [0，1] 区间均匀分布。假定高 λ 销售者出售高质量产品，低 λ 销售者出售低质量商品。根据 Mussa-Rosen 模型，参与人 S 在平台 i 的效用函数可以表示为：

$$U_i^s=\lambda n_i^B-p_i^s,\quad i=1,\ 2 \qquad (7\text{-}2\text{-}1)$$

其中，n_i^B 表示两个不同（子）平台参与人 B 的不同参与数量，参与人 B 通过订购（子）平台 i，可以浏览参与人 S 所销售的海量产品，参与人 B 数量的增加将直接增加参与人 S 的效用，即（子平台）两侧具有交叉价格效应，故参与人 S 的效用是参与人 B 数量 n_i^B 的函数。假设参与人 B 的总数为 1，因此有（子）平台 2 的参与人 B 数量 $n_2^B=1-n_1^B$。p_i^s 表示两个不同平台对参与人 S 所收取的不同价格，分别为 p_1^s、p_2^s，且 $p_2^s>p_1^s>0$。该价格水平直接影响参与人 S 的效用，且二者具有反向变动关系，故参与人 S 的效用是参与人 B 数量 n_i^B 与 S 订购（子）平台价格 p_i^s 的函数。

两个具有纵向差异的（子）平台间存在的网络效应为跨平台网络效应，即来自不同（子）平台间的相互影响。这里采用 γ 表示跨平台网络效应。如果一个平台商拥有数个具有纵向差异的子平台，则子平台间范围经济、兼容性及平台互补性的存在将带来子平台间的跨平台网络效应。例如，天猫作为淘宝平台于2011年分化出来的子平台之一，可以兼容新淘宝平台所有的服务，且两个子平台存在显著的范围经济，两个子平台的发展形成正反馈效应，淘宝的扩张带来天猫的迅猛发展，而两平台间纵向差异带来的互补则有助于强化消费者黏性，锁定用户，淘宝进一步从中受益，两个平台市场在互相强化中不断拓展，故两个子平台间存在跨平台网络效应。从天猫与淘宝的实践来看，天猫以品牌产品定位作为区别于淘宝的主要特色之一，天猫可以兼容淘宝平台几乎所有的服务，而淘宝不能反向对天猫享有同等待遇，可以理解为天猫平台对于淘宝平台具有后向兼容性。为了简化分析，这里假设跨平台网络效应仅存在于平台即高质量平台。

考虑子平台间跨平台网络效应，并以$n_1^B=n$，$n_2^B=1-n$，$p_1^s=p_1$，$p_2^s=p_2$表示，参与人S效用函数可进一步修正为：

$$U_1^s=\lambda n-p_1,\quad U_2^s=\lambda (1-n)+\gamma n-p_2 \qquad (7\text{-}2\text{-}2)$$

（2）平台企业间相互竞争

假设市场中存在两个独立平台商，分别运营各自的独立平台，且两平台之间存在纵向差异，参与人B与S选择所需要交易的平台，且均为单归属情形。平台商选择价格p^S以最大化利润。为简化分析，不考虑平台运营成本。此时参与人S在两个平台的效用函数分别如式（7-2-3）所示。

$$U_1^s=\lambda n-p_1,\quad U_2^s=\lambda (1-n)-p_2 \qquad (7\text{-}2\text{-}3)$$

根据上述效用函数，采用Mussa-Rosen模型分析方法，参与人S对两个平台的需求函数分别为：

$$D_1^s=\frac{1}{1-2n}p_2-\frac{1-n}{1-2n}p_1 \quad D_2^s=\frac{1}{1-2n}p_2-\frac{1}{1-2n}p_1 \qquad (7\text{-}2\text{-}4)$$

由此，两网购平台利润分别为：

$$\pi_1=p_1D_1^s=\frac{1}{1-2n}p_1p_2-\frac{1-\text{n}}{1-2n}(p_1)^2$$

$$\pi_2=p_2D_2^s=\frac{1}{1-2n}(p_2)^2+\frac{1}{1-2n}p_1p_2 \qquad (7\text{-}2\text{-}5)$$

根据网购平台 1 利润极大化一阶条件，可得两个平台间价格关系为：

$$p_2=\frac{2(1-n)}{4-5n}p_1 \tag{7-2-6}$$

按照假设 $p_2>p_1$，故需满足$\frac{2(1-n)}{n}>1$，即 $0<n<2/3$。只有在网购平台 1 的参与人 S 数量在 $0<n<2/3$ 时，网购平台 2 的价格才能高于平台 1 的价格。

将式（7–2–6）代入网购平台 2 利润极大化一阶条件，可得均衡时网购平台 1 与平台 2 的价格分别为：

$$p_1=\frac{2(1-n)}{4-5n} \tag{7-2-7}$$

$$p_2=\frac{2(n-1)(1-n)}{4-5n} \tag{7-2-8}$$

进而得到均衡时参与人 S 对两个网购平台的需求函数分别为：

$$D^s{}_1=\frac{1-n}{4-5n},\ D^s{}_2=\frac{2-2n}{4-5n} \tag{7-2-9}$$

故有：

$$D^s{}_2=2D^s{}_1 \tag{7-2-10}$$

这意味着在存在平台纵向差异的情况下，网购平台 2 面对的需求为网购平台 1 的 2 倍。虽然根据式（7–2–6）的分析，网购平台 1 的参与人 S 数量取值区间在（0，2/3），但是由于网购平台 2 所提供的产品质量要高于网购平台 1，故参与人对网购平台 2 的需求大于对网购平台 1 的需求，且为网购平台 1 的两倍。将式（7–2–7）、式（7–2–8）代入式（7–2–5），可得两个网购平台的利润分别为：

$$\pi_1=\frac{n(1-n)(1-2n)}{(4-5n)^2} \tag{7-2-11}$$

两个平台利润的比值为：$\frac{\pi_2}{\pi_1}=4\left(\frac{1}{n}-1\right)$。

根据假设 $0<n<1$，且由式（7–2–6）进一步得知 $0<n<2/3$，代

入式（7–2–11），可以得出 $4\left(\frac{1}{n}-1\right)>0$。

由此可得：

$$\pi_2 > \pi_1 \tag{7-2-12}$$

即在存在纵向差异的两个网购平台间，由于网购平台 2 所提供的产品质量高于网购平台 1，故其产品价格高于网购平台 1，所面对的需求大于网购平台 2 的需求，那么其利润必然高于网购平台 1 的利润。由此可以得出，在具有垂直产品差异的双寡头平台竞争中，高质量产品平台较之低质量平台将引致更高的需求与利润。

现实中，成立于 2003 年的淘宝网作为最大的综合网购平台，可视为该市场的在位者，而成立于 2004 年的京东商城可视为进入者。淘宝网成立以来为大量中小微在线商家提供了市场交易平台，以中小微在线商家的价格优势取胜，并带来丰富的产品差异性。这些中小微在线商家帮助淘宝网迅速实现其安装基础从而进入良性运营，与此同时也带来在全球广受诟病的假冒伪劣产品问题。与之相对比，京东商城设立伊始则以产品质量保证作为核心，与淘宝网形成平台纵向差异。京东商城自创办以来，销售额逐年迅猛增长，从 2004 年的 0.1 亿元，上升至 2008 年 13 亿元，2010 年上升至 102 亿元，保持年均 200% 的增速。京东的快速发展对于淘宝造成越来越大的进入威胁。

另一方面，随着人均收入水平的提高，消费者对于产品在质量与服务等方面的要求逐步提高，B2C 平台较之 C2C 平台将具有更大的发展潜力。2009 年 B2C 平台与 C2C 平台的市场占比分别为 7.8% 与 92.2%，而 2010 年 B2C 占比达到 13.7%，2015 年则过半，达 51.9%。因此，淘宝网从传统的 C2C 转向 B2C 实属不得已之选择。需求的多样化与收入差异的存在意味着中低质量产品需求仍然会在较长时期存在且市场很大，所以新淘宝平台会继续延续原有的 C2C 模式，为大量的小微在线商家提供市场，产品质量相对天猫而言则偏低。同时，原有淘宝平台业已累积的用户基础已非常可观，消费者黏性的存在不仅有利于淘宝巩固原有的中低端市场，而且也有助于向中高端平台天猫移植用户，保证平台商在现有市场巩固的基础上进一步拓展新的市场。

（3）平台分化与跨平台网络效应

假设一个平台商拥有两个子平台 SP_i，$i=1$，2，SP_1 为低质量产品子平台，SP_2 为高质量产品子平台，故有 $p_2>p_1$。进一步假设所有归属 SP_1 平台的参与人 B 可以浏览两个子平台的所有产品，而归属 SP_2 平台的参与人 B 仅能浏览该平台产品。归属 SP_2 平台的参与人 S 可以得到两个平台的所有服务，而归属 SP_1 平台的仅能得到该平台所提供的服务。

对于参与人 S 的分析，其效用函数依然采用式（7–2–2）的形式，参与人 S 的需求函数为：

$$D^s_1=\begin{cases} D^s_1=\dfrac{1}{1-2n}p^m_2-p^m_1\dfrac{1-n}{n(1-2n)}-\dfrac{\gamma n}{1-2n} \\ D^s_2=1-\dfrac{1}{1-2n}D_1^m-\dfrac{1-n}{n(1-2n)}p^m_1+\dfrac{\gamma n}{1-2n} \end{cases} \quad (7\text{–}2\text{–}13)$$

比较式（7–2–13）与式（7–2–4）可以发现，其主要差异在$\dfrac{\gamma n}{1-2n}$项，该项在两个式子中符号是相反的，在 SP_1 中为负，在 SP_2 中则为正。这表明在具有后向兼容特征的两个子平台中参与人从中获取的跨平台网络效应是不同的。因为 SP_2 可以兼容 SP_1，故对 SP_2 的需求将随跨平台网络效应的提高而提高，而对 SP_1 的需求将随跨平台网络效应的提高而降低。

作为平台垄断企业追求联合利润最大化，则有：

$$\pi^m=\pi_1^m+\pi_2^m=p^m_1p^m_2\frac{2}{1-2n}-\frac{1-n}{n(1-2n)}(p^m_2)^2-\frac{\gamma n}{1-2n}p^m_1+p^m_2 \quad (7\text{–}2\text{–}14)$$

均衡时两个子平台间价格关系可以表示为：

$$p^m_2=\frac{1-n}{n}p^m_1+\frac{1}{2}\gamma n \quad (7\text{–}2\text{–}15)$$

均衡时两个子平台价格分别为：

$$p^m_1=\frac{n}{2},\ p^m_2=\frac{1-n}{2}+\frac{1}{2}\gamma n \quad (7\text{–}2\text{–}16)$$

从式（7–2–15）、式（7–2–16）可以看出，子平台 1 对参与人 S 收取的价格与跨平台网络效应无关，仅仅取决于参与人 B 的数量，而子平台 2

对参与人 S 收取的价格则与子平台间的跨平台网络效应相关，且具有同向变化的关系。

参与人 S 对两个子平台的需求分别为：

$$D_1^{ms}=\frac{n}{2(2-n)}\gamma,\ D_2^{ms}=\frac{1}{2}+\frac{n}{2(2-n)}\gamma \tag{7-2-17}$$

当 $\gamma>0$ 时，由于 $0<n<\frac{1}{2}$，故 $D_1^{ms}>0$，$D_2^{ms}>0$，而且有 D_1^{ms}，D_2^{ms} 均随着 γ 的增加而增加，即跨平台网络效应使得参与人 S 对两个子平台的需求均增加了，这是因为跨平台网络外部性效应通过兼容性增进了参与人 S 的效用，从而增加了需求。

$$\pi^m=\frac{1-n}{4}+\frac{n^2}{4(1-2n)}\gamma^2+\frac{1}{2}\gamma n \tag{7-2-18}$$

可以看出 π^m 随着 γn 的增加而增加。综上，跨平台网络效应 γ 影响需求、均衡平台价格与利润。在后向兼容情况下，跨平台网络效应提高了对于平台的需求与价格，增加了平台商利润。

7.2.3 结果与启示

通过上文的分析可以得出以下结论：①在 B2C 与 C2C 网购平台演化过程中，来自平台商的竞争压力、B2C 平台对 C2C 平台的替代以及保有原平台的必要性，将迫使低质量平台商选择平台分化。②质量差异在平台演化中发挥重要的作用。提供高质量产品的平台商将获取更高的利润。因此，作为低质量产品提供平台将选择平台分化策略。即使不考虑跨平台网络效应，平台分化通过使外部竞争内部化，也将较之没有分化的竞争获取更高利润。③如果一个平台商拥有具有纵向差异的若干子平台，子平台间存在跨平台网络效应，并影响平台商的价格与利润。在具有后向兼容的情况下，高质量子平台将比低质量子平台获取更高利润。

7.3 独立与分化网购平台间的竞争与质量诚信监控

在现实经济体系运行中，很多平台型企业大多拥有多个存在关联关系的平台，“新平台 + 旧平台”“平台 + 在线论坛”“平台 + 社区”等日渐成为一种发展趋势。在同一企业或集体旗下的这些平台中的商户或用户间往往存在跨平台的相互影响，相关学者（李震，2016；吴绪亮，2017）将这种不同平台之间的影响称为跨平台或平台间网络外部性，这区别于同一平台内双边用户之间的平台内网络外部性。

因此我们不禁要问：这种跨平台网络外部效应对网购平台企业的治理、对其质量诚信监控行为有无影响？类似阿里集体旗下的天猫和淘宝这样的跨平台网络外部性是否影响了网购平台中产品质量诚信问题？

7.3.1 模型建立与分析

（1）基本模型

假定某类商品的网购市场上有四个网购平台 A、B、C 和 D，其中网购平台 A 和网购平台 C 归同一个集团企业所有，网购平台 B 和网购平台 D 分别归独立的企业所有。称 A、C 为非独立性网购平台，称 B 和 D 为独立性网购平台。网购平台 A 和网购平台 B 处于低端消费市场（可以理解为商品的价格低、非知名品牌或者商品质量一般等），网购平台 C 和 D 处于高端消费市场（商品的价格较高，质量更好）。

四个网购平台企业进行两阶段博弈：第一阶段，网购平台 A 和 B 相互之间开展竞争，各网购平台通过决定对在线商家的定价、对在线商家的产品质量诚信监控力度来优化各自的利润或效用；第二阶段，网购平台 C 和网购平台 D 开展竞争，同样两个网购平台决定各自对在线商家的定价、对在线商家产品的质量诚信监控力度。由于网购平台 A 与 C 同属一个集团企业，因此假定平台 A 中的一部分在线消费者会迁移到平台 C 中（如天猫和淘宝），因此网购平台 A 和 C 存在跨平台网络外部性。博弈结构如图 7–3–1（吴绪亮，2017）所示。下面将分析网购平台间存在外部性时、网购平台间的竞争对各网购平台质量诚信监控行为的影响。

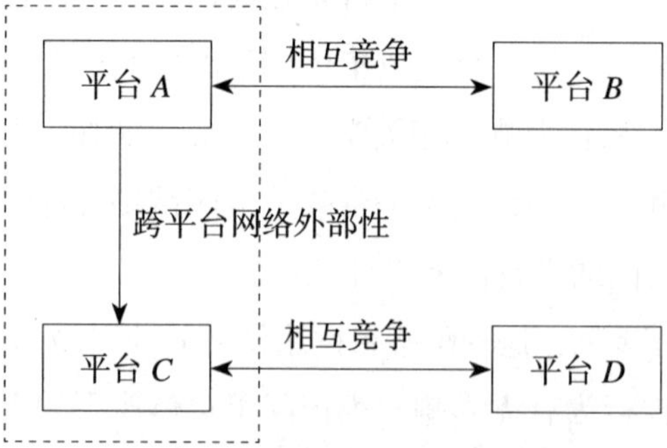

图 7-3-1 独立性平台与非独立性平台竞争结构

（2）博弈第一阶段

网购平台 A 和网购平台 B 为两个相互竞争的网购平台，每个网购平台均为双边用户提供网络交易平台服务，双边用户为在线消费者和在线商家，分别用 b 和 s 表示。假定网购平台的双边用户均匀分布在单位长度为 1 的区间上，两个网购平台处于区间的两端，博弈结构如图 7-3-2 所示。

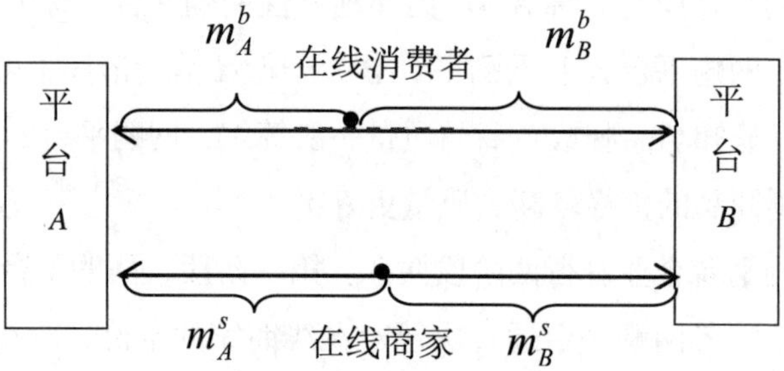

图 7-3-2 第一阶段博弈结构

如果网购平台 i（i 为 A 或 B）吸引了规模大小为 m_A^b，m_A^s 的双边用户群体在其平台上进行网络交易，则双边用户（b 或 s）在网购平台上交易的效用函数如式（7-3-1）所示。

$$\begin{cases} u_i^b=\alpha_b m_i^s+\lambda q_i \\ u_i^s=\alpha_s m_i^b-p_i+\mu q_i \end{cases} \tag{7-3-1}$$

其中参数 α_b 代表在线商家群体对在线消费者的网络交叉外部性，用以衡量在线商家规模增加对在线消费者效用的边际影响，可以理解为在线商家群体对在线消费者的吸引力；参与 α_s 代表在线消费者对在线商家的网络交叉外部性，用以衡量在线消费者规模增加对在线商家效用的边际影响，可以理解为在线消费者群体对在线商家的吸引力。p_i 代表网购平台 i 对在线商家的定价（如商品展示费、管理佣金等），q_i 代表网购平台企业对在线商家产品质量诚信的监控力度。λ 代表网购平台增加质量诚信监控力度对在线消费者的边际效用（用以衡量在线消费者对质量的重视程度），μ 代表网购平台降低质量诚信监控力度对在线商家的边际效用（用以衡量在线商家的质量诚信水平），满足条件 $\lambda > \mu$，即从整个双边用户整体来说，网购平台提高质量诚信监控是有利的，能增加双边用户群体的整体福利。

令 t_b 和 t_s 表示两个网购平台对双边用户服务的差异性，t_{b0}，$t_s > 0$ 可以用于衡量两个网购平台的竞争程度，即 t_b（或 t_s）越小，说明两个网购平台争夺在线消费者用户群体（或在线商家群体）的程度越激烈。则无差异在线消费者的效用如式（7-3-2）所示。

$$\begin{cases}\overline{u}_i^b = \alpha_b m_i^s + \lambda q_i - t_b m_i^b \\ \overline{u}_i^s = \alpha_b m_j^s + \lambda q_j - t_b m_j^b\end{cases} \tag{7-3-2}$$

无差异在线商家的效用如式（7-3-3）所示。

$$\begin{cases}\overline{u}_i^s = \alpha_s m_i^b - p_i - \mu q_i - t_s m_i^s \\ \overline{u}_j^s = \alpha_b m_j^b - p_i - \mu q_j - t_s m_j^s\end{cases} \tag{7-3-3}$$

由无差异消费者和无差异在线商家净效用函数以及市场完全覆盖的假设，可以得到网购平台 i（i 为 A 或 B）中双边用户的规模大小如式（7-3-4）所示。

$$\begin{cases}m_i^b = \dfrac{1}{2} + \dfrac{u_i^b - u_j^b}{t_b} \\ m_i^s = \dfrac{1}{2} + \dfrac{u_i^s - u_j^s}{2t_s}\end{cases} \tag{7-3-4}$$

将式（7-3-2）（7-3-3）代入式（7-3-4），得到双边用户在各个网购平台的规模的隐式表达如式（7-3-5）所示。

为了保证两个网购平台均能占有一定市场份额，即网购市场共享均衡解，假设网络交叉外部性参数 $\{\alpha_b, \alpha_s\}$ 均小于网购平台间的差异化参数 $\{t_b, t_s\}$。如果网络效应 $\{\alpha_b, \alpha_s\}$ 大于平台差异 $\{t_b, t_s\}$，将会出现所有人都会选择某一个网购平台，那么该网购平台就会占据整个网购市场，从而形成垄断网购平台。

$$\begin{cases} m_i^b = \dfrac{1}{2} + \dfrac{\alpha_b (2m_i^s - 1) + \lambda (q_i - q_j)}{2t_b} \\ m_i^s = \dfrac{1}{2} + \dfrac{\alpha_s (2m_i^b - 1) - (p_i - p_j) + \mu (q_i - q_j)}{2t_s} \end{cases} \tag{7-3-5}$$

除此之外，根据赵宏霞（2017）可知，网购市场共享均衡存在的充分必要条件为 $4t_bt_s > (\alpha_b + \alpha_s)^2$。求解式（7-3-5）对应的方程组，得到双边用户在各个网购平台的规模的显式表达如式（7-3-6）所示。

$$\begin{cases} m_A^b = \dfrac{1}{2} + \dfrac{\alpha_b (p_2 - p_1) + (\mu \alpha_b - \lambda \alpha_s)(q_2 - q_1)}{t_bt_s - \alpha_b \alpha_s} \\ m_B^b = \dfrac{1}{2} + \dfrac{\alpha_b (p_1 - p_2) + (\mu \alpha_b - \lambda \alpha_s)(q_1 - q_2)}{t_bt_s - \alpha_b \alpha_s} \\ m_A^s = \dfrac{1}{2} + \dfrac{t_b (p_2 - p_1) + (\mu t_b - \lambda \alpha_s)(q_2 - q_1)}{t_bt_s - \alpha_b \alpha_s} \\ m_B^s = \dfrac{1}{2} + \dfrac{t_b (p_1 - p_2) + (\mu t_b - \lambda \alpha_s)(q_1 - q_2)}{t_bt_s - \alpha_b \alpha_s} \end{cases} \tag{7-3-6}$$

为了使得公式（7-3-6）有意义，需要 $t_b \times t_s > \alpha_b \times \alpha_s$，即对于每个网购平台 i 来说，应满足当其对在线商家征收的价格越低，在线商家规模就越大这一规律。

考虑到当前的网购市场中，网购平台向在线消费者免费，只对在线商家收费的特征，令网购平台 A 和 B 的效用函数如式（7-3-7）所示。

$$\Pi_i = m_i^s p_i - kq_i^2 \tag{7-3-7}$$

其中 k 为质量诚信监控成本系数，质量诚信监控成本为 kq_i^2，表示网购平台质量诚信监控的成本满足边际成本递增的规律。考虑到 q_i 取负数的可能，可令 $q_i = Q_i - Q_0$，其中 Q_i 代表竞争环境下网购平台企业 i 的现实质量诚信监控力度，Q_0 代表维持网购市场现状的质量诚信监控水平。若 $q_i > 0$

表示竞争环境下网购平台 i 提高质量诚信监控水平，k 表示质量诚信监控水平提高带来的监控投入成本，$q_i<0$ 表示竞争环境下网购平台 i 降低质量诚信监控水平，k 表示因质量诚信监控水平下降导致的用户流失或被政府部门处罚带来的成本。

容易求解网购平台 i 效用函数对应 Hessian 矩阵 H 的行列式如式（7–3–8）所示。

$$|H|=\left(\frac{\delta^2\Pi_i}{\delta^2 p_i q_i}\right)^2-\frac{\delta^2\Pi_i}{\delta^2 p_i^{\ 2}}\times\frac{\delta^2\Pi_i}{\delta^2 q_i^{\ 2}}=\frac{(\lambda\alpha_s-\mu t_b)-8kt_b(t_bt_s-\alpha_b\alpha_s)}{4(t_bt_s-\alpha_b\alpha_s)^2}\quad(7\text{–}3\text{–}8)$$

当 $|H|<0$ 时，网购平台企业 i 的效用函数存在极大值。即网购平台企业 i 的效用函数存在极大值的条件为：$(\lambda\alpha_s-\mu t_b)^2<8kt_b(t_bt_s-\alpha_b\alpha_s)$。

由于该完全信息静态博弈为对称结构，因此可以预测到两个网购平台将提供相同的价格 p_i、相同的质量诚信监控力度 q_i。在求解该博弈的纳什均衡时，首先分别对每个平台的利润函数求导数得到各自的最优价格反应函数和最优质量诚信监控力度反应函数，然后令 $p_A=p_B$，$q_A=q_B$，最后求解方程组得到纳什均衡如式（7–3–9）所示。

$$\begin{cases}p_A=p_B=p^{(1)}=\dfrac{t_bt_s-\alpha_b\alpha_s}{t_b}\\[2ex] q_A=q_B=q^{(1)}=\dfrac{\lambda\alpha_s-\mu t_b}{4kt_b}\end{cases}\quad(7\text{–}3\text{–}9)$$

为使模型有意义，令 $\lambda\alpha_s-\mu t_b>0$，从而 $q^{(1)}>0$，从式（7–3–9）可知网购平台 A 或 B 的质量诚信监控力度与各参数的关系为：$\delta q^{(1)}/\delta t_b<0$；$\delta q^{(1)}/\delta\alpha_s>0$，$\delta q^{(1)}/\delta\lambda>0$，$\delta q^{(1)}/\delta\mu<0$，$\delta q^{(1)}/\delta k<0$；另外可以看出在本书的假设下，网购平台 A 和 B 的质量诚信监控力度与 t_s、α_b 无关，这与文献赵宏霞（2017）、李乃文（2017）的结论是一致的，因此有结论 7–3–1 成立。

结论 7–3–1：网购平台 A 和 B 在低端网购市场相互竞争时，它们的质量诚信监控力度随着平台之间对消费者用户竞争的增加而增加，随着消费者对在线商家网络交叉外部性的增加而增加，随着消费者对商品质量的重视程度的增加而增加，随着在线商家质量诚信水平的增加而增加；随着网购质量诚信监控成本的增加而降低。

结论 7–3–1 说明当两个网购平台 A 和 B 对消费者的竞争更激烈时，它们就会提供更大的质量诚信监控力度来争夺消费者资源；当消费者对商品的质量更加看重时，当消费者群体对在线商家更有吸引力时，它们就会增加质量诚信监控水平来迎合消费者需求；随着网购平台质量诚信监控技术和手段的改善，监控成本的降低，或者在线商家群体的质量诚信水平上升时，它们将会增加质量诚信监控方面的投入和努力。

这说明网购平台的质量诚信监控行为要受到自身与网购市场环境诸多因素的影响。

（3）博弈第二阶段

网购平台 C 和网购平台 D 在高端市场通常同样面临双边用户，在线消费者和在线商家，仍用 b 和 s 表示。在网购平台 C 中，一部分在线消费者由网购平台 A 迁移而来，用比例 ρm_A^b 表示，对于剩下的 $1-\rho m_A^b$ 的消费者由 Hotelling 模型来决定其在两个网购平台 C、D 之间的分布，其规模分别用 n_C^b, n_D^b 表示，因此加入网购平台 C 的在线消费者规模为 $N_C^b=(n_C^b+\rho m_A^b)$，加入网购平台 D 的在线消费者规模为 n_D^b。本书假定在线商家不存在平台之间的迁移现象，那么加入网购平台 C 和网购平台 D 的在线商家数量分别为 n_C^b，n_D^b。双边用户的总规模均标准化为 1，因而 $n_C^b+n_D^b=1$。

假定网购平台 C 和 D 对在线商家的收费为 p_C 和 p_D，质量诚信监控力度为 q_C 和 q_D，两平台之间对双边用户服务的差异性为 v_s、v_b，在线消费者和在线商家对另一边用户的网络交叉外部性为 β_s、β_b，同样假定满足条件：$4v_bv_s>(\beta_b+\beta_s)^2$、$v_bv_s>\beta_b\beta_s$。

在网购平台 C 进行网络交易时，双边用户的效用函数如式（7–3–10）所示。

$$\begin{cases} u_C^b=\beta_b n_C^b+\lambda q_c \\ u_C^s=\beta_s(n_C^b-\rho m_A^b)-p_C-\mu q_C \end{cases} \tag{7-3-10}$$

在网购平台 D 进行网络交易时，双边用户的效用函数如式（7–3–11）所示。

$$\begin{cases} u_D^b=\beta_b n_D^b+\lambda q_D \\ u_D^s=\beta_s n_D^b-p_D-\mu q_D \end{cases} \tag{7–3–11}$$

在两个网购平台 C 和 D 处无差异在线消费者的效用函数如式（7–3–12）所示。

$$\begin{cases} \bar{u}_C^b=\beta_b n_C^b+\lambda q_C-v_b n_C^b \\ \bar{u}_D^b=\beta_b n_D^b+\lambda q_D-v_b n_D^b \end{cases} \tag{7–3–12}$$

在两个网购平台 C 和 D 处无差异在线商家的效用函数如式（7–3–13）所示。

$$\begin{cases} \bar{u}_C^s=\beta_b\left(n_C^b+\rho m_A^b\right)-p_C-\mu q_C-v_s n_C^s \\ \bar{u}_D^s=\beta_b n_D^b-p_D-\mu q_D-v_s n_D^s \end{cases} \tag{7–3–13}$$

根据无差异效用函数式（7–3–12）和式（7–3–13），可以求得双边用户在网购平台 C 和 D 处的规模如式（7–3–14）所示。

$$\begin{cases} N_C^b=\dfrac{1}{2}+\dfrac{H}{K}+\dfrac{G_b}{K} \\ N_D^b=\dfrac{1}{2}-\dfrac{H}{K}-\dfrac{G_b}{K} \\ n_C^b=\dfrac{1}{2}+\dfrac{H}{K}+\dfrac{G_s}{K} \\ n_D^b=\dfrac{1}{2}-\dfrac{H}{K}-\dfrac{G_s}{K} \end{cases} \tag{7–3–14}$$

其中 $H=\rho m_A^b v_b v_s$，$K=2(v_b v_s-\beta_b\beta_s)$，$G_b=(\lambda v_s-\mu\beta_b)(q_C-q_D)+\beta_b(p_D-p_C)$，$G_s=(\lambda\beta_b-\mu v_b)(q_C-q_D)+v_b(p_D-p_C)$。

同样假定网购平台 C 和 D 的效用函数为 $\Pi_i=m_i^s p_i-kq_i^2$，其存在最大值的条件为：$(\lambda\beta_s-\mu v_b)2<8kv_b(v_b v_s-\beta_b\beta_s)$，类似上一节求解思路得到网购平台 C 和网购平台 D 的纳什均衡如式（7–3–15）所示。

$$\begin{cases} p_C=\dfrac{v_b v_s-\beta_b\beta_s}{v_b}-\dfrac{\Phi_p}{\Omega} \\ q_C=\dfrac{\lambda\beta_b-\mu v_b}{4kv_b}-\dfrac{\Phi_q}{2\Omega} \\ p_D=\dfrac{v_b v_s-\beta_b\beta_s}{v_b}+\dfrac{\Phi_p}{\Omega} \\ q_D=\dfrac{\lambda\beta_b-\mu v_b}{4kv_b}+\dfrac{\Phi_q}{2\Omega} \end{cases} \tag{7-3-15}$$

其中 $\Phi_p=2k\rho\beta_s v_b m_A^b(v_b v_s-\beta_b\beta_s)$，$\Omega=(\lambda\beta_s-\mu v_b)^2-6kv_b(v_b v_s-\beta_b\beta_s)$，$\Phi_q=\rho\beta_s v_b m_A^b(\lambda\beta_b-\mu v_b)$。为保证前后分析一致，类似式（7–3–9）的假定，在式（7–3–16）中，同样令 $\lambda\beta_s-\mu v_b>0$，根据模型的假设可知 $\Phi_p>0$，$\Phi_q>0$，Ω 的符号不定。容易看出当 $\rho=0$ 时，式（7–3–15）与式（7–3–9）是等同的，可见跨平台网络外部性确实影响了相互竞争的两个网购平台的质量诚信监控水平。

若 $\Omega>0$，网购平台 D 比网购平台 C 的质量诚信监控力度大，反之网购平台 C 比网购平台 D 的质量诚信监控力度大。

令式（7–3–16）中 Δq 表示网购平台 C 与 D 的质量诚信监控力度之差的绝对值。

$$\Delta q=\frac{\Phi_q}{|\Omega|}=\frac{\beta_s v_b m_A^b(\lambda\beta_b-\mu v_b)}{|(\lambda\beta_b-\mu v_b)^2-kv_b(v_b v_s-\beta_b\beta_s)|} \tag{7-3-16}$$

容易证明，当 $\Omega>0$ 时，$\delta\Delta q/\delta v_b>0$，$\delta\Delta q/\delta v_s>0$；$\delta\Delta q/\delta\rho>0$，反之 $\delta\Delta q/\delta v_b<0$，$\delta\Delta q/\delta v_s<0$，$\delta\Delta q/\delta\rho<0$。

因此两个网购平台 C 和 D，谁的质量诚信监控力度更大，两者的差距与相互之间的竞争程度的关系主要取决于 Ω 的符号。当 $\Omega>0$，网购平台 D 的质量诚信监控力度大于网购平台 C，并且两者之差随着对在线消费者（或在线商家）竞争程度的增加而减小，反之得到相反的结论。

而无论 Ω 的符号如何，网购平台 C 和 D 质量诚信监控力度差距均随着网购平台 C 与网购平台 A 的跨平台网络外部性的增加而增加。

Ω 的符号主要由 k、λ 、μ 等参数的相对大小来确定（下面各参数首先需要满足模型有意义和网购平台效用函数有最大值的条件：$\lambda\beta_b-\mu v_b>0$，$v_bv_s-\beta_b\beta_s>0$，$(\lambda\beta_b-\mu v_b)^2<8kv_b(v_bv_s-\beta_b\beta_s)$，以下的分析默认满足这些条件）。

对于网购平台的质量诚信监控成本系数 k 来说，当 $k<k^*=(\lambda\beta_b-\mu v_b)^2/[6v_b(v_bv_s-\beta_b\beta_s)]$ 时，$\Omega>0$，反之 $\Omega<0$。

对于在线消费者群体对商品质量的重视程度参数 λ 来说，当 $\lambda>\lambda^*=\left[\sqrt{6kv_b(v_bv_s-\beta_b\beta_s)}+\mu v_b\right]/\beta_s$ 时，$\Omega>0$，反之 $\Omega<0$。

对于在线商家群体对质量诚信监控的成本系数 μ 来说，当 $\mu<\mu^*=(\lambda\beta_b-\mu v_b)^2/6kv_b+\beta_b\beta_s/v_b$ 时，$\Omega>0$，反之 $\Omega<0$。

对于两个网购平台关于在线商家的竞争程度 v_s 来说，当 $v_s>v_s^*=(\lambda\beta_b-\mu v_b)^2/6kv_b+\beta_b\beta_s/v_b$ 时，$\Omega>0$，反之 $\Omega<0$。

对于在线商家对在线消费者的网络交叉外部性 β_b 来说，当 $\beta_b>\beta_b^*=[v_bv-(\lambda\beta_b-\mu v_b)^2/6kv_b]/\beta_s$ 时，$\Omega>0$，反之 $\Omega<0$。

综上分析有结论 7–3–2、结论 7–3–3 和结论 7–3–4 成立。

结论 7–3–2：当网购平台的质量诚信监控成本系数小于阈值 k^*，或消费者对商品质量的重视程度系数大于阈值 λ^*，或质量诚信监控导致的在线商家成本增加系数小于某阈值 μ^*，或网购平台对在线商家的竞争程度小于某阈值 v_s^*，或在线商家对在线消费者的网络交叉外部性大于某阈值 β_b^* 时，独立性网购平台的质量诚信监控力度要大于非独立性网购平台；反之独立性网购平台的质量诚信监控力度小于非独立网购平台。

结论 7–3–3：当网购平台的质量诚信监控成本系数小于阈值 k^*，或消费者对商品质量的重视程度系数大于阈值 λ^*，或质量诚信监控导致的在线商家成本增加系数小于某阈值 μ^*，或网购平台对在线商家的竞争程度小于某阈值 v_s^*，或在线商家对在线消费者的网络交叉外部性大于某阈值 β_b^* 时，独立性网购平台与非独立性网购平台的质量诚信监控力度的差距随着对双边用户竞争程度的增加而降低，随着跨平台外部性的增加而增加；反之两者的差距随着对双边用户竞争程度的增加而增加。

结论 7-3-4：随着跨平台网络外部性的增加，无论非独立性网购平台（或独立性网购平台）质量诚信监控力度增加还是减少，其与独立性网购平台（或非独立性网购平台）的质量诚信监控力度之间的差距将逐渐增加。

结论 7-3-2 说明跨平台网络外部性对独立性网购平台和非独立性网购平台质量诚信监控力度的影响是相机决定的。即对于非独立性网购平台（或非独立性网购平台）来说，跨平台网络外部性既有可能增加其质量诚信监控力度也有可能降低质量诚信监控力度，这要依赖于网购市场的其他环境参数，但不可置疑的是跨平台网络外部性确实影响了非独立性网购平台和独立性网购平台的均衡策略。

特别是结论 7-3-2 指出，当消费者比较重视产品质量时（参数 λ 较大），独立性网购平台的质量诚信监控力度要大于非独立性网购平台的质量诚信监控力度，这也在一定程度上解释了为什么在我们日益重视商品品质的今天，媒体曝光的天猫和淘宝两个网购平台的假冒商品相对于京东等其他网购平台来说要多些。

另外结论 7-3-2 指出，当网购平台的质量诚信监控成本较小时（参数 k 较小），或当质量诚信监控导致的在线商家成本较低时（参数 μ 较小）时，独立性网购平台的质量诚信监控力度大于非独立性网购平台。这说明在质量诚信监控技术得到一定程度提升（或质量诚信监控的效率提升）后，或随着整个网购市场非诚信商家下降到一定程度后，独立性网购平台的质量诚信监控要相对严格；而在质量诚信监控技术比较落后，或者整个网购市场中非诚信在线商家比例较大时，非独立网购平台的质量诚信监控要相对严格。

所以我们也不能武断地判定天猫和淘宝这样的跨平台网络外部性就一定不利于网购平台提高质量诚信监控。特别当整个在线商家群体质量诚信水平不高，平台的质量监控成本又相对较高时，跨平台网络外部性带来的消费者资源优势使得网购平台不必过分迁就在线商家，从而会加大质量诚信监控水平。

结论 7-3-2 和结论 7-3-3 说明，如果跨平台网络外部性降低了非独立性网购平台的质量诚信监控力度时，则随着网购平台间竞争程度的增加，非独立性网购平台的质量诚信监控力度相对于独立性网购平台的差异越来越小，即竞争抵消了跨平台网络外部性对非独立性网购平台质量诚信监控的负效应。如果跨平台网络外部性增加了非独立性网购平台的质量诚信监控力度，那么随着网购平台间的竞争加剧，非独立性网购平台与独立性网购平台的质量诚信监控力度的差距将逐渐增加，即竞争扩大了跨平台网络外部性对非独立性网购平台质量诚信监控的正效应。

结论 7–3–4 说明了跨平台网络外部性不但影响了两个相互竞争的网购平台的质量诚信监控力度，而且随着跨平台网络外部性的增加，对两个相互竞争的网购平台的质量监控行为影响越大。

7.3.2　数值仿真

令各参数的初值如下：v_b=0.5，v_s=0.5，β_b=0.4，β_s=0.4，k=0.07，ρ =0.5，m_b=0.5，λ =0.4，μ =0.02，图 7–3–3 和图 7–3–4 分别显示了 $\Omega<0$ 和 $\Omega>0$ 时，跨平台网络外部性对独立和非独立网购平台质量诚信监控力度的影响。

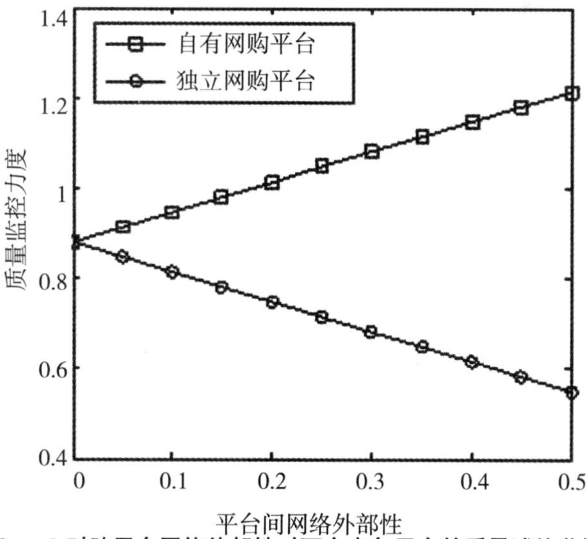

图 7–3–3　$\Omega<0$ 时跨平台网络外部性对两个竞争平台的质量诚信监控力度的影响

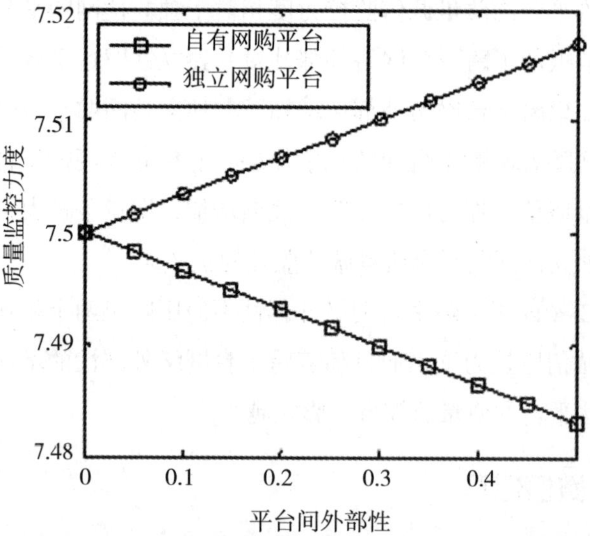

图 7-3-4　$\Omega>0$ 时跨平台网络外部性对两个竞争平台的质量诚信监控力度的影响

图 7-3-3 和图 7-3-4 验证了结论 7-3-4，说明网络间外部性扩大了两个相互竞争的网购平台的质量诚信监控力度的差距；图 7-3-5 和图 7-3-6 演示了两个网购平台对消费者资源的竞争程度与各自质量诚信监控力度的关系。

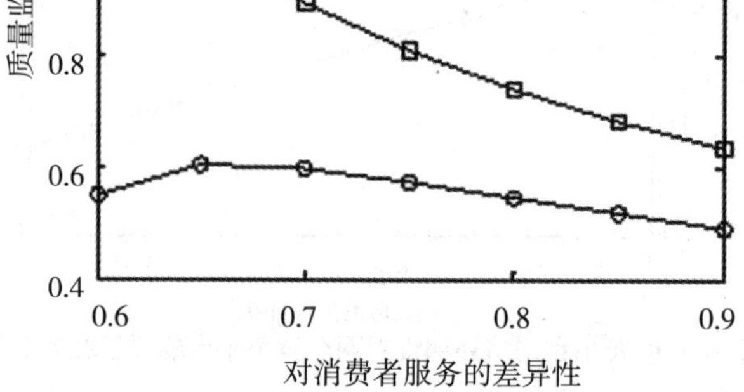

图 7-3-5　$\Omega<0$ 时平台间对消费者的竞争与各自的质量诚信监控力度

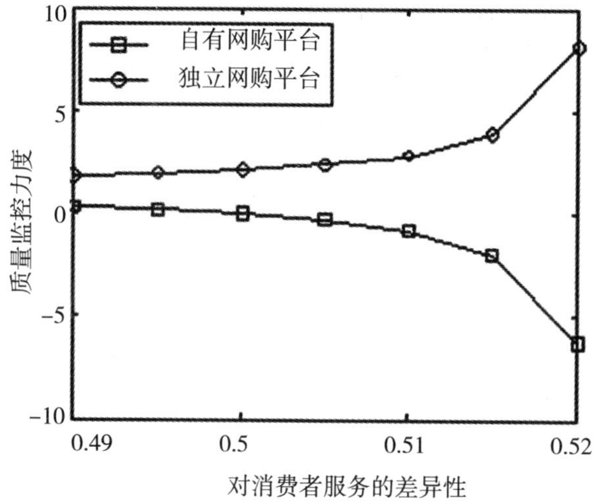

图 7–3–6　$\Omega>0$ 时平台间对消费者的竞争与各自的质量诚信监控力度

图 7–3–5 和图 7–3–6 说明，平台之间对消费者资源的竞争，降低了跨平台网络外部性对非独立网购平台质量诚信监控的负效应，增加了跨平台网络外部性对非独立性网购平台质量诚信监控的正效应。

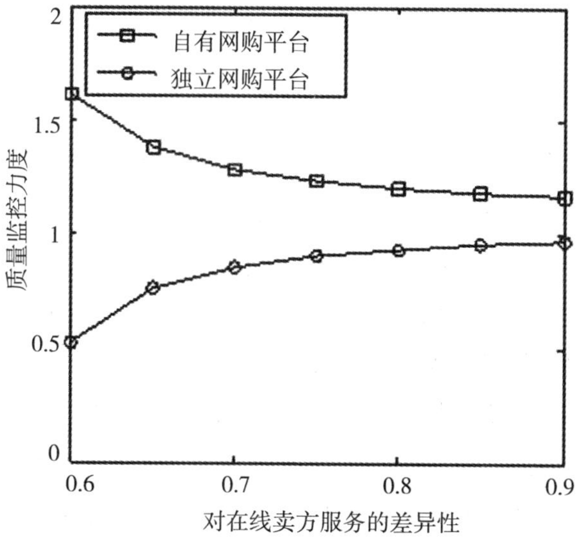

图 7–3–7　$\Omega<0$ 时平台间对在线商家的竞争与各自的质量诚信监控力度

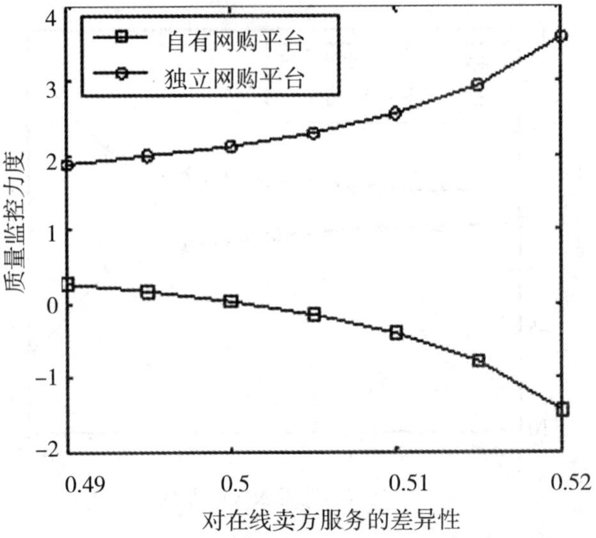

图 7-3-8　$\Omega > 0$ 时平台间对在线商家的竞争与各自的质量诚信监控力度

图 7-3-7 和图 7-3-8 演示了两个网购平台对在线商家资源的竞争程度与各自质量诚信监控力度的关系。同样平台之间对在线商家资源的竞争，降低了跨平台网络外部性对非独立网购平台质量诚信监控的负效应，增加了跨平台网络外部性对非独立性网购平台质量诚信监控的正效应。

7.3.3　结果与启示

随着网购市场的飞速发展，随着网购平台企业的扩大，其逐渐向不同细分领域、细分市场进行扩张，在不同细分领域和市场建立更加细分、更加专业的网购平台或其他服务平台，由于这些平台同属于一个企业或集团，它们之间必然存在一定的跨平台的网络外部性，这一外部性可能会对某一具体平台的经济与管理行为产生影响。

本书假定两个非独立网购平台存在在线消费者迁移这一特殊的跨平台网络外部性，在此前提下研究一个独立性网购平台与一个非独立性网购平台相互竞争时它们对在线商家的质量诚信监控行为，通过建立博弈模型得到如下主要结论。

（1）非独立网购平台的跨平台网络效应影响了非独立和独立网购平

台竞争时的质量诚信监控力度。跨平台网络效应既可能增加也可能降低非独立网购平台（独立网购平台）的质量诚信监控力度；但总是增加了非独立与独立网购平台的质量诚信监控力度的差距，并且随着跨平台网络效应的增加，这一差距将逐渐增加。

（2）跨平台网络外部性对竞争中的独立与非独立网购平台质量诚信监控力度的影响受不同网购环境参数相机决定。当消费者群体对商品质量的重视达到一定程度时，独立网购平台的质量诚信监控力度大于非独立网购平台，反之非独立网购平台的质量诚信监控力度相对较大；当在线商家整体诚信水平达到一定程度，或在线商家对消费者的吸引力达到一定程度时，独立网购平台的质量诚信监控力度相对较大，反之非独立网购平台的质量诚信监控力度相对较大；当网购平台的质量诚信监控成本系数下降到一定程度，或平台间对在线商家的竞争程度下降到一定程度时，独立网购平台的质量监控力度较大，反之，非独立网购平台的质量监控力度较小。

（3）平台间的竞争减小了跨平台网络外部性对非独立网购平台质量诚信监控的消极影响，增加了跨平台网络外部性对非独立网购平台质量诚信监控的积极影响。当某网购市场环境下，跨平台网络外部性导致非独立网购平台降低了质量诚信监控力度，此时平台间的竞争将缩小非独立网购平台与独立网购平台质量诚信监控力度的差距；当某网购市场环境下，跨平台网络外部性导致非独立网购平台增加了质量诚信监控力度，此时平台间的竞争将扩大非独立网购平台与独立网购平台的质量诚信监控力度的差距。

第 8 章　平台商与政府协同的质量诚信管控

8.1　网购平台企业的监管意愿和政府责任①

相关报道指出网购产品质量问题的根本原因在于网购平台对于入驻商家及自身进货渠道监管不严所导致。那么，网购平台在什么条件下愿意对网购产品进行监管？在网购平台的监管行为下，产品在线商家的质量投入和利润水平将发生怎样的变化？当网购平台的监管意愿不足时，政府应该通过何种政策来引导网购平台进行监管？为了深入分析和解答上述问题，本节尝试在刻画消费者网购行为特征的基础上，构建在线商家和网购平台之间的行为博弈模型，分析网购平台监管意愿的影响因素，并进一步提出政府在网购产品监管中的责任。

8.1.1　模型建立

(1) 问题描述

考虑由一个在线商家和一个网购平台组成的供应链系统（如图 8-1-1

① 本节内容参考了郑小宝，张桓振 2017 年发表于《物流科技》的论文《网购食品环境下的电商平台监管意愿和政府责任研究》。

所示）。在线商家租用网购平台销售生产的商品，网购平台要求在线商家缴纳一定比例的销售提成作为租金，租金比例假设为 α （$0 \leqslant \alpha \leqslant 1$）。在线商家通过网购平台销售一单位产品获得的收益为（$1-\alpha$）R，网购平台的收益为 αR。

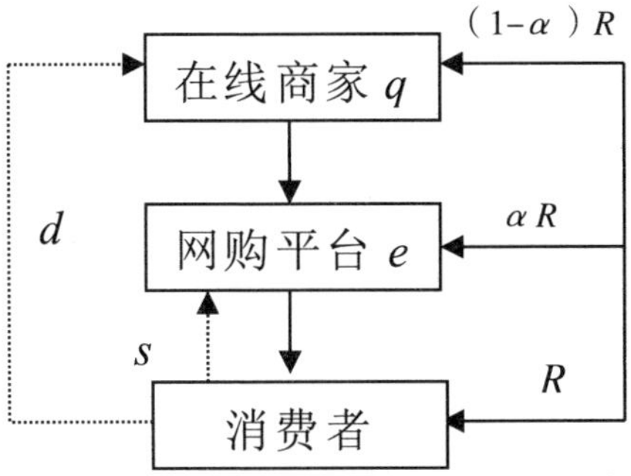

图 8-1-1　网购供应链

市场上的消费者群体为单位 1，可以分为完全理性消费者和有限理性消费者两类，所占比例分别为 η 和 $1-\eta$（$0<\eta<1$）。其中，完全理性的消费者能够根据经验或信息识别商品质量的好坏，而有限理性消费者即便购买到存在质量缺陷的商品，也依然认为其是高质量商品。

在线商家提供商品的质量诚信水平为 q，$q \in (0,1)$。质量诚信成本函数为 $C(q)=\dfrac{1}{2}k_m q^2$，k_m 是质量诚信成本系数。假设在线商家提供商品的缺陷率为质量水平，即 $\gamma(q)=1-q$。因此，消费者购买到存在质量问题的商品的概率为 $\eta\gamma$。

在发现购买的商品存在质量问题后，消费者会对在线商家进行在线差评，在线差评将会拉低在线商家的声誉，给在线商家带来的外部损失 ηrd（例如，差评会导致消费者未来减少购买在线商家的商品等）。同时，消费者也会对网购平台进行在线差评，这也将导致平台用户的流失，给网购平台带来的外部损失 ηrs。

网购平台可以采取积极的监管措施来降低出售商品的缺陷率，当网购平台投入的监管力度为 e 时，监管成本为 $C(e)=\frac{1}{2}K_pe^2$，K_p 是监管力度的成本系数。一旦在线商家提供的商品被检测出质量问题，网购平台将拒绝进行销售，在线商家遭受的损失为 t（包括再加工费用、运输费用等）。因此，在网购平台采取监管措施后，存在质量问题的商品仍能侥幸销售的概率为（1–e）r。在这里，假设在线商家的内部损失小于质量努力成本系数（$t<K_m$），而外部损失大于质量努力成本系数（$d>K_m$）。

下文用“NR”代表网购平台没有采取监管措施的情形，“R”代表网购平台采取监管措施的情形；下标“m”“p”分别代表在线商家和网购平台，上标“*”代表最优量。

（2）网购平台没有采取监管措施的情形

在线商家和网购平台的利润函数如（8–1–1）所示。

$$\begin{cases}\pi_m^{NR}=(1-\alpha)R-\frac{1}{2}K_mq^2-(1-q)\eta d\\ \pi_p^{NR}=\alpha R-(1-q)\eta s\end{cases}\tag{8-1-1}$$

根据一阶最优条件 $\frac{\delta\pi_m^{NR}}{\delta q}=0$，可以得到在线商家的最优质量诚信水平：$q_{NR}^*=\frac{\eta d}{K_m}$。将 q_{NR}^* 的表达式代入 π_m^{NR} 和 π_p^{NR}，可以得到网购平台和在线商家的利润水平分别如式（8–1–2）所示。

$$\begin{cases}\pi_m^{NR}=\alpha R-\eta s+\frac{\eta^2sd}{K_m}\\ \pi_p^{NR}=(1-\alpha)R-\eta d+\frac{\eta^2d^2}{2K_m}\end{cases}\tag{8-1-2}$$

（3）网购平台采取监管措施的情形

在线商家和网购平台的利润函数如式（8–1–3）所示。

$$\begin{cases}\pi_m^{NR}=(1-\alpha)R-\frac{1}{2}K_mq^2-\eta(1-q)(1-e)d-(1-q)et\\ \pi_p^{NR}=\alpha R-\frac{1}{2}K_me^2-\eta(1-q)(1-e)s\end{cases}\tag{8-1-3}$$

根据逆向归纳法，首先对网购平台的监管力度 e 求导，进一步求解 $\frac{\delta\pi_p}{\delta e}=0$，可以得到网购平台的最优监管力度，$e=\frac{\eta(1-q)s}{K_p}$。

将 e 的表达式代入 π_m^R，并进一步求解 $\frac{\delta\pi_m^R}{\delta e}=0$，可以得到 $q_R^*=\frac{K_p\eta d-2\eta s(\eta d-t)}{K_mK_p-2\eta s(\eta d-t)}$。

从而进一步得到：$e_R^*=\frac{\eta s(K_m-\eta d)}{K_mK_p-2\eta s(\eta d-t)}$。

将 q_R^*、e_R^* 的表达式代入 π_m^R 和 π_p^R，可以得到网购平台和在线商家的利润水平如式（8-1-4）所示。

$$\begin{cases}\pi_p^R=\alpha R-\dfrac{K_p\eta s(K_m-\eta d)}{K_mK_p-2\eta s(\eta d-t)}+\dfrac{K_p}{2}\left[\dfrac{\eta s(K_m-\eta d)}{K_mK_p-2\eta s(\eta d-t)}\right]^2\\ \pi_m^R=(1-\alpha)R+\dfrac{K_m}{2}\left[\dfrac{K_p\eta d-2\eta s(\eta d-t)}{K_mK_p-2\eta s(\eta d-t)}\right]^2-\dfrac{K_p\eta s(K_m-\eta d)}{K_mK_p-2\eta s(\eta d-t)}+\\ \quad K_p\eta s(\eta d-t)\left[\dfrac{(K_m-\eta d)}{K_mK_p-2\eta s(\eta d-t)}\right]^2\end{cases}\tag{8-1-4}$$

8.1.2　模型分析

（1）没有政府的介入

比较网购平台采取监管措施前后的市场均衡结果，可以得到如下命题和推论。在这里 $\Delta\pi_p=\pi_p^R-\pi_p^{NR}$，$\Delta\pi_m=\pi_m^R-\pi_m^{NR}$。

命题 8-1-1：当 $0\leqslant\eta\leqslant\frac{t}{d}$ 时，或者 $\frac{t}{d}<\eta\leqslant\frac{K_m+4t}{5d}$，$K_p>\frac{2\eta s(\eta d-t)}{K_m}$ 时或者当 $\frac{K_m+4t}{5d}<\eta<\frac{K_m}{d}$，$\frac{2\eta s(\eta d-t)}{K_m}<K_p<\frac{8\eta s(\eta d-t)^2}{K_m(5\eta d-4t-K_m)}$ 时，$\Delta\pi_p>0$；当 $\frac{K_m+4t}{5d}<\eta<\frac{K_m}{d}$，$K_p\geqslant\frac{8\eta s(\eta d-t)^2}{K_m(5\eta d-4t-K_m)}$ 时或者当 $\eta\geqslant\frac{K_m}{d}$ 时，

$\Delta\pi_p \leqslant 0$。

证明：

由于 $e_R^*=\dfrac{\eta s(K_m-\eta d)}{K_mK_p-2\eta s(\eta d-t)}$，当 $0\leqslant\eta\leqslant\dfrac{t}{d}$ 时，$e_R^*>0$；当 $\dfrac{t}{d}<\eta<\dfrac{K_m}{d}$，$K_p>\dfrac{2\eta s(\eta d-t)}{K_m}$ 时，$e_R^*>0$；当 $\dfrac{K_m}{d}\leqslant\eta$ 时，$e_R^*=0$；

由于 $\Delta\pi_p=\dfrac{(\eta s)^2(K_m-\eta d)[K_mK_p(K_m-5\eta s+4t)+8\eta s(\eta d-t)^2]}{2K_m[K_mK_p-2\eta s(\eta d-t)]^2}$，满足 $(K_m-\eta d)[K_mK_p(K_m-5\eta s+4t)+8\eta s(\eta d-t)^2]>0$，可得 $\Delta\pi_p>0$。

综上所述，当 $0\leqslant\eta\leqslant\dfrac{t}{d}$ 时，$\Delta\pi_p>0$；当 $\dfrac{t}{d}<\eta\leqslant\dfrac{K_m+4t}{5d}$，$K_p>\dfrac{2\eta s(\eta d-t)}{K_m}$ 时 $\Delta\pi_p>0$；当 $\dfrac{K_m+4t}{5d}<\eta<\dfrac{K_m}{d}$，$\dfrac{2\eta s(\eta d-t)}{K_m}<K_p<\dfrac{8\eta s(\eta d-t)^2}{K_m(5\eta d-4t-K_m)}$ 时 $\Delta\pi_p>0$；而当 $\dfrac{K_m+4t}{5d}<\eta<\dfrac{K_m}{d}$，$K_p\geqslant\dfrac{8\eta s(\eta d-t)^2}{K_m(5\eta d-4t-K_m)}$ 时 $\Delta\pi_p<0$；当 $\eta\geqslant\dfrac{K_m}{d}$ 时，$\Delta\pi_p\leqslant 0$。

命题 8-1-1 说明，网购平台的监管意愿受到监管成本系数、市场完全理性消费者比例的影响，只有当满足一定的市场条件时，网购平台才会自愿采取监管措施。若其他市场条件保持不变，当监管成本系数较大时，网购平台将不愿意进行监管；当市场完全理性消费者比例较大时，大多数消费者可以识别商品真实的质量信息，网购平台不用采取监管措施。

推论 8-1-1：当 $0\leqslant\eta\leqslant\dfrac{t}{d}$ 时，q 是关于 e 的增函数；当 $\dfrac{t}{d}<\eta\leqslant\dfrac{K_m}{d}$ 时，q 是关于 e 的减函数。

证明：

根据一阶最优条件 $\dfrac{\delta\pi_m^R}{\delta q}=0$，可以得到在线商家质量努力水平的隐函数：

$$K_m q+\eta(1-e)d+et=0$$

对 e 求导，可得 $\frac{\delta q}{\delta e}=(t-\eta d)/K_m$。

联立命题 8-1-1 可得，当 $0\leqslant\eta\leqslant\frac{t}{d}$ 时 $\frac{\delta q}{\delta e}>0$；当 $\frac{t}{d}<\eta\leqslant\frac{K_m}{d}$ 时 $\frac{\delta q}{\delta e}<0$。

推论 8-1-1 说明，网购平台可以采取适当的措施，通过提高在线商家的内部损失，从而迫使在线商家提高质量诚信水平，有效地降低在线商家提供商品的缺陷率。

命题 8-1-2：当 $0\leqslant\eta\leqslant\frac{t}{d}$，$K_p<\frac{2\eta s(\eta d-t)}{K_m}$ 时或者当 $\frac{t}{d}<\eta\leqslant\frac{K_m}{d}$ 时，$\frac{2\eta s(\eta d-t)}{K_m}<K_p<\min\left[\frac{8\eta s(\eta d-t)^2}{K_m(5\eta d-4t-K_m)},\ \frac{s(\eta d-t)(\eta d+K_m)}{K_m d}\right]$ 时，$\Delta\pi_m>0$；而当 $0\leqslant\eta\leqslant\frac{t}{d}$，$K_p\geqslant\frac{2\eta s(\eta d-t)}{K_m}$ 时或者当 $\frac{K_m+4t}{5d}<\eta<\frac{K_m}{d}$，$K_p\geqslant\frac{s(\eta d-t)(\eta d-K_m)}{K_m d}$ 时，$\Delta\pi_m\leqslant 0$。

证明：

由于 $\Delta\pi_m=\eta\frac{\eta(K_m-\eta d)[K_mK_p+2\eta s(\eta d-t)]}{[K_mK_p-2\eta s(\eta d-t)]^2K_m}[s(\eta d-t)(K_m+\eta d)-K_mK_pd]$，满足 $[K_mK_p+2\eta s(\eta d-t)][s(\eta d-t)(K_m+\eta d)-K_mK_p]>0$，可得 $\Delta\pi_m>0$。

联立命题 8-1-1，当 $0\leqslant\eta\leqslant\frac{t}{d}$，$K_p<\frac{2\eta s(\eta d-t)}{K_m}$ 时，$\Delta\pi_m>0$，$\Delta\pi_p>0$；否则，当 $0\leqslant\eta\leqslant\frac{t}{d}$，$K_p\geqslant\frac{2\eta s(\eta d-t)}{K_m}$ 时，$\Delta\pi_m\leqslant 0$，$\Delta\pi_p>0$；满足 $\frac{s(\eta d-t)(\eta d-K_m)}{K_m d}<\frac{8\eta s(\eta d-t)^2}{K_m[5\eta d-4t-K_m]}$，可得：$\eta<\frac{K_m+4t}{3d}$；否则 $\eta>\frac{K_m+4t}{3d}$。当 $\frac{t}{d}<\eta\leqslant\frac{K_m+4t}{5d}$，$\frac{2\eta s(\eta d-t)}{K_m}<K_p<\frac{s(\eta d-t)(\eta d-K_m)}{K_m d}$ 时，$\Delta\pi_p>0$，$\Delta\pi_p>0$；否则 $\frac{t}{d}<\eta\leqslant\frac{K_m+4t}{5d}$，$K_p\geqslant\frac{s(\eta d-t)(\eta d-K_m)}{K_m d}$

时，$\Delta\pi_p>0$，$\Delta\pi_m\leqslant 0$； 当 $\frac{K_m+4t}{5d}<\eta\leqslant\frac{K_m}{d}$，$\frac{2\eta s(\eta d-t)}{K_m}<K_p<\min\left[\frac{8\eta s(\eta d-t)^2}{K_m(5\eta d-4t-K_m)},\ \frac{s(\eta d-t)(\eta d+K_m)}{K_m d}\right]$时 $\Delta\pi_p>0$，$\Delta\pi_m>0$；否则$\frac{K_m+4t}{5d}<\eta<\min\left(\frac{K_m}{d},\ \frac{K_m+4t}{3d}\right)$，$\frac{s(\eta d-t)(\eta d+K_m)}{K_m d}\leqslant K_p$ 时，$\Delta\pi_m\leqslant 0$。

推论 8-1-2：当$0\leqslant\eta\leqslant\frac{t}{d}$，$K_p<\frac{2\eta s(\eta d-t)}{K_m}$时或者$\frac{t}{d}<\eta\leqslant\frac{K_m}{d}$时，$\frac{2\eta s(\eta d-t)}{K_m}<K_p<\min\left[\frac{8\eta s(\eta d-t)^2}{K_m(5\eta d-4t-K_m)},\ \frac{s(\eta d-t)(\eta d+K_m)}{K_m d}\right]$时，有 $\Delta\pi_m>0$，$\Delta\pi_p>0$ 同时成立。

命题 8-1-2 和推论 8-1-2 表明，在不同的市场条件下，网购平台的监管措施可能会降低在线商家的利润水平，但也可能增加在线商家的利润水平。存在一些特定的市场条件，网购平台采取监管措施能够实现和在线商家的双赢。

（2）考虑政府的介入

从上文的分析可以看出，在一定的市场条件下，网购平台不会自愿采取监管措施，在线市场上将会存在大量的问题商品。政府可制定政策介入网购商品市场的治理，通过发生商品质量问题时要求网购平台缴纳罚款 w 的方法，提高网购平台的监管意愿。当网购平台不采取监管措施时，在线商家和网购平台的利润函数如式（8-1-5）所示。

$$\begin{cases}\pi_m^{NR}=(1-\alpha)R-\frac{1}{2}K_m q^2-\gamma\eta d\\ \pi_p^{NR}=\alpha R-\gamma\eta(s-w)\end{cases}\qquad(8\text{-}1\text{-}5)$$

与前面的分析过程类似，在线商家的最优质量诚信水平为 $q_{NR}^*=\frac{\eta d}{K_m}$，网购平台的利润水平如式（8-1-6）所示。

$$\pi_p^{NR}=\alpha R-\eta(s+w)+\frac{\eta^2(s-w)d}{K_m d}\qquad(8\text{-}1\text{-}6)$$

当网购平台采取监管措施时，在线商家和网购平台的利润函数如式（8–1–7）所示。

$$\begin{cases}\pi_m^R=(1-\alpha)R-\dfrac{1}{2}K_m q^2-\eta(1-q)(1-e)d-(1-q)et\\ \pi_p^R=\alpha R-\dfrac{1}{2}K_m q^2-\gamma\eta(-e)(s+w)\end{cases} \quad (8\text{–}1\text{–}7)$$

同理，可以得到网购平台的最优监管力度和在线商家的最优质量诚信水平分别如式（8–1–8）所示。

$$\begin{cases}e^*=\dfrac{(K_m-\eta d)\eta(s+w)}{K_pK_m-2\eta(s+w)(\eta d-t)}\\ q_R{}^*=\dfrac{K_p\eta d-2\eta(s+w)(\eta d-t)}{K_pK_m-2\eta(s+w)(\eta d-t)}\end{cases} \quad (8\text{–}1\text{–}8)$$

此时，网购平台的利润水平如式（8–1–9）所示。

$$\pi_p^R=\alpha R-\frac{K_p\eta(s+w)(\eta d-t)}{K_pK_m-2\eta(s+w)(\eta d-t)}+\frac{K_p}{2}\left[\frac{(K_m-\eta d)\eta(s+w)}{K_pK_m-2\eta(s+w)(\eta d-t)}\right]^2 \quad (8\text{–}1\text{–}9)$$

对比分析网购平台采取监管措施前后的利润水平，可以得到命题 8–1–3。

命题8–1–3：当$\dfrac{K_m+4t}{5d}<\eta<\dfrac{K_m}{d}$，$\dfrac{K_m(5\eta d-4t-K_m)}{8\eta s(\eta d-t)^2}-s<w<\dfrac{K_pK_m-2\eta s(\eta d-t)}{2\eta(\eta d-t)}$时，$\Delta\pi_p>0$。

证明：

由于$e^*=\dfrac{(K_m-\eta d)\eta(s+w)}{K_pK_m-2\eta(s+w)(\eta d-t)}$，当$w\geqslant\dfrac{(K_m-\eta d)\eta(s+w)}{2\eta(\eta d-t)}$时，$e^*=0$；否则$e^*>0$；由于$\Delta\pi_p=\dfrac{[2\eta(s+w)^2(K_m-\eta d)][K_pK_m(K_m-5\eta d+4t)-8\eta(s+w)(\eta d-t)^2]}{2K_m[K_pK_m-2\eta(s+w)(\eta d-t)]^2}$，当$\dfrac{K_m+4t}{5d}<\eta<\dfrac{K_m}{d}$，$w\geqslant\dfrac{K_m(5\eta d-4t-K_m)}{8\eta s(\eta d-t)^2}-s$时，$\Delta\pi_p>0$；否则$\dfrac{K_m+4t}{5d}<\eta<\dfrac{K_m}{d}$，$w\leqslant\dfrac{K_m(5\eta d-4t-K_m)}{8\eta s(\eta d-t)^2}-s$时，$\Delta\pi_p<0$。

因此，$\frac{K_m+4t}{5d}<\eta<\frac{K_m}{d}$，$\frac{K_m[5\eta d-4t-K_m]}{8\eta s(\eta d-t)^2}-s<w<\frac{K_pK_m-2\eta s(\eta d-t)}{2\eta(\eta d-t)}$ 时，$\Delta\pi_p>0$。

命题 8-1-3 表明，当政府制定合理惩罚措施时，网购平台能够提高监管在线商家的意愿，从而有效缓解在线市场的商品质量诚信问题。

8.1.3 结果与启示

随着网购平台的崛起，网购商品质量诚信问题也成为社会关注的热点问题。本书通过分析网络商品市场的特征，构建商品在线商家和网购平台的博弈模型，深入探讨网购平台对网购商品进行监管的意愿。研究发现，仅仅在某些特定的市场条件下，网购平台具有自愿监管的意愿，在线商品市场能够实现有效自治，否则政府就应该通过积极的市场政策来介入网购商品市场的治理。该研究结论能够为监管部门进一步利用综合性规制工具提高网络市场商品质量诚信提供理论依据。

8.2 网购产品质量的平台治理与公共治理①

8.2.1 网购平台的质量诚信管控

（1）平台商的监管动机

平台商的监管动机主要来自于提高平台的收入。平台商的收入可能有多种，但最主要的收入来源于市场交易额的提成。如果市场中存在机会主义行为，则有可能破坏市场环境，减少平台的交易额，平台的收入也会随之降低。也就是说，良好的市场交易秩序有助于增加市场的活力并提高平台的交易额，这使得平台在主观上有意愿去监管平台中所存在的机会主义

① 本节内容参考了王勇，冯骅 2017 年发表于《经济学家》的论文《平台经济的双重监管：私人监管与公共监管》和阳镇 2018 年发表于《经济学家》的论文《平台型企业社会责任、边界、治理与评价》。

行为。

（2）平台商的管控机制

平台商的私人监管手段有很多种。除了扣除保证金、关闭网店等强制措施外，平台商主要采用的监管手段是审核与监管机制、考核认证机制以及声誉机制等。

① 审核与监管机制

由于平台商是网购平台的搭建者与运营者，可以充分利用平台的门槛机制、监督惩戒机制对平台内企业社会责任行为进行有效治理。就准入门槛机制而言，平台商能够对进入平台的双边市场用户进行严格的审核，即通过设置一定的准入门槛，尤其是可以规避那些缺乏资质具有潜在产生社会责任异化行为的双边用户进入平台，最终有效规避平台型企业的社会责任实践行为产生异化风险，避免平台内成员的社会责任异化行为而给平台价值带来的严重伤害。而在监督惩戒机制方面，平台商能够对平台内的在线商家进行行为监管，平台商的社会责任的绩效很大程度上取决于平台商对平台内用户的社会责任行为监管水平。即平台商对平台内用户的社会责任行为的监管水平越高，则平台商整体的社会责任水平则越好。平台商通过建立、制定、修改或执行平台规则，进而为平台商的双边用户的社会责任行为进行标准化，尤其是平台商能够通过其互联网大数据对平台内存在社会责任缺失、寻租等异化行为的在线商家进行精准记录，从而达到精准式监管。

与此同时，平台商可以通过网购、互动的界面规则与程序设置，为平台内的双边用户的社会责任提供标准化的技术支持与制度保障。进而对那些不符合标准化行为即出现违规行为的平台内双边用户进行有效制裁，避免平台内的双边用户的违规行为演化为社会责任缺失、社会责任寻租等异化行为，并对出现违规行为的双边用户进行准确制裁，避免行为在用户之间产生同边传染的网络效应甚至跨边传染的网络效应，即设立负面清单制度，一定程度上在行使企业社会责任治理的“政府治理”功能。通过选择一个适宜平台社会责任战略导向的监管标准与监管严控水平，使得平台商的整体社会责任管理与实践行为绩效的最大化。

② *考核认证机制*

平台商由于能够通过大数据手段分析平台内双边用户的交易行为，对于那些在长期交易过程中积累了良好的社会责任口碑的企业进行平台认证，即通过对平台内双边用户群体的周期性考核，精准地防范被认证用户的机会主义行为，避免平台内双边用户产生社会责任异化行为而对平台整体的社会责任声誉带来严重伤害。不同于政府的基于公权力的社会责任认证，即在企业社会责任的评价认证领域，目前由于缺乏对评价主体的制度性约束，对其评价的范围边界缺乏相应的界定，导致的后果是出现大量的行业性协会组织、社会机构甚至推进企业社会责任的相关政府组织，借助于自身在行业中的影响力、在责任推进领域的公权力，通过向企业设租的方式发布各类社会责任排行榜，使得评价结果缺乏公正性与客观性，产生社会责任寻租行为。而平台商的社会责任认证机制不同于基于公权力与公信力评价认证机制存在的社会责任寻租设租行为，出于平台商自身声誉与长远绩效的考虑，同时由于平台用户的社会责任行为与平台整体的社会责任行为具有互补性，平台商对内部双边用户的认证出现的寻租行为大大减少，即在考核认证的过程中，平台商一定程度上扮演着类公信力主体甚至类公权力的重要功能角色。因此，平台商的市场型考核认证的社会责任治理机制基于平台双边用户的历史行为特征轨迹，对其社会责任行为进行精准确认，尤其是大数据的支撑下使得其认证成本大大降低，即数据化认证使得平台型企业对于平台内双边用户群体的社会责任行为的治理更加高效与透明化，从而使得平台商的社会责任市场自发治理作用愈加明显。

③ *声誉激励机制*

平台商对平台内双边用户的社会责任管理中主要是利用双边用户在交易过程所产生的商品声誉与在线商家整体声誉。就商品声誉而言，主要包括双边用户在交易过程中所产生的商品评论、商品评分评级与成交数量额度。尽管商品评论与评分评级属于用户一方的主观评价，是对该商品的一种事后评价，但仍然能够为需求侧的用户提供信号作用，提供商品质量暗示的作用。而成交记录一定程度上尽管不能为商品的质量属性提供佐证，但在一定程度上能够为商品的评分提供佐证，商品的评分只有在成交量较大的情况下可信度才会越高，因而评分评级的信号功能也就越强。因此对于平台商而言，其可以通过声誉机制对平台内双边用户尤其是在线商家的社会责任行为进行治理，尤其是对平台内在线商家的社会责任缺失行为与寻租行为进行集中治理。

肖红军、张哲（2016）首次对企业社会责任寻租行为进行了界定，认为企业社会责任寻租是寻租主体假借社会责任名义向具有优势的组织寻求利益交换，从而产生对企业利益相关方的利益伤害行为。尤其是对那些具有投机倾向的商家用户，即通过“刷单”与向消费者顾客“行贿”的方式产生社会责任寻租行为，平台商可以充分发挥评价的双向功能，即消费者与在线商家的互评进而产生商家声誉与消费者声誉，对于出现接受在线商家社会责任寻租行为的消费者用户进行打击，如阿里巴巴对严厉打击“捣乱买家”的虚假评价，同时对具有良好信誉的在线商家用户进行声誉激励，与此同时，能够通过评价的更改从而有效地降低平台内在线商家的机会主义倾向。尤其是对于平台企业内在线商家的整体声誉机制进一步规避网购平台内在线商家群体的社会责任异化行为。由于在网购平台中，在线商家的整体声誉的提高能够为在线商家提供一定程度的价格溢价，从而能够形成声誉激励效应。因此在线商家持续不断地为消费者用户提供良好的产品或服务，才能稳定其整体的声誉水平，因而这为在线商家隐性地增加其社会责任行为提供了更大可能性。

（3）平台商监管的局限性

虽然平台商拥有了许多新型的监管手段，并且这些监管手段也较为高效，可以减少交易中的机会主义行为。但是由于平台商的监管动机是逐利的，加之其监管手段也存有局限性，导致平台商的私人监管也会存在一些问题。

① 监管松懈

对于具有外部性的交易，平台商通常缺乏监管的积极性。交易提成是平台商的一个主要收入来源，只要平台中产生交易，平台商就有利可图。然而，平台中存在着一些知假买假，买卖双方你情我愿的售假行为。这些交易没有人投诉，却损害了第三方的利益。对于这类的交易，平台商可以从中获利，因此并没有监管的积极性。除此以外，平台中还存在着一些损害公共利益的非法交易，如招嫖招赌、买卖毒品，甚至是枪支交易等。平台商也同样缺乏监管积极性。

② 权力有限

由于平台商不属于我国的国家机关，不具有行政征收、行政监督、行政处罚、行政强制等执法权，只能履行与用户所签订的合同中的责任，不能超出合同强制执行。例如，平台打击虚假交易，只能采取删除商品、关闭网店以及扣除罚金等措施，并不能上门打击贩假窝点，或对犯罪嫌疑人进行抓捕。因此，遇到对社会危害较大的行为，其处罚能力还是较为有限。

③ 内部腐败

如果私人监管的制度中存有漏洞，则监管人员就可能会被利益所驱使，将用于构建平台体系的规则变为内部人员牟利的工具。这样的行为不仅对平台中的参与者造成了巨大的损失，也会使平台本身遭到重创。

正是因为平台监管存在上述种种局限，无法更好地维护网购的秩序。因此，网购中还需要政府进行公共监管。

8.2.2 政府部门的质量诚信管控

（1）传统的政府监管

传统经济中，政府机构作为主要的监管主体实施公共监管。政府的监管动机与平台企业不同。通常认为，政府代表公众利益，对作为交易方的企业进行监督管理，其目的是为了纠正市场失灵，维护市场秩序，提高资源配置效率，增进社会福利，但也不排除政府会徇私贪图利益。政府的监管手段也与平台商不同。政府通常是借助公共力量，实施行政手段，通过强制性的命令、指示、规定等，对市场中的经济主体进行直接干预。根据政府实施监管的时间，可以将监管手段分为事前监管、事中监管和事后监管。比如，政府制定市场准入规则，颁发经营许可等就属于事前手段；在市场交易进行的过程中采取价格管制、产品抽检等属于事中手段；而采取反馈—监督等措施，对所发现的违规企业进行处罚等属于事后手段。

（2）网购交易中政府质量诚信管控

① 制定网络交易法和网络监管法

建立专门的网络研究机构，配备专门的研究者，对网络市场、网络经营主体、网络交易行为、违法行为的特点进行研究，为网络交易的监管及其立法提供理论支持。尔后，立法机关制定颁行“网络交易法”“网络监管法”“网络竞争法”等法律，这些法律规范的立法体例，可以是网络交易法和网络监管法分立，也可以是网络交易法和网络监管法合一。立法明确网络在线商家的设立条件、网络准入、网络在线商家的权利和义务、监管机构的权利和义务、网络交易的规则、违法行为及其法律责任，对网络交易及其监管的法律空白进行填补并不断完善，使网络交易的监管有法可依。

② 建立统一的专司网络市场监管的机构

为消除网络执法的行政区域限制，组建全国统一的网络监管机关，并在各省、市、自治区派驻分支机构，配备网络专业人员，专司网络监管。建立网络监管平台，创新网络监管的软件、电信、网络等技术，创新监管方法，对网络市场、网购平台、网店在线商家、网络交易行为进行动态监控，对网络交易违法行为执法必严。

③ 完善守信失信奖惩机制

强化失信惩治力度，采用建立信用“银行”模式设立严厉的奖惩机制，规范中小企业的经营活动，对中小企业具有积极的导向性作用，引导企业往有利于征信体制建设的方向发展。奖惩机制的完善，需要在奖励和惩罚两个方面分别施力，以期共同发挥作用。惩罚机制主要与相关的法律法规相联系，以法律规范为基础。惩罚手段需要更切实贯彻执行，起到应有的震慑作用。惩罚的主要目的在于提高中小企业失信的成本。从经济成本的角度，失信企业损失经济利益，并且损失程度要能对企业有较强的警醒作用，让失信者得不偿失。从政治成本的角度，政府让失信的企业丧失社会利益。具体的措施可以采取让失信企业的主要负责人，不能在原企业或者新企业继续担任重要的职务，或者是在其他的社会活动中，该负责人会接收到更严格的审查。

④ 加强对网购主体的监管

对网购加强监控首先要加强对平台商监管，明确平台商的责权利，赋予平台商以经营权，令其承担对网购平台上的在线商家进行监督的义务，明确其法律责任，只有平台商承担起相应的法律义务，政府对网络交易的依法监管才能落到实处。网购平台，如淘宝网、京东商城等网站，其经营的商品比网下的实体百货商店多得多，几乎无所不包，实际上就是网络上的百货公司，消费者基于对网购平台的信任购买其展示的商品和服务，平台商就应对其展示并在其平台上出售的商品和服务承担法律责任，使得平台商和在线商家一同承担连带责任。

（3）政府质量诚信管控的缺陷

相对于平台商来说，政府对网购市场的管控优势在于对在线商家的司法惩处提高了违法成本以及政府的“中立第三方”角色保证了执法公平。但政府管控在网购市场很难落到实处，原因在于：

第一，地域管控存在的局限。由于网购交易的跨地域性，现有的“地域管控”模式并不适用，往往遭遇管控主体互相扯皮等问题，导致阿里巴巴平台的消费者投诉无门的窘况频频发生，特别是面对境外用户的侵权问题政府管控束手无策。

第二，质量欺诈取证困难。由于在线商家的电子执照申请门槛低，网购虚拟性强、规范性差，导致投诉的在线消费者举证十分困难、维权成本高，因此大量在阿里巴巴网购平台购物的消费者因为举证不足放弃了诉讼。

第三，对网购平台和在线商家责任的划分信息不完备。在网购市场中，网购平台与在线商家的服务合同关系、网购平台与在线商家的管控关系、消费者与在线商家的交易合同关系并存，使得交易纠纷更为复杂，责任问题难以界定，“拉锯战”也成为阿里巴巴平台消费者放弃诉讼的重要原因。

第四，只能采用事后维权、执法成本过高。在当前的网购市场环境下，依靠广大消费者的主动投诉去被动处理纠纷，存在执法成本高、事后维权等缺陷。

8.2.3　平台商与政府的协同管控

平台商对在线商家的产品质量诚信管控能够显著提升管控效率，但是存在“失灵”。与交易领域“失灵”的原因不同，平台商在管控领域的失灵主要在于缺乏直接的司法处罚权力以及追求利润最大化的市场行为。虽然政府管控能够有效规避平台双重局限，但是政府管控的管控角色缺位、管控成本过高、管控效率过低等问题突出。因此网购平台的管控与政府的管控存在优势互补，合作成为必然趋势。平台商逐利性导致自身仍然未能摆脱侵权行为“当事人”角色，政府则继续充当了“中立第三方”，所以，网购平台管控与政府管控必须坚持法制框架下的合作，即网购平台管控必须从属政府管控，这就是市场力量与政府力量在外部管控层面的边界。

王勇（2017）等认为平台经济中“政府—平台—商家”的监管结构是一种双重监管体系。政府作为委托人，目的是实现社会福利最大化；平台商作为监督者，虽然拥有监管技术，但其监管目的是为了自身利益的最大化；而在线商家拥有私人信息，也可以贿赂平台企业。这样就形成了一个双重监管的体系，政府可以通过设计方案对平台商和参与交易的在线企业进行激励，使企业能够“说真话”，也使平台商不会参与合谋。在这个双重监管体系中，平台内部应以私人监管为主，平台之间应以公共监管为主。

平台内部以私人监管为主。平台商具有监管动机和工具，平台中的问题也基本可通过私人监管解决。若政府部门同样在平台内部施以细致的监管，不仅缺乏监管工具，监管成本极高，而且重复监管也造成了监管资源的浪费。因此，当私人监管能够发挥作用、解决问题的时候，应替代公共监管。平台内部依然需要公共监管。由于私人监管存在局限，也是需要公共监管进行规范管理的。政府部门可针对私人监管的局限进行协同监管：针对平台商权力有限、无执法权的问题，政府可以根据平台商所提供的线索，及时查处不良企业并对其施以惩罚；针对平台商的监管松懈以及内部腐败问题，政府可以对平台商进行局部问题的重点监测，对不同类型的网购平台采取不同的管理措施。如网购平台需要重点抽检商品质量，对平台商施加较重的连带责任；服务类平台需要重点规范准入标准，对平台商的资质审核环节加以监管；互联网金融平台需要对其运营行为进行监管，以及规范准入和退出机制。

平台之间以公共监管为主。政府公共监管的内容应主要集中于对垄断和不正当竞争的限制，前者是为了防止个别企业通过定价或其他方式损害其他企业或消费者的利益，扰乱行业秩序；后者是防止企业与企业之间互联互通问题，侵害消费者权益及社会整体利益。监管的方式主要在于公共政策。细分来讲，对于垄断行为的监管，重点在于出台监管政策；对于不正当竞争行为的监管，则在于为立法和执法机关提供立法建议。

第 9 章 研究结论与展望

9.1 研究结论

在网络购物诸多利益主体中，消费者、网购平台、在线商家是最主要的参与主体。网购市场中在线商家有诚信的商家和不诚信的商家，由于信息的不对称性，消费者不了解在线商家是诚信的还是不诚信的，而网购平台由于资源和专业的优势则拥有比消费者更多关于在线商家的信息。在线商家是出现质量诚信问题的关键环节，对其诚信管控一直是网络信任研究领域的热点，网购平台一直被消费者寄予厚望，希望其利用自身信任中介的功能为消费者过滤欺诈行为，但网购平台是否会为消费者守好质量诚信之门，值得研究，本书借鉴双边市场理论，研究了不同环境下网购平台的质量诚信管控行为，主要得到了如下结论。

（1）在单网购平台垄断的市场环境下，网购平台不会完全为消费者把好质量诚信关；并且对质量诚信管控力度的选择随着其规模的增加呈现先增加后降低的趋势。

研究发现，网购平台的质量诚信管控力度主要受消费者对在线商家的交叉外部性、网购平台的质量诚信管控成本、消费者对产品质量的相对重视程度、非诚信商家的伪装成本等因素影响。

从双边市场的平衡角度，当消费者对在线商家的交叉外部性高于某个阈值时，网购平台更加重视消费者的利益诉求，必将加大对在线商家的甄别，以保障消费者的利益，反之，若消费者对商家的交叉外部性较小，相对而言在线商家对消费者的交叉外部性较大，网购平台为了吸引更多在线商家加入平台，势必放松对在线商家的质量诚信管控。从网购平台的管控程度角度，网购平台会在质量诚信管控成本和质量诚信管控收益之间进行权衡。如果加大质量诚信管控力度，带来的消费者感知效用较小，进而对消费者的吸引力不大，反而驱逐了部分在线商家，同时增加了管控成本，则网购平台必然会选择降低水平的管控力度；反之如果加大质量诚信管控力度，会大大提升对消费者的吸引力，进而加大对在线商家的吸引力，从而促进了网购市场繁荣，则网购平台必然选择较高水平的管控力度。

在网购平台的建立初期，为了吸引在线商家入驻、消费者在线购买，必然两边讨好，此时网购平台采取的策略，往往是采取较低的注册费、以低交易成本吸引在线商家，同时加大质量诚信管控力度，保证消费者利益，以物美价廉来吸引消费者。随着消费者规模的扩大，必然吸引更多的在线商家加入网购平台，由于此时消费者规模尚不够大，且良莠不齐的在线商家必然积极加入网购平台，为了继续扩大双边市场规模，网购平台会持续增加质量诚信管控力度。随着网购平台存续期的增加，由于在线商家规模较大，在线商家对消费者的正外部性导致的消费者规模增加率将大于放松质量诚信管控导致的消费者规模减小率。加之网购平台的利润直接来源于在线商家，此时网购平台会放松质量诚信管控。

因此在网购市场中，如果只有一个垄断的网购平台，我们不应该寄希望于其随着规模的扩大而采取严格的质量诚信管控。为了提高网购平台的质量诚信管控力度，必须寻求有效的治理途径。

（2）在多个网购平台竞争的情景下，网购平台企业间围绕双边用户的竞争有助于提高网购平台的质量诚信管控力度，同时其质量管控力度的选择受到收费模式、跨平台网络外部性的影响。

研究发现，在网购市场上存在多个相似的网购平台时，每个网购平台为了争夺消费者和在线商家，将会选择提高产品质量诚信管控力度、降低对在线商家的注册费用和交易费用。

当网购平台只向在线商家征收注册费时，网购平台之间围绕在线商家的竞争不影响网购平台的质量诚信管控水平；当网购平台只向在线商家征收交易费，且同时满足两个平台为在线商家提供的差异性小于消费者对在线商家的交叉外部性时，对在线商家资源竞争程度的增加，会促使网购平台选择较高水平的质量诚信管控水平；当网购平台对在线商家的收费为两步费时，网购平台的质量诚信管控水平随着注册费用的增加而增加，随着对在线商家资源竞争程度的增加而增加。

当网购平台按照广告点击量收费时，网购平台间竞争与质量诚信管控行为受到网购平台之间广告效果的替代率、播放广告的在线商家数量、单位广告效果和消费者广告的厌烦程度的影响。特别是并非小规模网购平台的质量诚信管控力度小于大规模网购平台，反而可能小型网购平台为了提升市场份额，选择了提高质量诚信管控力度；而对于大型网购平台来说，随着消费者群体的增加，质量诚信管控带来的成本也相应大幅增加，为了减少管控成本，会适当减低管控力度，但仍可保持较大规模的市场份额。

同一集团企业下网购平台间的外部性影响了自有平台和竞争性平台的质量诚信管控行为，当质量诚信管控的效用较大，成本较低时，独立网购平台的质量诚信管控力度相对较大，当质量诚信管控的效用较小，成本较高时，非独立网购平台的质量诚信管控力度相对较大。

（3）当存在双边用户的不同归属情境时，网购平台企业间对在线商家群体的竞争广度越小，对在线消费者群体的竞争深度越大，其对产品的质量管控将越严格；同时各平台的网络外部性的差异、平台间的决策先后对其质量诚信管控力度有重要影响。

研究发现，如果用平台间为双边用户提供服务的差异化程度来衡量竞争深度，用平台单归属用户的规模为竞争广度时，则只有在网购平台对在线消费者和对在线商家的竞争广度均大于零时实施质量诚信管控，同时网购平台之间对在线商家群体的竞争广度越小，或者它们对在线消费者群体的竞争深度越大，平台的质量诚信管控将越严格。

当两个不同规模的网购平台同时决策时，若两个平台的网络外部性之差大于某一阈值时，两个网购平台均会选择提高质量诚信管控力度，若网络外部性之差小于某一阈值时，两个网购平台均会选择降低质量诚信管控力度。

当大规模网购平台先决策，小规模网购平台后决策时，若两个平台间的网络外部性之差小于某一阈值时，两个网购平台均降低质量诚信管控力度；若两个平台间的网络外部性之差大于某一阈值时，两个网购平台均提高质量诚信管控力度。

当小规模网购平台先决策，大规模网购平台后决策时，若两个平台间的网络外部性之差小于某阈值时，大规模网购平台降低质量诚信管控力度，小规模网购平台提高质量诚信管控力度；若两个平台间的网络外部性之差大于某阈值时，大规模网购平台提高质量管控力度，小规模网购平台降低质量诚信管控力度。

（4）对于当前网络市场的治理应该实施政府与平台共同管控的二元治理模式。

网购平台虽然具有质量中介的智能，但出于自身效应最大化的考虑，为了平衡双边市场利益，存在质量诚信管控的局限性。而政府管控能够有效规避平台双重局限，管控角色缺位，但其存在管控成本过高，管控效率过低等突出问题。因此，平台企业与政府管控存在优势互补，合作成为必然的趋势。

9.2 不足与展望

网购平台的质量管控是一个复杂的问题，涉及整个网购市场环境、线下经济社会环境，包括消费者、在线商家、第三方机构、物流企业和政府管控部门等多个主体的影响。本书只是在双边市场理论的框架下，以网购平台为核心，以消费者和在线商家为双边用户市场，探讨了网购平台的质量诚信管控行为，并且为了求解方便，建立的数学模型比较简单，考虑的因素也较少。具体来说，有如下几点不足。

（1）网购平台的质量诚信管控是一个体系，涉及多种策略和途径，本书仅仅探讨质量诚信管控力度一元变量来分析网购平台的质量诚信管控行为，得到的结论使用范围和应用价值必然受到一定限制。

（2）网购平台间的竞争是多层次、多角度的，本书仅仅以平台之间服务的差异性和双边用户在平台间的归属性来衡量平台之间竞争的深度和广度，对研究的结论势必具有影响。

（3）网购平台的收费除了注册费、交易费、广告点击量以外，还有多种收费途径和方式，本研究考虑的因素比较简单；网购平台之间的差异化除了规模大小之外，还包括产品种类、产品档次、营销策略等，本书考察差异化平台的竞争时只考虑了平台的大小。

随着当前平台经济、共享经济的发展，对平台经济行为、平台治理等问题的研究必将成为学者们关注的焦点和热点。未来笔者将借鉴多种理论，从多个角度对该问题进行深入分析，并通过案例分析、实证检验等手段对研究结论进行检验和论证。

参考文献

[1] Adriani F, Deidda L G. Price signaling and the strategic benefits of price rigidities [J]. Games & Economic Behavior, 2009, 67 (2): 335-350.

[2] Akerlof G.A. (1970), The Market for 'Lemons': Qualitative Uncertainty and the Market Mechanism, Quarterly Journal of Economics, 84: 488-500.

[3] Anderson PS. Broadcast Competition: Commercial and Pay-TV [Z]. Working Paper, Media Economics Workshop in Bergen.2003.

[4] Angelucci C, Cage J, Nijs RD. Price Discrimination in a Two-Sided Market: Theory and Evidence from the Newspaper Industry [J]. Ssrn Electronic Journal, 2013, 94 (5): 425-435.

[5] Anil Gulati, Ling He, Wei Fang, et al. Adverse Selection for Luxury Goods in Online Auctions[J]. Journal of Internet Commerce, 2010, 8(3): 268-287.

[6] Adner R, Chen J, Zhu F. Frenemies in Platform Markets: The Case of Apple's iPad vs. Amazon's Kindle [J]. Social Science Electronic Publishing, 2015.

[7] Armstrong M. The Theory of Access Pricing and Interconnection [J].

Handbook of Telecommunications Economics, 2004, 12: 651–672.

[8] Armstrong, Mark. Competition in Two - Sided Markets [J] . Rand Journal of Economics, 2006, 37 (3) : 668–691.

[9] Ba S. Evidence of the Effect of Trust Building Technology in Electronic Markets: Price Premiums and Buyer Behavior [J] . Mis Quarterly, 2002, 26 (3) : 243–268.

[10] BaileyJP, Bakos J Y.AnExploratoryStudyof theEmerging Roleof Electronic Intermediaries [J] .International Journal of Electronic Commerce, 1997, 13 : 7–20.

[11] Bakos J YTowards Friction–Free Markets: The Emerging Role of Electronic Marketplaces on the Internet. Communications of the ACM. 1998. 41: 35–42.

[12] Bardey D, Cremer H, Lozachmeur J M. Competition in Two–Sided Markets with Common Network Externalities [J] . Review of Industrial Organization, 2014, 44 (4) : 327–345.

[13] BENEDICKTUS R, BRADY M, DARKE P, et al. 2010.Conveying trustworthiness to online consumers: reactions to consensus, physical store presence, brand familiarity, and generalized suspicion [J] . Journal of Retailing, 86 (4) : 322–335.

[14] Bhargava H, Choudhary V .Economics of an Informationintermediarywith Aggregation Benefits. Information System Research, 2004, 15 (1) : 22–36.

[15] BRYNJOLFSSON E, SMITH M. 2000. Frictionless commerce? A comparison of internet and conventional retailers [J] .Management Science, 46 (4) : 563–585.

[16] Castillo M, Dianat A. Truncation strategies in two–sided matching markets: Theory and experiment [J] . Games & Economic Behavior, 2016, 98: 180–196.

[17] Cabral L. A Dynamic Theory of Two-Sided Markets [C] // 2011.

[18] Caillaud B, Jullien B. Chicken & Egg: Competition among Intermediation Service Providers [J]. Rand Journal of Economics, 2003, 34 (2): 309-28.

[19] Caillaud B, Jullien B.Chicken&Egg: Competition among Intermediation Services Providers [J].RAND Journal of Economics, 2003, 24 (2): 309-328.)

[20] Caillaud, B. and B. Jullien. 2001, Competing Cybermediaries. European Economics Review, 2001, 45, 797-808.

[21] CaillaudB, Jullien B.Chicken&Egg: Competition among intermediation Service Providers [J].BAND Journal of Economics, 2003, 24: 309-328.

[22] Chakravorti S, Roson R. Platform competition in two-sided markets: the case of payment network[J]. Review of Network Economics.2006, 5(1): 118-141.

[23] Chang H.Easlev R, Shaw M. Market-Model Based Channel Selection in B2B E-commerce: Deciding Between a Private or an Independent E-Marketplace Proceedings of the 6th INFORMS on Information Systems and Technology Miami Beach. 2001.3: 236-257.

[24] Chen J, Chen J, Goh K Y, et al. When do sellers bifurcate from Electronic Multisided Platforms? The effects of customer demand, competitive intensity, and service differentiation [J]. Information & Management, 2014, 51 (8): 972-983.

[25] ChouM, SimC, TeoC.Newsvendor Pricing Problem in a Two- Sided Market [J]. Production and Oaerations Management Society 2011, 21: 204-209.

[26] Cripps M. W., Mailath G. J., Samuelson L. Imperfect monitoring and impermanent reputations [J].Econometrica, 2004, 72 (2): 407-

432.

[27] Dellarocas C. The digitization of world of mouth: promise and challenges of online feedback mechanisms[J]. Management science, 2003, 49(10): 1407- 1424.

[28] Dewan S, Hsu V. Adverse selection in electronic markets: evidence from online stamp auctions [J] . The Journal of Industrial Economics, 2004, 52 (4) : 497–516.

[29] Doganoglu, J.Wright.Atechnicalappendixformultihomingand compatibility [R] . Working paper. Department of Economics, National University of Singapore. 2005.

[30] Dybvig P H, Lutz N A. Warranties, Durability, and Maintenance: Two–sided Moral Hazard in a Continuous–Time Model [J] . Review of Economic Studies, 1989, 60 (3) : 575–597.

[31] Ehrlich M V, Greiner T. The role of online platforms for media markets — Two–dimensional spatial competition in a two–sided market [J] . International Journal of Industrial Organization, 2013, 31 (6) : 723–737.

[32] Eisenhardt K M, Graebner M E. Theory Building from Cases: Opportunities and Challenges [J] . Academy of Management Journal, 2007, 50 (1) : 25–32.

[33] EvansD.Some Empirical Aspects of Multi–sided Platform Industries [J] . Review of NetworkEconomics, 2003, 3: 191–209.

[34] Farrell J. Saloner G.Standardization, compatibility, and innovation [J] . TheRAND Journal of Economics. 1985, 16 (1) : 70–83.

[35] Filistrucchi L, Klein TJ. Price Competition in Two–Sided Markets with Heterogeneous Consumers and Network Effects [J] . Ssrn Electronic Journal, 2013 (10) , 13–20.

[36] Fiocco R. The strategic value of partial vertical integration [J] . European

Economic Review, 2016, 89 (11) : 284-302.

[37] Filistrucchi L, Geradin D, Damme E V, et al. MARKET DEFINITION IN TWO-SIDED MARKETS: THEORY AND PRACTICE [J]. Working Papers - Economics, 2014, 10 (2) : 293-339.

[38] Gabszewicz, J, Wauthy J. Two-sidedMarketsandPriceCompetitionwith Multi-homing. CORE, Mimeo, 2004.

[39] Gabszewicz J J, Wauthy X Y. Vertical product differentiation and two-sided markets [J]. Economics Letters, 2014, 123 (1) : 58-61.

[40] Gaudeu A, Jullien B. E-commerce, two-sided markets and info-mediation [J]. Communica- dons&Strategies. 2006, 16 (1) : 17-35.

[41] Genakos C.Ualletti T.Regulating Prices in Two-sided Markets: The Waterbed Experience in Mobile Telephony [J].Telecommunications Policy, 2012, 35: 350- 358.

[42] Grewal R, Chakravarty A, Saini A (2010) Governance mechanisms in business-to-business electronic markets. J Mark 74 (4) : 45-62.

[43] Grossman S J. The Informational Role of Warranties and Private Disclosure about Product Quality [J]. The Journal of Law and Economics, 1981, 24 (Volume 24, Number 3) : 461-483.

[44] Gutowska A, Sloane A, Buckley K. A. On Desideratum for B2C E-commerce Reputation Systems [J].Journal of Computer Science and Technology, 2009, 24 (4) : 820-832.

[45] Gold A, Hogendorn C. Tipping in two-sided markets with asymmetric platforms [J]. Economic Analysis & Policy, 2016, 50: 85-90.

[46] Helder Vasconcelos. Is exclusionary pricing anticompetitive in two-sided markets? [J]. International Journal of Industrial Organization, 2015, 40: 1-10.

[47] H. Soltani. Vertical compatibility in two-sided markets [R]. Working Papers, ERMES, Universite Pantheon-Assas. Paris. 2008.

[48] Hagiu, A. Two-Sided Platforms: Pricing and Social Efficiency [Z] . In Working Paper 04035 of Research Institute of Economy, Trade and Industry (RIETI), 2005.

[49] Hagiu A, Wright J. Marketplace or Reseller? [J] . Social Science Electronic Publishing, 2015, 61 (1): 184-203.

[50] Hagiu A, Wright J. Multi-sided platforms [J] . International Journal of Industrial Organization, 2015, 43: 162-174.

[51] Huston J, Spencer R. 2002. Quality, uncertainty and the internet: the market for cyber lemons [J] . American Economist, 46 (1): 50-60.

[52] Hyrynsalmi S, Suominen A. The influence of developer multi-homing on competition between software ecosystems [M] . Elsevier Science Inc. 2016.

[53] Helder Vasconcelos. Is exclusionary pricing anticompetitive in two-sided markets? [J] . International Journal of Industrial Organization, 2015, 40: 1-10.

[54] Jin G, Kato A. 2006. Price, quality and reputation: evidence from an online field experiment [J]. The RAND Journal of Economics, 37(4): 983-1005.

[55] Jullien B. Price Skeumess and Competition in Multi-Sided Markets [J] . European Economic Review , 2008, 47: 587-617.

[56] K. Goldfainy, E. Kovac. On compatibility in two-sided markets [R] . Working Papers, University of Bonn, Germany. 2007.

[57] KaiserU, Wright J.Price Structure in Two-Sided Markets: Evidence from The MagazineIndustry [J] .International Journal of Industrial Organization, 2006 (24): 1-28.

[58] Kaplan S, nieschwietz R. 2003. An examination of the effects of web trust and company type on consumers purchase intentions [J] .International Journal of Auditing, 7 (2): 155-168.

[59] Katsamakas R，Bakos Y. Design and Ownership of Two-sided Networks. The Economics of Two-Sided by the Centre for Economic Policy Research and IDEI，2004.

[60]Katz M,Shapiro C. Network externalities,competition,and compatibility[J]. American Economic Review.1985，75（3）：424-440.

[61] Kranton R E. Competition and the Incentive to Produce High Quality [J] . Economica，2003，70（279）：385-404.

[62] Li Z. The Role of Quantitative and Qualitative Network Effects in B2B Platform Competition[J]. Managerial & Decision Economics,2014,35(1): 1-19.

[63] Liao Z，Cheung M. 2001. Internet-based e-shopping and consumer attitudes: an empirical study [J] . Information & Management，38 (5): 299-306.

[64] List J A. The Behavioralist Meets the Market：Measuring Social Preferences and Reputation Effects in Actual Transactions [J] . Journal of Political Economy，2006，114（Volume 114，Number 1）：1-37.

[65] Luchetta G. Is the Google Platform a Two-Sided Market? [C] . European Regional ITS Conference，Vienna. International Telecommunications Society（ITS），2012：83-118.

[66] Maeyer P，Estelami H. Consumer Perceptions of Third Party Product Quality Ratings [J] .Journal of Business Research，2011，64（10）：1067-1073.

[67] Maruyama M，Zennyo Y. Application compatibility and affiliation in two-sided markets [J] . Economics Letters，2015，130：39-42.

[68] Mahadevan B. Making Sense of Emerging Structures in B2B E-commerce [J] . California Management Review，2003，46（1）：86-100.

[69] Matsa D A. Competition and Product Quality in The Supermarket Industry. [J] . Quarterly Journal of Economics，2011，126（3）：1539-1591.

[70] Matutues, C, Regibeau, P. Mix and match: Product compatibility without network externalities [J] . RAND Journal of Economics. 1988, 19 (2) : 221-234.

[71] Melnik M I, Alm J. Reputation, Information Signals, and Willingness to Pay for Heterogeneous Goods in Online Auctions [J] . Ssrn Electronic Journal, 2005, 1 (1) : 185-98.

[72] Muzellec L, Ronteau S, Lambkin M. Two-sided Internet platforms: A business model lifecycle perspective [J] . Industrial Marketing Management, 2015, 45 (1) : 139-150.

[73] Noteberg A, Christiaanse E, Wallage P. 2003.Consumer trust in electronic channels: the impact of electronic commerce assurance on consumers' purchasing likelihood and risk perceptions [J] . E- Service Journal, 2 (2) : 46-67.

[74] Olivares M, Cachon G P. Competing Retailers and Inventory: An Empirical Investigation of General Motors' Dealerships in Isolated U.S. Markets. [J] . Management Science, 2009, 55: 1586-1604.

[75] Pavlou P, Liang H, Xue Y. 2007. Understanding and mitigating uncertainty in online exchange relationships: a principal - agent perspective [J] .MIS Quarterly, 31 (1) : 105-136.

[76] Reisinger M. Two-part tariff competition between two-sided platforms [J] . European Economic Review, 2014, 68 (3) : 168-180.

[77] Resnick P., Zeckhauser R. Reputation systems: Facilitating trust in internet interactions [J] .Cumunications of the ACM, 2000, 43 (12) : 45-48.

[78] Rochet J C, Tirole J. Platform competition in two-sided markets [J] . Journal of European Economic Association, 2003, 1 (4) : 990-1029.

[79] Rochet J C, Tirole J. Two-sided markets: an overview [R] . Mimeo, IDEI Universite de Toulouse.2004.

[80] Rasch A, Wenzel T. Content provision and compatibility in a platform market [J]. Economics Letters, 2014, 124 (3): 478-481.

[81] SCHLOSSER A. 2003. Experiencing products in a virtual world: the role of goals and imagery in influencing attitudes versus intentions [J]. Journal of Consumer Research, 30 (2): 184-198.

[82] Sopraman T A, Vncent M. The Effect of Buyer-Imposed Bidding Requirements and Bundle Structure on Purchase Performance. The Journal of Supply Chain Management, 2007, 43 (1): 27-39.

[83] Subramani M, Eric W Economic to Firms from Business-to-Business Electronic Commerce Initiatives: An Empirical Examination. ICIS, Proceedings Paper, 2000.

[84] Suddaby , R, Editor's Note in From the Editors: What Grounded Theory is Not [J], Academy of management journal, 49 (4): 633-642.

[85] Sun M, Tse E. The Resource-Based View of Competitive Advantage in Two-Sided Markets [J]. Journal of Management Studies, 2009, 46 (1): 45- 64.

[86] Sunghee Shim, Juwon Kwak. Tying to Foreclose in Two-Sided Markets [J]. B.e.journal of Economic Analysis & Policy, 2015, 15 (4): 539-546.

[87] Tapiero C S. Consumers risk and quality control in a collaborative supply chain [J].European Journal of operation research, 2007, 182: 683-694.

[88] Tirole J. The Theory of Industrial Organization [M].Cambridge, MA: MIT Press, 1988.

[89] Ward SL. Consumer Reactions to- Electronic Shopping on The World Wide Web [J]. International Journal of Electronic Commerce, 2001, 2 (2): 59-88.

[90] Wheatley J, Chiu J, Goldman A. 1981. Physical quality, price, and perceptions of product quality: implications for retailers [J]. Journal of

Retailing，57（2）：100-116.

[91] Wright，Julian and Ulrich Kaiser. 2004，Price Structure in Two-sided Markets：evidence from the magazine industry [R].Department of Economics，National University of Singapore，2004.

[92] Yin R K. Case Study Research：Design And Methods.（4th ed.）[J]. Journal of Advanced Nursing，2009，44（1）：108-108.

[93] You W.J.，Liu L.，Xia M. R.Reputation Inflation Detection in a Chinese C2C Market [J].Electronic Commerce Research and Applications，2011，10（5）：510-519.

[94] Zhang J. 2006. The roles of players and reputation：evidence from e Bay online auctions [J]. Decision Support Systems，42（3）：1800-1818.

[95] 曹俊浩，陈宏民，朱武军.多平台接入对平台竞争策略的影响——基于双边市场视角 [J].财经研究，2010，09：23-27

[96] 曹俊浩，陈宏民.基于网络外部性的电子商务企业纵向差异垄断定价策略 [J].上海交通大学学报，2008，09：74-85.

[97] 曹俊浩.基于双边市场理论的 B2B 平台运行策略及其演化研究 [D].上海：上海交通大学，2010.

[98] 陈殿阁.依靠竞争机制解决质量问题 [J].辽宁大学学报，1992（5）：75-77.

[99] 陈林芬，王重鸣.网络消费者行为与电子商务服务质量的关系 [J].消费经济，2005，21（3）：78-83.

[100] 陈翔，仲伟俊，梅姝娥.第三方网购平台的定价策略研究 [J].系统工程学报，2003，03：136-141.

[101] 程贵孙.基于双边市场理论的传媒产业运行机制与竞争规制研究 [D].上海：上海交通大学，2007.

[102] 邓斌. 2010. B2C 在线评论中的客户知识管理研究 [D].成都：电子科技大学博士学位论文.

[103] 窦一凡，朱岩．基于纵向差异化的双边软件平台竞争［J］．清华大学学报（自然科学版），2015，55（6）：705-708.

[104] 浮红芬．基于双边市场理论的零售商经营模式研究［D］．大连理工大学．2013

[105] 冯然．竞争约束、运行范式与网络平台寡头垄断治理［J］．改革，2017（5）：106-113.

[106] 高薇．互联网争议解决的制度分析两种路径及其社会嵌入问题［J］．中外法学，2014，26（4）：1059-1079.

[107] 高越，李荣林．国际市场竞争与中国出口产品质量的提高［J］．产业经济研究，2015（3）：11-20.

[108] 桂云苗，龚本刚，程永宏．双边努力情形下电子商务平台质量保证策略研究［J］．中国管理科学，2018（1）：163-169.

[109] 何维达，张孟，何丹．基于双边市场视角的零售商运营研究［［J］．商业经济与管理，2011，（05）：15-22.

[110] 何勇．电子商务平台“寡头化”趋势的经济学分析［J］．上海经济研究，2016（3）：104-111.

[111] 胡军，张嫁，苗明杰．线性需求条件下考虑质量控制的供应链协调契约模型［J］．系统工程理论与实践，2013，33（3）：601-609.

[112] 纪汉霖，王小芳．平台差异化且用户部分多归属的双边市场竞争［J］．系统工程理论与实践，2014，34（6）：1398-1406.

[113] 纪汉霖．双边市场定价策略研究［D］．复旦大学博士学位论文，2006.

[114] 纪汉霖．双边市场定价方式的模型研究［J］．产业经济研究，2006（4）：11-20.

[115] 纪淑娴. 2009. C2C 电子商务中在线信誉反馈系统有效性研究［D］．成都：西南交通大学博士学位论文.

[116] 康旺霖，王垒，姜亚楠．基于可信任第三方的网上诚信交易机制设计［J］．系统管理学报，2016，25（5）：821-828.

[117] 李波，温德成 . 网络购物中商品质量问题发生机理及管控研究述评［J］. 财贸研究，2013（2）：20–28.

[118] 李酣 . 市场竞争有助于提升我国产品质量的消费者评价吗［J］. 华中科技大学学报（社科版），2015，29（5）：97–104.

[119] 李莉，杨文胜，蔡淑琴 . 基于电子市场中介的交易风险控制［J］. 管理科学学报，2005，8（3）：56–63.

[120] 李琦，刘骊 . 网购平台理论研究［J］. 天津工业大学学报，2001，06：56–59.

[121] 李泉，陈宏民 . 平台企业竞争有效性及投资策略性效果研究［J］. 管理工程学报，2009（4）：27–30.

[122] 李维安，吴德胜，徐皓. 网上交易中的声誉机制：来自淘宝网的证据［J］. 南开管理评论，2007，10（5）：36–46.

[123] 李小玲，任星耀，郑煦 . 网购平台企业的在线商家竞争管理与平台绩效［J］. 南开管理评论，2014，17（5）：73–111.

[124] 刘启，李明志 . 非对称条件下双边市场的定价模式［J］. 清华大学学报（自然科学版），2009，49（6）：901– 903.

[125] 刘强，苏秦 . 供应链质量控制与协同研究评述［J］. 软科学，2010，24（12）：123–127.

[126] 鲁其辉，朱道立 . 供应链中基于货架空间分配的质量改进策略研究［J］. 管理科学学报，2010，13（1）：31–39.

[127] 罗岗，黄丽华 . 网络外部性条件下网购平台双边定价策略［J］. 企业经济，2007，04：32–37.

[128] 罗金峰，李明志，李秦 . 网购平台中的在线商家甄别机制［J］. 清华大学学报（自然科学版），2014，54（8）：1087–1091.

[129] 马丽，网络消费者行为与电子商务服务质量关系研究［D］. 北京交通大学，2009.

[130] 毛基业，李高勇 . 案例研究的“术”与“道”的反思——中国企业管理案例与质性研究论坛（2013）综述［J］. 管理世界，2014（2）：

111–117.

[131] 潘勇，陈禹 . 电子商务市场中“柠檬”问题与网络质量中介的运行 [J] . 商业经济与管理，2004，154（8）：14–17.

[132]潘勇 . 2010. 电子商务市场质量中介运行模式分析[J]. 商业研究(12): 187–191.

[133]潘勇. 论电子商务市场中的“柠檬”问题：理论模型与实践意义[J]. 科研管理 2003. （9）：103–108.

[134] 潘勇. 网络“柠檬”环境下消费者行为与抵消机制：基于信息经济学的视角 [J]. 管理评论. 2009（10）：41–51.

[135] 蒲国利，苏秦，刘强 . 一个新的学科方向——供应链质量管理研究综述 [J] . 科学学与科学技术管理，2011，32（10）：70–77.

[136] 钱炳 . 声誉、重复博弈与双边市场合作均衡：以淘宝在线交易平台企业为例 [J] . 电子科技大学学报，2010，12（4）：23–26.

[137] 曲振涛，周正，周方召 . 网络外部性下的网购平台竞争与规制：基于双边市场理论的研究 [J] . 中国工业经济，2010（4）：20–129.

[138] 任国平 . 网络交易欺诈行为法律规制研究 [D] . 西南政法大学，2014.

[139]石雁，杨磊，张淇人 . 淘宝腐败黑幕调查[J].IT时代周刊，2012(8): 34–40

[140] 苏素，刘蓉娜 . 双寡头市场中电视媒体平台的质量水平及定价策略研究 [J] . 技术经济，2009，28（12）：119–123.

[141] 孙宝文，李二亮，王珊君，何毅，李永焱 . 动态交易保证金在网上交易信誉激励机制中的设计和实现[J]. 管理评论，2014，26(3): 31–38.

[142] 汪定伟 . 考虑广告商信誉的搜索引擎排位拍卖的机制设计 [J] . 系统工程理论与实践，2011，31（1）：38–42.

[143] 汪旭晖，张其林 . 平台型网络市场“平台 – 政府”双元管理范式研究：基于阿里巴巴集团的案例分析[J]. 中国工业经济，2015(3):

135–147.

[144] 汪旭晖，张其林 . 平台型网络市场中的“柠檬问题”形成机理与治理机制——基于阿里巴巴的案例研究 [J]. 中国软科学，2017 (10): 31–52.

[145] 王勇，冯骅 . 平台经济的双重监管：私人监管与公共监管 [J] . 经济学家，2017（ 11 ）：73–80.

[146] 温德成．B2B 平台：质量成就商机 [M] . 北京：中国计量出版社，2008.

[147] 温德成. 从百度竞价排名事件谈 B2B 平台的顾客风险 [J]. 标准科学，2009（ 1 ）：66–71.

[148] 吴德胜 . 网上交易中的私人秩序——社区、声誉与第三方中介 [J] . 经济学：季刊，2007，6（ 3 ）：859–884.

[149] 肖红军, 张哲 . 企业社会责任悲观论的反思 [J]. 管理学报, 2017,(5): 720–729.

[150] 胥莉，陈宏民，潘小军 . 具有双边市场特征的产业中企业定价策略研究 [J] . 管理科学学报，2009，12（ 5 ）：10–17.

[151] 胥莉，王耀斌，陈丽 . 广告支持型双边市场的网络效应——即时通信市场的实证分析 [J] . 系统管理学报，2008：12：615–622.

[152] 姚烨 . 网络交易平台在网络售假中的法律问题研究 [D] . 大连海事大学，2017.

[153] 阳镇 . 平台型企业社会责任、边界、治理与评价 [J] . 经济学家，2018（ 5 ）：79–88

[154] 杨丽 . 平台分化、交叉平台效应与平台竞争——以淘宝网的分化与竞争为例 [J] . 研究与发展管理，2018，30（ 1 ）：151–160.

[155] 杨皎平，张恒俊，张野 . 网络购物中的多重委托代理与诚信激励机制研究 [J] . 渤海大学学报（ 自然科学版 ），2013，34（ 2 ）：183–189.

[156] 杨树，梁樑，熊立 . Cournot 和 Bertrand 竞争下均衡质量的比较 [J] .

系统管理学报，2008，17（1）：104–109.
[157] 于慧 . 电子商务环境下消费者行为影响因素研究 [D]. 哈尔滨工业大学，2008.
[158] 岳中刚 . 双边市场的定价策略及反垄断问题研究 [J]. 财经问题研究，2006，（8）：30–35.
[159] 张春霞，蔡炎宏，刘淳 . 竞争条件下的 P2P 网贷平台定价策略研究 [J]. 清华大学学报（自然科学版），2015，55（4）：470–474.
[160] 张翠华，黄小原 . 信息非对称条件下的质量预防决策分析 [J]. 中国管理科学，2003，11（5）：70–75.
[161] 张娥，杨飞，汪应洛 . 网上交易中诚信交易激励机制设计 [J]. 管理科学学报，2007，10（1）：68–74.
[162] 张凯，李向阳 . 部分重叠业务的双边平台企业竞争模型 [J]. 系统工程理论与实践，2010，30（6）：961–969.
[163] 张凯 . 双边市场中平台企业的非价格竞争策略研究 [D]. 哈尔滨工业大学博士学位论文，2010.
[164] 张旭，杨朝锋 . 基于双边市场模型的开放获取期刊与传统期刊竞争分析 [J]. 图书情报工作，2011，04：144–148.
[165] 赵宏霞，刘岩峰 . 电子商务质量中介的质量监督最优控制模型 [J]. 企业经济，2012（8）：105–109.
[166] 赵宏霞，荣帅 . 网购供应链与产品质量诚信控制 [M]. 北京：知识产权出版社，2016：139–148.
[167] 赵宏霞，王新海，杨皎平 . 电子商务卖方信誉商盟信用优势的博弈分析 [J]. 数学的实践与认识，2010，40（5）：44–52.
[168] 赵宏霞，张野 . 广告价格折扣与在线商家产品质量的激励——中介型电子商务交易平台的视角 [J]，数学的实践与认识，2012，42（24）：60–65.
[169] 赵泉午，潘华，陈扬文．2006．国内 B2C 电子商务网站退货管理研究 [J]．物流技术（10）：69–71.

[170] 郑小宝，张桓振 . 网购食品环境下的电商平台监管意愿和政府责任研究 [J] . 物流科技，2017，40 (12) ：59–63.

[171] 周黎安，张维迎，顾全林，等 . 信誉的价值：以网上拍卖交易为例 [J] . 经济研究，2006 (12) ：81–91.

[172] 周敏雷 . 网络交易欺诈行为法律规制研究 [D] . 浙江财经大学，2017.

[173] 周正 . 基于双边市场理论的网购平台竞争规制研究 [D] . 大连：东北财经大学，2010.

[174] 朱道立，胡一竑，徐最 . 网购供应链中的竞争和协调若干问题 [J] . 上海理工大学学报，2011，33 (3) ：248–252.

[175] 朱剑桥，电子商务主体责任追溯制度探析 [J] . 北京工商大学学报（社会科学版），2012 (05) ：58–64.